宁夏地方史话丛书

沙坡头史话

总主编　张　廉
主　编　贠有强

方志出版社
Publishing House of Local Records

图书在版编目(CIP)数据

沙坡头史话 / 贠有强主编. -- 北京 : 方志出版社
2019.7
ISBN 978-7-5144-3788-1

Ⅰ. ①沙… Ⅱ. ①贠… Ⅲ.①沙坡头区—地方史
Ⅳ. ①K294.34

中国版本图书馆CIP数据核字(2019)第164414号

沙坡头史话

主　　编:贠有强
责任编辑:程　倩

出 版 者:方志出版社
地址　北京市朝阳区潘家园东里 9 号(国家方志馆4层)
邮编　100021
网址　http://www.fzph.org
发　　行:方志出版社图书经销中心
电话(010)67110500
经　　销:各地新华书店
印　　刷:银川市昊博彩色印刷有限公司

开　　本:889×1194　1/16
印　　张:16.25
字　　数:303千字
版　　次:2019年7月第1版　　2019年7月第1次印刷
印　　数:0001～5000册

ISBN 978-7-5144-3788-1　　定价:58.00元

《宁夏地方史话丛书》

沙坡头史话

前　言

宁夏历史悠久，文化灿烂，是中华文明的发祥地之一。有史以来，北方游牧民族与中原农耕民族在这里繁衍生息、相互交融、相互渗透，形成了多种文化形态并存的局面，积淀了独特的地域和民族文化资源。丰富璀璨的宁夏历史文化遗存，既蕴含了物换星移、兵戎玉帛的沧桑往事，也呈现出厚重丰富、独具特色的文化内涵。

宁夏回族自治区党委、政府高度重视文化的大发展、大繁荣，十分重视历史典籍的编纂出版工作。广大史学工作者依托宁夏丰富的历史文化资源，辛勤耕耘，忘我奉献，编辑出版了一大批反映宁夏历史文化的研究成果，为宁夏历史文化的开发和利用展现了新的窗口，对人们了解宁夏、认识宁夏发挥了重要的作用。新时期，继续深入挖掘宁夏历史文化资源，推出大批适合时代要求、人民群众需要的研究成果，不仅是宁夏广大史学工作者的重要使命和历史任务，也是建设和谐富裕新宁夏、与全国同步进入全面小康社会的迫切要求。《宁夏地方史话丛书》编纂工作的启动，正是适应这一发展要求应运而生的产物。

《宁夏地方史话丛书》旨在以宁夏多元文化为主线，分门别类，按照地域和行业来分类，以重大历史事件来陈述，打造一整套宁夏地方历史文化的集大成之作。这套丛书不仅展现了宁夏历史文化的不同

侧面，而且系统介绍宁夏历史发展进程，是彰显宁夏历史文化特色、打造宁夏历史文化品牌、促进宁夏历史文化发展的优秀成果。

新中国地方志编纂工作开展以来，宁夏各地地方志、年鉴、地情资料丛书的大量出版，积累了丰富的地方历史文化资料，培养了一批文字功底强、业务能力精的史志专家队伍。各级领导对地方史志工作也给予了大力支持，创造了良好的发展环境，为打造品质一流、特色浓厚的《宁夏地方史话丛书》奠定了坚实的基础。通过《宁夏地方史话丛书》，人们可以感受宁夏历史文化的苍凉厚重，领略宁夏历史文化的奇特魅力！

《宁夏地方史话丛书》编辑部

目录 MULU

沙坡头史话

目录 MULU

景观奇特沙坡头
话从中卫说缘由

沙坡头已举世闻名,无人不晓。欲表沙坡头,先从中卫说。有诗为证:

古为应理已有名
鱼米之乡名气盛
鸟鸣树丛苹果绿
蜂绕花间枸杞红
火车飞驰四面达
飞机轰鸣八方通
改革开放谱新篇
景观名胜贯古今

提到宁夏,有人说它的地理形状象一个葫芦,葫芦是人类始祖的人格化和象征。有说宁夏象葫芦,也许是巧合,也许是造物主的恩赐安排。有一首歌谣的开头是这样唱的:

宁夏川两头子尖,
东靠黄河西靠山!
六盘山和贺兰山就象巨人的双臂捧护着宁夏的大地。

黄河，中国的第二大河，祖国的母亲河，发源于青藏高原的巴颜喀拉山，几经曲折迂回，或徐缓，或奔腾，咆哮着，冲破黑山峡的阻隔，滚滚而来，流经宁卫平原。

天下黄河富宁夏，北国宁夏赛江南。

宁夏有两颗璀璨的明珠，一颗嵌镶在葫芦的上腰处偏东点，叫沙湖；另一颗嵌镶在葫芦的腰部偏西，叫沙坡头。造物主恩赐宁夏，宁夏是镶着明珠的宝葫芦。

中卫是西北城市发展群中一颗靓丽的明星，它历史悠久，文化深厚，有得天独厚的地理条件，丰富的自然资源；中卫人民勤劳勇敢，抓住机遇，奋力拼搏，谱写了城市发展的新篇章；沙坡头景区的成功开发，让中卫名扬天下，走红世界。

中卫人杰地灵，尤其是人民群众朴实、勤劳、智慧、幽默。俗谚说“中卫有个莫家楼，半截入在天里头”。这里面有一个广为流传的故事。说的是银川人，广武人（现青铜峡境内）和中卫人为睡一块火炕争执不下。这时有人出题，让三人各自拿家乡的景观高低做比较，谁说的最高，谁就睡火炕。于是，银川人先说“银川有座北塔，离天只有丈八”，接着广武人说“广武有座牛首山，扎起胳膊够着天”，到中卫人时，他说“中卫有个莫家楼，半截入在天里头”。离丈八、够着天、天里头，显然中卫人的机智更胜一筹。如今，北塔和牛首山依然矗立，可是中卫的莫家楼村，却早已无楼可寻。

中卫市位于宁夏回族自治区中西部，地理坐标是北纬36°09′～37°43′、东经104°17′～106°10′，东西长约130千米，南北宽约180千米，总面积17448平方千米。它是一个地级市，辖一区二县：沙坡头区、中宁县和海原县，共40个乡镇442个村、32个社区。各个行政区的驻地是：中卫市，驻沙坡头区；沙坡头区驻滨河镇；中宁县，驻宁安镇；海原县，驻三河镇。

这里处于黄河前套之首，东与宁夏吴忠市红寺堡区、同心县、青铜峡市接壤。南与宁夏固原市原州区、西吉县相连，西与甘肃省白银市平川区、靖远县、会宁县、景泰县交界，北与内蒙古自治区阿拉善盟阿拉善左旗毗邻。位于甘肃、内蒙、宁夏三省区交界的营盘水村，可以说是“鸡鸣起，三省醒。”其总人口150万，有回族、汉族、蒙古族、满族等30多个民族，是一个多民族聚居的地区。

中卫市深居内陆，远离海洋，靠近沙漠，属半干旱气候，具有典型的大陆性季风气候和沙漠气候的特点。春暖迟、秋凉早、夏热短、冬寒长，风大沙多，干旱少雨。年平均气温在8.2～10℃之间，年均无霜期159～169天，年均降水量138～353.5毫米，年蒸发量1729.6～1852.2毫米，全年日照时数3796.1小时。

这里地形复杂多变，地势西南高，东北低，有各种地貌。中部黄河冲积平原——卫宁平原，得黄河灌溉之利，土地肥沃，物产丰饶，素有“鱼米之乡”的美誉；南部地貌多属黄土丘陵沟壑，那里有著名的香山，适宜种植和养殖；北部为低山与沙漠，被誉为世界垄断性旅游资源的景区——沙坡头，就坐落在北部的沙漠边缘。

境内有黄河及其支流长流水、清水河三条主要河流。黄河发源于青藏高原巴颜喀拉山，自甘肃省靖远县观音崖（小观音）入境，向北急转东流，经下河沿进入冲积平原中间，至渠口出境，流经中卫境内182.4千米，占宁夏黄河段长的近二分之一。下河沿至胜金关，黄河水面宽250米—1000米，过境年均水量328亿立方米，沿途均能引流灌溉，自北魏到20世纪50年代，漕运从未中断。

中卫历史悠久，文化传承厚重。各类文明和文化先后产生、发展，相互碰撞，相互融合，是中华民族文化的有机组成部分。境内有长流水旧石器时代遗址、海原菜园子新石器时代遗址、一碗泉新石器文化遗址、大麦地岩画、香山岩画遗迹等，这表明人类早在3万年以前就在此活动，繁衍生息。

四到八千年前，游牧业和初始农业及其文化已波及这里。夏、商、周时期，北方的游牧民族荤粥、鬼方、猃狁、戎等在这里生息和繁衍。

秦汉时期，中卫被纳入中原王朝有效管理之下，筑城池，设郡县，修水利，兴屯垦，农业开始发展起来。公元前213年，秦筑西起临洮，东至辽东万里长城，长城自兰州经中卫北接贺兰山北趋阴山。秦始皇二十六年（公元前221年），秦置北地郡，中卫属之。

汉高祖二年（公元前205年），卫青、霍去病收付被匈奴占领的中卫地区，又复修沿河城障，中卫境内筑有城池。元鼎三年（公元前114年），北地郡西南析置

安定郡、设眴卷县，辖属今中卫地（治在今中宁县南古城乡）。元狩三年（公元前120年），汉武帝徙内地70余万灾民到河套以南地屯耕。元鼎六年至元封二年（公元前111至109年），境内开始开挖引灌蜘蛛渠（今美利渠）。东汉建安十六年十月夏侯渊自安定领兵西进凉州，在县西部安营扎寨，此地谓之营盘水至今。

西晋泰始初年，河西鲜卑族移居牵屯山（卫宁黄河南岸山地）西，石勒部屯居麦田山（今中卫香山及以南山地）。隋开皇十年（590年），在灵州黄河外（黄河以西，卫宁黄河北）180里置丰安县，隶灵武郡。此为境内第一个县级行政建置。

中卫前有黄河之险，后接贺兰之固，是中原的大门，自古为西北地区政治、军事集团，游牧民族之间，地方割据和中原封建政权之间，兵戎相见，军事必争重镇，军事战略地位十分重要。境内有众多的古代城堡烽燧、有横亘东西、分置南北的秦、明长城。开放的唐朝，开辟了一条覆盖宽阔，路程遥远的丝绸之路，而沙坡头驿道是其中必经之一条通路。

宋咸平五年（1002年），党项族首领李继迁占领灵州等地，中卫之地始入西夏。元昊建国后在此设置西寿监军司，奲都六年（公元1062年）改为保泰军。后又置力吉里寨，蒙语俗呼应吉里（相当于县建置，治今中卫沙坡头区）。

神宗元丰四年、夏大安七年（1081年）七月，宋军五路西征。刘昌祚大败夏军10万，主战地可能在今中卫宣和镇南，大战场滩或由此得名。

后来蒙古兵越沙陀（今沙坡头）至黄河九渡攻占应吉里寨（中卫），元时称应理州。元朝至元二十五年（1288年）二月，改中兴路为宁夏总管府，升应吉里为州，治原中卫县城，隶宁夏府，与鸣沙州分治。元朝太祖二十年（1226年）秋，成吉思汗经过沙陀（今沙坡头），至黄河九渡，攻取应理县（原中卫县）。元太祖二十二年（1228年）秋，成吉思汗病死于今海原天都山行宫。

明朝永乐元年正月丙申（1403年2月9日），改宁夏右护卫为宁夏中卫，隶陕西都司，以6000名军卒守之，中卫之名由此而始。弘治六年，参将韩玉修筑胜金关，驻兵防守。明朝在宁夏地区实施军政合一体制，不设府、州、县等地方政府而只设宁夏镇，镇下管7个卫，即宁夏卫、宁夏左屯卫、宁夏右屯卫、宁夏中屯卫和宁夏前卫、宁夏中卫、宁夏后卫。卫下设所，所管堡。

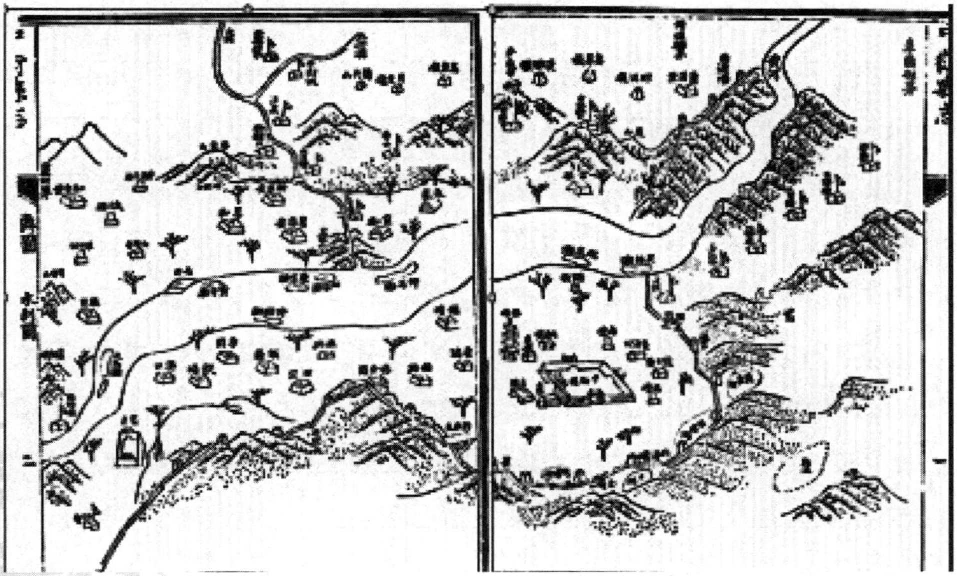

中卫黄河图

明朝的中卫是一个军事建制单位，卫城在前朝的应理州，今沙坡头区、中宁县和青铜峡市分水岭以西地区属之。清初沿明制，改卫设县，并辖管香山地区。

明朝正统四年(1439年)，始置中卫文庙儒学，嘉靖三十一年(1552年)，宋文鉴中壬午科举人，为宁夏中卫科第举仕第一人。康熙三十三年(1694年)，增设中卫驿丞，由宁夏西路同知兼。康熙四十九年(1710年)，中卫成立应理书院。乾隆二十五年(1760年)七月，中卫知县黄恩锡编修的中卫第一部县志——《中卫县志》印行。

清末民国初，有识之士借鉴或接受西方科学、民主思想，先后发生“戊戌变法”“五四运动’和辛亥革命，提倡科学，建立学校，兴办实业。光绪十七年(1891年)，中卫首设电报房。光绪25年(1898年)，发生戊戌变法，有赴京考试的中卫举子黄允清参与著名的“公车上书”。光绪三十年(1904年)，几家欧洲公司在县城设羊毛收购代办处。光绪31年3月(1905年)，废科举制，始办学堂。

1911年，辛亥革命发生，宁夏光复，次年，中华民国成立，宁夏改建朔方道，辖中卫等八县。民国二年(1913年)，驿站裁撤，始办邮政业务。民国三年(1914

年)，始设县税局，负责征收印花、煤炭、斗行、驮运货物等税。1919年五四运动发生，旅北平中卫籍学生返乡，散发传单书刊，宣传新文化。民国九年(1920年)，12月16日晚7时，海原发生8.5级大地震，强度11度~12度，波及西北、西南、华北12省区170万平方千米，西北50多县震灾严重，死难20多万人。民国十五年(1926年)，修筑宁夏至兰州公路，中卫始通行汽车。民国十八年(1929年)元月，宁夏省正式建立，原中卫县直隶之。

1932年，共产党人谢子长、杜润生领导的陕甘宁工农游击队在海原、靖远、香山一带活动，中卫人刘安国、孙绍唐参加游击队。此后，中共地下党开展革命活动，宣传抗日救亡。民国二十二年(1933年)12月，从胜金关、山河桥以东析置中宁县。民国二十二年(1933年)，第一部电话开通。民国二十七年(1938年6月)，第一家银行既宁夏银行中卫分行设立。

1949年9月15日，中国人民解放军十九兵团六十四军解放宣和，19日国民党八十一军起义投诚，中卫和平解放。

1949年10月1日，中华人民共和国成立，中卫走向历史的新阶段。1954年，宁夏并入甘肃省，原中卫县和中宁县属甘肃省银川专区。1958年10月25日，宁夏回族自治区成立，原中卫县、中宁县、海原县归其辖属。1972年，设置银南地区，中卫县、中宁县归其辖属。1998年，银南地区撤地设立吴忠市，中卫县、中宁县属其管辖。海原县属固原地区管辖，固原设市后由其管辖。

2003年12月31日，国务院关同意撤销中卫县，设立地级中卫市，设立沙坡头区，中卫市中宁县、海原县和新设立的沙坡头区。2004年4月28日，举行中卫市成立大会。2008年，原海原县的兴仁镇、蒿川乡划归中卫市沙坡头区管辖，将固原市原州区的黑城镇划归海原县管辖，将海原县的徐套乡划归中宁县管辖。

2016年8月19日，中卫市沙坡头区正式成立，标志着该区以市辖区行政建制模式独立运行。

中卫风华物茂，历史悠久，众多可歌可颂的，可彪炳史册的人物都与之结缘。

秦始皇，千古一帝，横扫六国，统一天下。之后，三巡北疆，鞭指朔方，中卫便成大一统秦朝的江山。

蒙恬，秦朝大将，收复河套，抵御匈奴，开发宁夏，修筑长城和直道，在中原王朝有效统治和管辖下，进行戍边垦殖的第一人，功不可灭。

汉武帝，迁徙了内地移民来中卫落户屯垦，并开挖史书有载的中卫第一渠。他虽穷兵黩武，但有战略眼光，把中卫建成攻打匈奴的粮仓。对于中卫的开发，功不可泯。

王维，一位大家熟知的唐朝大诗人。他站在沙坡头黄河岸边吟出了“大漠孤烟直，长河落日圆”的千古绝唱。

宋文鉴，明朝嘉靖三十一年（1552年），中壬午科举人，为宁夏中卫科第举仕第一人。

黄恩锡，纳西族人，乾隆年间任中卫知县，勤政为民，遍访中卫山川，不仅留下多篇叙写中卫风情的诗篇，还留下他的故事。

黄允清，清代举人，1895年4月，在京参与康有为的联名“公车上书”光绪皇帝，宁夏籍唯此一人。

刘佩黻，清代教育家鼎力倡导新文化，举办新学校，提倡男女平等入学读书，创办了宁夏第一所贞贤女子学校，为中卫开办新型教育作出了贡献。

袁守义，清同治十二年（1873年）拔贡，光绪三十年（1904年）甘肃废科举，通令各县，罢废书院，首创中卫县高等小学堂。

宣侠父，浙江诸暨人，共产党人。1925年，受李大钊的派遣到西北军刘郁芬部任职，随其由绥远开往陕甘，沿途散发传单，宣传革命主张，中卫惠受气泽，停留期间，广泛会见中卫各界人士，坚持共产党的正确舆论主张，是早年第一个到中卫的著名共产党人。

范长江，著名的新闻记者，无产阶级战线的杰出战士。1936年到1937年，曾两度到宁夏，包括到中卫采访，向外界深刻揭露报道宁夏社会政治，经济情况，宣传中共抗日统一战线主张，是第一个全面报道中卫社会的进步记者。

白寿彝，著名回族学者，社会活动家。1937年，随当时西北社会考察团，来宁夏访问考察，来到中卫，不辞辛苦，深入到沙坡头的梁家树园子，留宿并作调查。

孟长有，中卫人。早年追求进步，后去延安学习培训，1928年参加共产党。先后以教师身份为掩护，进行革命工作，因宁夏地下党组织遭破坏，1940年被叛徒出卖，被捕入狱，英勇不屈，壮烈就义。

张子华，中卫中宁县恩和人。青年时受共产党人影响，参加学生运动，1930年加入共产党。被组织派遣，参加国共两党关于建立抗日统一战线的谈判，后又做隐蔽战线工作。因工作出色工作受到毛主席的表扬。

苏芳，原中卫县城人。著名的水利专家，曾任美利太平二渠“委管”，期间，兴利除弊，有益生产和民众，曾获当时宁夏省政府“有功桑梓”银盾一座。后又主持整治黄河北岸农田和美利渠的改造，获成功，还主持修建了山河桥，工程优良。被后人称赞。

张济美，先后任国民党“宪制”国民大会代表、宁夏省党部宣传科长、宁夏省教育厅长等职。拥护和平解放主张，参加了在中宁举行的和平解放宁夏签字仪式。

潘毓林，原中卫县城关人，著名书法家，应邀书写“银川图书馆”，悬挂银川玉皇阁(时为图书馆)，曾任银川政协委员。

中卫境内历史文化景观悠久多样，地理自然风貌独一无二，旅游资源十分丰富。绮丽的大漠风光，神秘的湖泊湿地，秀美的灌区村镇形成壮美的胜景。大麦地岩画、一碗泉旧石器遗址、古长城、海原环球大地震遗址、南华山、天都山、中宁石空大佛寺等，具有极高的历史文化研究和旅游开发价值。黄河沿岸有许多绮丽多变的自然景点与社会文化景观，其中历史上形成的著名景点有洋人招手、老俩口、三兄弟、七仙女等，特别是沿途的花果田园，古色古香，民俗依旧，大有世外桃园之趣。

改革开放以来，旅游作为中卫市的新兴产业、绿色产业，实现了新发展和新突破。

先后进行了沙坡头景区提升改造、旅游新镇和沙坡头水镇建设等重点项目28个。旅游新镇主体工程竣工，腾格里湿地金沙岛被命名为首批自治区级旅游度假区。现已拥有A级旅游景区17家，其中AAA级以上4家。沙坡头属世界垄断性旅游资源,是首批国家AAAAA级旅游景区。

连续成功举办大漠黄河国际旅游节、环青海湖国际公路自行车赛、2015国际轮滑公开赛等旅游节。旅游事业的发展,使中卫的知名度和影响力不断提升。现在中卫全年接待游客500万人次,旅游总收入过50亿元,在第三产业中的产值比重逐年增加。

作为古"丝绸之路"北线的重要驿站,草原游牧、移民农耕、军垦戍边、儒家等多元文化的交汇地,中卫正在打造国际性的全域旅游城市。境内的主要景点有:

沙坡头旅游景区。这是最著名的,堪称宁夏名片的旅游胜地。

金沙岛旅游区。国家AAAAA级旅游景区,位于中国第四大沙漠——腾格里沙漠东南缘,距市区6千米处,距沙坡头5千米。项目占地面积22平方千米,水域面积10000亩。是集生态建设、休闲度假、水产养殖于一体,融入边塞文化、大漠文化、军屯文化的旅游度假景区。

寺口子风景旅游景区。国家AAA级旅游景区,位于宁夏中卫市宣和镇东南部,以喀斯特地貌、丹霞地貌为主,是宁夏十佳诚信景区、中国魅力景区、宁夏唯一攀岩健身基地。

北长滩原生态旅游区。北长滩黄河峡谷原生态旅游区位于黄河古道西20千米处。该旅游区黄河两岸山崖陡直,水中险滩、礁岩出没,河道时直时曲,流速时缓时急,故有"黄河小三峡"之称。北长滩河湾处遗留下的水车,建于明末清初,至今已有300余年的历史。

黄河沿岸有许多绮丽多变的自然景点与社会文化景观,其中历史上形成的著名景点有洋人招手、老俩口、三兄弟、七仙女等,特别是沿途的花果田园,古色古香,民俗依旧,大有世外桃园之趣。

高庙保安寺。国家AAA级旅游景区,高庙位于中卫城北,接连城墙的高台上,是一座三教合一的寺庙,始建于明朝永乐初年。清康熙四十八年(1710年)秋,因地震坍塌重建,称"新庙"。道光二年、咸丰三年、光绪八年续建,改称"玉皇阁"。民国初年增建后,改称"高庙",建筑面积达2510平方米,高庙经历代增建重修,是一处造型完整、气魄壮美的古建筑群,集中体现了宁夏古建筑的风貌。

它融儒、释、道三教于一体，被全国建筑师学会称作“中国古寺庙经典建筑”。

南华山。位于海原县。南华山系六盘山余脉，呈东南—西北走向，长约35千米，宽25千米，总面积42万亩。平均高度2600米，主峰马万山海拔2955米，为中卫市第一高峰。因山形似莲花，亦名莲花山，又因山高气寒，春秋落雨或雪而称雪山。宋夏时期，该山与西华山合称天都山，名震边塞。清代有“海城八景”，此山独占其三，山之西北端有新石器“菜园遗存”，东南有水冲寺遗址，山的中间有灵光寺遗址。

中宁石空大佛寺。位于中宁县余丁乡金沙村双龙山南麓。双龙山古时称“石空山”，所以石窟以“石空”而命名。大佛寺面临黄河，北靠长城，距县城20公里，是宁夏回族自治区重点佛教寺院，也是自治区重点文物保护单位之一。

旅游业发展带动和促进了餐饮业的发展。中卫自古得黄河之利，是名副其实的“鱼米之乡”，盛产稻麦和各种杂粮，瓜果蔬菜，各种鱼类及禽畜产品。其中尤以黄河鲶鱼、鲤鱼及无膻味的羊肉为著名。应有尽有的食材为中卫风味食品提供了物质条件，加之中卫人聪明能干，又是一个移民城市，吸取和包容全国南北饮食之长，打造了中卫丰富的饮食文化，宁夏，可以说吃在中卫。其中适应节令的早点、夜餐，品样繁多，味美可口，经济实惠，奢俭兼顾。

晚间小吃有卤鸡、卤蛋、浑酒小炒、醪酒煮鸡蛋、米黄子、糖酥馍、书本子油馍等。虽夜深人静，但吆喝叫卖声仍不绝于耳。过去坊间曾流传这样的顺口溜：“南缠（绰号）的包子，侯林的面，解三的干烙泡不烂……”还有张殿儒的小炒肉，李家招六子的炒面，范家大保的羊杂碎，雍素菜的烩豆腐，李茂盛的牛杂碎等典型吃食，最能招徕顾客。现在中卫已有各种档次的酒店，分布在市区，大型餐饮、酒宴已可满足旅游、宴请、会议等各方面的需要。

“天下黄河富宁夏，宁夏黄河富中卫”。早在西汉初期，这里就开挖了中卫灌溉史上第一条渠蜘蛛渠（美利渠），现今有美利渠、寿渠、角渠、跃进渠、七星渠等5大干渠，共418千米，形成设施配套完善，管理科学有序的自流灌溉系统。进入当代，又开发了电力扬灌。

中卫是黄河流域上游第一个自流灌区，土地由黄河泥沙的沉积而成，十分肥沃，面积可达60余万亩，现还有扬水灌区45亩，计百万余亩。优越的气候、地理、水利和人文条件造就了中卫的农耕文明，奠定了中卫以农业、种植业、养殖业为基本行业的兴旺和发展。

现在的中卫，已是西北地区重要的商品粮、水产品、禽畜产品和蔬菜果品生产基地，基本实现"互联网+特色农产品"的营销新模式。中卫的大米，品种优良，质地上乘，入口滑爽，是宁夏居民的主食食材，同时也销售到全国各地，受到欢迎。

中卫的蔬菜品种繁多，可谓琳琅满目，如海茄圆大光亮，皮紫肉白，无论炒烹，味皆最佳。大地大棚种植并举，各种蔬菜反季节上市，已成常态，不仅满足本市居民的需要，而且远销区内外。红宝枸杞、硒砂瓜、宣和牌禽蛋、马铃薯、清真牛羊肉以及小茴香是中卫的特色农副产品。

中卫有"枸杞之乡"美称。枸杞是中卫的首项特产，被世人称作"红宝"。李时珍的《本草纲目》中已有详尽记载，具有滋阴补肾、益寿养颜和明目醒脑的功效，不仅果实，其根，其叶皆可入药，而且可以食用养生，现代医学研究表明，枸杞含有人体所需的微量元素，对高血压，贫血有预防和治疗作用。

虽然多地产枸杞，也有引种宁夏品种的，但还是中宁县的枸杞为最上乘，最地道，这得益于中宁黄河滩地的肥沃土壤。正如中药材贝母，全国各地几乎都可种植，有川贝和浙贝之分，但以川贝为佳，其它地方产的就和川贝无法同日而语。为大力发展此项特产，把它推向世界市场，已实施枸杞等特色产品的品质品牌保护工程。中卫枸杞种植面积已达43.3万亩，占全国的七分之一，枸杞干果年产量达5万吨，占全国的25%。

中宁县还开发研制生产了枸杞果酒、枸杞籽油、枸杞花蜜、枸杞芽茶等枸杞相关产品有六大类30多个。其中"宁夏红""早康""杞芽"等自主品牌产品远销五大洲及中国港、澳、台地区，年出口量4000至6000吨。因此，中卫又被誉为"世界枸杞之都"。

硒砂瓜。是宁夏中部干旱带上创造的人类奇迹，石头缝里长出的西瓜珍品。这种西瓜富含硒和锌等微量元素，耐储运，易运输。

中卫南部海原县，气候干燥，夏季炎热，早晚温差大，最适宜种植硒砂瓜。这里产的瓜，瓤红沙甜，是夏季特好的解暑渴的果品，也是无污染的绿色产品。

中卫的硒砂瓜，一经推出就受到全国各地客商和消费者的青睐，现在不仅销往北京、重庆、成都、上海、福州等全国大中城市，而且已成功打入日本、新加坡等国家，并销往中国香港、台湾地区的市场。中卫的硒砂瓜已被认定为首届中国农产品区域50强公用品牌、中国驰名商标，获得绿色有机食品认证，成功进入北京奥运会餐桌，并出展上海世界博览会。中卫对硒砂瓜实施了特色产品的品质品牌保护工程，已建立环香山90万亩硒砂瓜生产基地。硒砂瓜产业使宁夏中部干旱带上20个镇乡141个行政村的27.7万群众脱贫致富，中卫被誉为"中国硒砂瓜之乡"。

宣和牌禽蛋。鸡蛋已是传统和现代人们厨房，必不可少的食材，用各种方法可以做出成百上千种菜品，也是食品工业基本的原料。它的工厂化生产，储存和运输，以及它的绿色无公害都是社会和消费者所关注的重要问题。中卫大力用心抓禽产品生产，经过多年的努力，使禽产品生产工厂化，集约化，绿色无公害化，品牌化，创立了著名的"宣和"牌禽蛋。

宣和镇地势开阔，饲料丰富，有养鸡鸭等禽类的传统，现已建成多家现代化养鸡场，有防疫，防污染的措施和设施。实施科学养殖，实现自动化，建成中宁电子商务孵化园，完成和完善了禽蛋无公害农产品产地认定和产品的认证，推出了"宣和牌"禽蛋。"宣和牌"禽蛋在2006年荣获宁夏和全国的名牌农产品。建成占地3500平方米的中国西部最大的宣和禽蛋专业批发市场1处，年交易额达到2.2亿元。并组建禽蛋流通公司21家，已形成了100余户600余人参加的专业流通队伍。宣和禽蛋品牌的鲜蛋类产品，和新开发的"无公害贴标散装鸡蛋、无公害精选8枚和10枚塑料盒包装鸡蛋，8枚保鲜膜包装，5斤果篮包装等系列鲜蛋产品，不仅在本市和宁夏区内销售，还大量销往兰州、西宁、乌鲁木齐、重庆等30多个西部大城市。

清真牛羊肉。沙坡头区黄河南面的香山以及中宁县、海原县有发展畜牧养殖的环境和条件，这里的群众有畜牧养殖的传统和经验。在市政府的支持和推动下，形成了海原县、中宁县、沙坡头区山区生态建设、种草养畜基地和以引黄灌区、扬黄灌区、库灌区为主农作物秸秆养畜区。2016年统计资料显示：全市养牛27万头、养羊150万只。全年肉类总产量5.85万顿，奶类产量13万吨。

马铃薯。是茄科茄属的一年生草本农作物，又称土豆，山药蛋。块茎可供食用，是重要的粮食、蔬菜兼用作物，也成为现代食品工业的基本原料，市场需求量很大。马铃薯是中卫市的传统农作物，这几年马铃薯种植业和加工业产业突飞猛进的发展。种植面积稳定在110万亩，形成了以海原的树台、关庄、红羊为主的南部35万亩和以海城、史店、贾塘为主的中北部50万亩马铃薯产业带。

马铃薯脱毒种薯三级繁育体系、销售网络和薯制品加工体系建设迅速发展，马铃薯产业脱毒化、机械化、标准化、产业化水平进一步提高，已成为中卫市农业增效、农民增收、农村繁荣发展的支柱产业。

小茴香。小茴香可以入药，味芳香，是西北食品不可缺少的调料。市场需求增加，中卫小茴香种植面积12.3万亩，不但拓宽小茴香发展空间，而且还树立起了海原县“绿色无公害小茴香”的牌子，赢得海内外客商的进一步认可。

中卫黄河两岸，水系发达，渠网纵横，湖泊众多，是西北城市中，水产养殖业发达的城市，其产品不仅满足本地市场需求外，还销售到本区固原、甘肃兰州，陇东各城市，河西走廊各城市。

从黑山峡到中卫的黄河，有多种原生态的鱼类生存，黄河鲤鱼，黄河鲶鱼，味道鲜美，名扬天下，其中鸽子鱼（铜鱼）是稀有鱼种，曾是宁夏每年向历代皇帝敬献的贡品。

中卫有多家具有一定规模的渔业企业。有渔业生产合作社，渔业股份公司等。2016年的数据表明，中卫市渔业养殖面积10万亩，水产品产量超2万吨。从养殖到储运、加工、销售已形成一条龙体系。2017年，为了推进全市渔业的大发展，增加鱼类的多样性，中卫市政府农林局决定放流优质鱼种1200万尾，放流范围：黄河水面，香山湖，应理湖和各景观水面。

中卫境内水资源丰沛，有黄河及其支流长流水、清水河三条主要河流，其开发利用，以黄河为先为重。中卫市黄河水能蕴藏量200多万千瓦，可利用能量

160万千瓦，属国家黄河上游水利水能开发的重要梯级地带，是西北可利用水资源最优越的城市。

黄河从黑山峡到下和沿最大自然落差144米，拦河筑坝，综合开发利用，潜力无限，效益巨大。这样一座集蓄水、发电、灌溉和泄洪于一体的大坝应该建在何处才好，甘肃和宁夏有着不同的意见，甘肃方面认为应建在于其境内的黑山峡，而宁夏认为建在中卫的大柳树为妥，相关部门曾组织双方研究讨论，意见不能统一。被1993年《九十年代中国农业发展纲要》第30条列为建设项目。但是，时至今日，还未付诸实现。

中卫市黄河水能蕴藏量200多万千瓦，可利用能量160万千瓦，属国家黄河上游水利水能开发的重要梯级地带，是西北可利用水资源最优越的城市。2000年，国家实施西部大开发，沙坡头黄河枢纽工程被国务院批准立项开工建设，2004年竣工。工程的建成，结束了宁夏无坝灌溉的历史，为灌区节水改造和计划用水提供条件，同时还可以为宁夏电网提供电力，每年发电6亿千瓦。此工程的运行，对合理开发利用黄河水资源，改善区域生态环境，促进当地经济和社会可持续发展具有重要意义。

沙坡头水利枢纽工程是西部大开发10大项目之一，设计控灌面积107万亩，解决卫宁平原120万亩耕地的灌溉。

中卫市矿产资源种类多，开发历史较长。已发现矿产30多种，矿产地189处，其中工业矿床62处。探明资源储量的矿种有19种，主要有煤、铁、铜、金、电石灰岩、制碱灰岩、水泥灰岩、饰面用大理岩、石膏、陶瓷黏土、水泥配料用粘土、砖瓦粘土、建筑石料、建筑用砂等。遍布四乡八壑，品位高，易开发，是宁夏矿产资源最丰富的地区之一。其中石膏储量约70亿吨，居全国第二位；黏土储量约50多亿吨，硅石储量约1亿吨，特别是煤炭储量较大，约12亿吨。品位和地质成矿条件较好，分布面积近200平方千米，属低灰、低硫、低磷，高密度、高发热度优质无烟煤，被誉为“天下第一煤”。

中卫有着较好的工业基础，中卫人抓住改革开放的历史机遇，拼搏奋战务实创新，经济社会各项事业飞速发展，打造工业发展新格局。

大力发展科技含量高、技术支撑力强的战略性新兴产业，以电解金属锰为代表的冶金产业、以蛋氨酸为代表的精细化工业、以N型单晶硅为代表的新材料产业、以枸杞产品系列开发为代表的农产品加工业、以光伏风电为代表的新能源产业稳步发展。紫光天化蛋氨酸一期等一批项目建成投产，中电投热电联产、兴尔泰120万吨硝基复合肥等一批项目加快推进，协鑫高效单晶硅等一批战略性新兴产业落地中卫。

中卫市仅2015年，就完成工业投资近亿元。全市新能源装机容量达3014兆瓦，占全区37.7%，新能源产业产值占工业总产值15.3%。特别是信息产业迈出新步伐。解决了网络带宽和电价等云计算发展瓶颈问题。美国亚马逊AWS、云创公司2个新一代超大型数据中心即将投用。中关村科技产业园中卫云中心建成运行，西部云基地公司等16家企业入驻。一批云制造、云服务、云应用项目陆续落户、开工。

环保、交通、卫生、旅游、媒体等云应用项目加快推进。实施“互联网+”行动计划，建成100家农村电商服务站，全市从事云计算及配套产业的法人企业达125家，仅2015年新增注册67家。中卫列入“宽带中国”示范城市和全国智慧城市。

中卫是西北地区第三大铁路交通枢纽，是新疆、河西走廊通往东部地区最便捷的高速陆路通道，也是承东启西、北拓南展的人流、物流、信息流集散中心。

包兰铁路、干武铁路、宝中铁路和太中银铁路在中卫市交汇，位于中卫市西郊的迎水桥铁路编组站是规划中亚洲最大的铁路编组站之一。客运可直达北京、上海、西安、兰州、西宁、成都、呼和浩特、乌鲁木齐8个省会城市。

中卫香山机场于2008年8月建成，先后开通北京、上海、西安、杭州、海口、成都、乌鲁木齐等航班，年旅客吞吐量为15万人次，货邮吞吐量400吨。可起降波音737、空客A320系列等支线飞机。现改名沙坡头机场。

中卫市境内京藏高速公路、中营高速公路、中郝高速公路、中固高速公路、中盐高速公路5条高速公路和109国道、101、201、202省道4条公路干线穿境而过，中营高速公路（中宁—营盘水）从城市南侧穿过，可连接GZ25（丹东—银川—兰州—拉萨)、GZ35(青岛—银川)、GZ45(连云港—武威—霍尔果斯)三条国道主干线,铁路大桥和两座公路大桥贯通黄河南北。

海原城乡客运一体化项目完工。海原至海兴开发区快速通道即将通车,海原至同心高速、中国物流中卫物流园加快建设,中宁星火国际物流园智能化信息中心投入运营。截至2016年,中卫市公路通车里程达到7657千米,比2015年年末增加463千米,其中高速公路通车里程达407千米。年末全市民用汽车保有量达到11.14万辆,比2015年末增长10.6%,其中私人汽车保有量10.06万辆,增长12.7%。全市轿车保有量5.02万辆,增长21.8%,其中私人轿车4.85万辆,增长28.8%。

黄河沿岸还有各类船渡码头十余处,其中以沙坡头区莫家楼,沙坡头区常乐村码头为最著名,有效解决了当地居民的来回过桥问题。

在20世纪,中央制定开发大西北的战略决策,中卫市抓住难得的历史机遇,特别以升格地级市,行政辖区扩大为契机,努力拼搏,解放思想,坚持党的基本路线,以经济建设为中心,务实创新,在求经济快速发展的同时,始终坚持民生工程,切实保障和改善民生,不断增进人民福祉。现在中卫社会稳定有序,各项社会事业蒸蒸日上,人民安居乐业,幸福指数增加,取得了巨大的成绩。

截至2017年,全市有中小学校614所,教职工13652人,在校学生214203人。沙坡头区、中宁县义务教育均衡发展顺利通过国家评估认定。中等职业学校3所,在校学生8515人,中卫市职业技术学校进入国家"中等职业教育改革发展示范学校"行列。

建成宁夏大学中卫校区,整体移交宁夏大学,填补了中卫高等教育空白,在校学生782名。

成功创建自治区卫生城市。全面落实计划生育"三项制度",人口素质不断提升。已拥有各类卫生机构166个(不含农村卫生室)。建成市人民医院医疗卫生中心、宁夏医科大学总院中宁分院、海原县人民医院等。

深入实施文化惠民工程,年均文化演出1127场次,建成一批标准化乡镇文化站和农村书屋,举办中阿博览会篮球四国邀请赛、首届市民运动会等赛事。

2015年，中卫市获得“自治区文明城市”称号，2018年中卫市入围“全国文明城市建设提名”。同时还获全国未成年人思想道德建设工作先进市，5个单位、2个村镇晋升全国文明单位、村镇行列。

建立健全社会救助体系，在全区乃至全国率先建立实施了“困难群众重特大病医疗救助重度残疾人生活救助、困难群众殡葬救助、困难村干部和困难老党员救助、老年人残疾人免费享受公共服务待遇”等重点民生制度。实施了农村危房改造、改建了养老服务设施、新建了市儿童福利院等基础设施，有效保障了广大困难群众的基本生活权益。

建立以最低生活保障为主线的社会救助体系，困难群众应救尽救。加强低保规范化管理，建立低保核查机制和保障标准自然增长机制，建立了城乡困难群众医疗救助体系，实现了困难群众救助全覆盖。2008年4月率先在全国建立实施城乡“一体化”困难群众重特大病医疗救助制度，并于2010年5月和2012年9月先后两次修改完善，确保制度规范持续运行。

实施社会保险和公积金参保扩面工程，推行医疗费用医保联网即时结算制度。2011年9月率先在全区制定了《中卫市重度残疾人基本生活保障暂行办法》，对所有无固定收入的重度残疾人在享受低保全额救助的同时，每月发给150元的残疾人生活津贴。

2015年，全市建成敬老院3所，新增床位370张。大病医保、城乡低保、五保供养、困难救助、重度残疾人津贴等“兜底”政策全面落实。中卫被确定为全国七星级慈善城市和全国社保卡综合应用试点示范城市。

制订了《农民工工资主体监管“五定”方案》，将“一卡通”纳入政府效能目标考核并定期进行专项检查，督促工资按月发放，实现对农民工工资支付的重点监控。深入推进百万贫困人口扶贫攻坚战略，整合资金3.3亿元，实施85个重点贫困村整村推进工程，17个贫困村基本脱贫，减少贫困人口2.3万人。实行公租房、廉租房并轨管理，建成各类保障性住房1.63万套。

加快城市建设，建设美丽富饶宜居的新中卫。中卫市围绕“沙漠水城、花儿杞乡、休闲中卫”的城市形象定位，坚持“以绿为美、以水为源、以净为荣、以适为宜、以人为本”的城市建管理念，高品位规划，高质量建设，高水平管理，实施了街巷改造、深度保洁、绿化亮化、秩序建设、坚持“先规划、后建设，无规划、不建设”的原则，着力打造宜居、休闲、生态美的新中卫。

全市城市建筑面积达到96.1平方千米，市区由设市前的10平方千米增加到37.6平方千米，城市人口由8.5万增加到18.5万；沙坡头区城市建成区绿地率、绿化覆盖率和人均公园绿地面积分别达到36.7%、34.9%和20.86平方千米。

中卫市立足于城市发展的实际，做活“水”的文章，建成了清澈绵延的城市景观水系以及黄河宫、香山湖、应理湖、十里水街、腾格里湖，五湖有渠连接，横穿市区6千米，成为一条四季流动的景观河。市区水域面积占建成区面积的20%。

着力打造的精品工程有“五馆一中心”、“新区行政办公建筑”、“大河之舞”主题公园等，已成为中卫城市形象的新地标。正在规划建设的城市文化广场（大剧院、传媒大厦、旅游大厦、五星级酒店等）建成后将大大提升城市的现代化品味。中卫市已与墨西哥科韦拉州结成姊妹友好城市。截至2018年，中卫市获得的城市荣誉主要有：

迪拜国际改善居住环境最佳范例奖

中国人居环境范例奖

中国人居环境建设杰出贡献奖

中国最佳绿色生态城市

2011年城市榜投资环境最佳城市

2012年度苏商投资中国首选城市

中国特色魅力城市100强

2016年03月，成为国家首批全局旅游示范市创建单位

2017年12月，获得“厕所革命优秀城市奖”

苍沙剧变动天地
沙堆万斛皆有因

大漠边里沙坡头

黄河奔腾滚滚流

沙进人退成过去

斗转星移写春秋

沙山鸣钟响天下

革囊浑脱泛中游

草格防沙铁路畅

五带一路传七洲

沙坡头景区一角

沙坡头，其名古已有之，在原中卫县城西边，距离20余千米，20世纪50年代，包兰铁路通车，便成为一个的小火车站。在几乎是禁区的沙坡头成功修建包兰铁路，并同步治沙造林，创造奇迹，催生了旅游业，这就是当代沙坡头飞跃发展的三部曲。

沙坡头村，因沙坡头而得名，原默默无闻，现今非昔比。

沙坡头景区，以沙坡头沙山黄河为为中心的旅游观光区。

沙坡头自然保护区，以沙坡头景区为核心区域的自然保护区，区域内有多家单位，它的功能比景区多了重要的项目——保护和研究区域内生态。是国家AAAAA级旅游景区，国家级沙漠生态自然保护区，全球环保500佳单位，全民健身二十个著名景观，科技进步特别奖。保护区内有沙坡头村、鸣钟村、黑林村、夹道村、孟家湾村、长流水村6个行政村。

1952年，包兰铁路选线最后确定沿黄河东进经过沙坡头。1954年，建立沙坡头沙漠铁路观测试验站。1957年，包兰铁路正式通车。1984年9月，宁夏沙坡头自然保护区成立。1986—1987年，对保护区进行了首次全面的综合考察。1994年4月，经国务院批准为国家级自然保护区。

沙坡头位于宁夏回族自治区西南端，中卫市西部20千米的地方，处于宁、甘、蒙三省区的交界。地理坐标为北纬36°59′～37°43′，东经104°17′～105°37′。其境东起二道沙沟南护林房，西至头道墩南临黄河，中部为黄河冲积平原，整个保护区长约38千米，宽约5千米，海拔1300～1500米，是全国二十个治沙重点区之一。

这里地处黄河前套之首，南依香山。北部是贺兰山的余脉，连着腾格里沙漠。境内群山起伏，其海拔高度为1300～1400米，各山间多间断不相连，山间有许多宽阔的谷地，既是人们南来北往的通道，又是腾格里沙漠里沙漠的通道。

这里堪称是中国最典型的风沙地貌之一。地势西北高，东南低，由西北向东南倾斜。境内沙漠由腾格里沙漠前移堆积而成，主要覆盖在红砂岩和高河漫滩阶地以及冲积洪积平原上，沙层厚度一般在20～30米，最厚达50米。

流沙形成沙丘，交错纵横，高低起伏。有固定沙丘，半固定沙丘和流动沙丘。沙丘的形态有网格形沙丘,半新月形沙丘和半新月形链沙丘,其中以网格形沙丘面积最大。沙丘高度一般为7~20米,也有高达30米的。沙粒小,粒径0.05~0.25米之间。据实际观察,沙丘移动速度较快,高沙丘的每年移动2米,低矮沙丘移动速度3~5米,个别新月形沙丘每年可移动8—10米以上。

沙漠北边有一些封闭的内陆湖盆和湿地。如碱碱湖、小湖、高墩湖、马场湖、荒草湖等,总面积721公顷,是多种脊椎动物类群栖息地。

沙坡头地势较高,距离海洋很远,气候受蒙古高原高气压影响大,是干旱少雨的大陆性气候,年平均降水量约为187毫米,冬季最少,多集中在夏秋季。这里风多沙疾。以北风为主风向,全年8个月刮北风,集中在冬春。最大风速每秒19米,每年刮风272次,沙暴次数占全年的40%。由于受北风季风的影响,所以流沙不断从西北向东南移动。

沙坡头属半荒漠地区,植被以耐旱的沙生植物为主,主要有白芨草、柠条、油蒿、猫头刺、白草、沙竹、沙米、针茅、花棒等。在固定沙丘上植被覆盖率为15%~55%,在半固定沙丘上植被覆盖率5%~15%,流动沙丘上植被覆盖率为2%。在沙丘边缘低地上会生长湿生植物,如芦苇、沙柳、狼尾草、白刺、蓼子朴等。保护区的湿地植物有水生和湿生两大类,共有114种植物,占保护区植物种类的25.91%。其中狸藻、茨藻等整株沉于水下,是区域内典型的水生植物。

沙坡头保护区是动植物的天堂。这里密布湿地和湖泊。天然湿地由河流和沼泽湖泊组成,有脊椎动物194种,其中鱼类18种,两栖类3种,爬行类5种,鸟类147种,兽类21种。鱼类占宁夏自治区鱼类种数的58.1%,两栖类占50.0%,爬行类占27.8%,鸟类占51.9%,兽类占29.6%。列入国家重点保护野生动物名录的种类有23种,占保护区脊椎动物的11.9%,其中一级保护动物5种:黑鹳、金雕、玉带海雕、白尾海雕和大鸨,二级保护动物18种:灰鹤、蓑羽鹤、白琵鹭、荒漠猫、猞猁、鹅喉羚、岩羊等。保护区列入CITES附录的脊椎动物有21种,占保护区脊椎动物种类的10.82%,其中列入附录Ⅰ的只有白尾海雕一种,余均为附录Ⅱ。列入《中日保护候鸟及栖息环境协定》鸟类名录并分布于保护区的鸟类有65种,占保护区鸟类种数44.2%。

沙坡头集大漠、黄河、高山、绿洲为一处，具西北风光之雄奇，兼江南景色之秀美。有中国最大的天然滑沙场，有横跨黄河的“天下黄河第一索”，有黄河文化代表古老水车。有黄河上最古老的运输工具羊皮筏子，可以乘坐以体验古之漂流的情趣。有沙漠中难得一见的海市蜃楼。可以骑骆驼穿越腾格里沙漠，可以乘坐越野车沙海冲浪，咫尺之间可以领略大漠孤烟、长河落日的奇观。

沙坡头主要保护对象为：自然沙漠景观、天然沙生植被、治沙科研成果、野生动物、明代古长城、沙坡鸣钟等人文景观及其自然综合体。2018中国西北旅游营销大会暨旅游装备展上，入围“神奇西北100景”榜单。

沙坡头自然保护区管理机构定名为“宁夏中卫沙坡头国家级自然保护区管理局”，直属宁夏环境保护局领导，行政级别为处级。自然保护区对自然资源的管护实行管理局—保护管理站二级管理体系。为全民所有制事业单位。

根据保护区的保护任务、职能范围和管理项目等实际情况，管理局内部下设办公室、财务科、管理科、技术科、公安派出所5个职能机构和1个科研宣教服务

沙坡头景区一角

沙坡头博物馆

中心，下辖5个保护管理站。其主要的管理内容目标为：

通过珍稀、濒危野生物种的繁殖培育基地建设、实施核心区、缓冲区防护工程，能进一步控制和杜绝人类活动对核心区、缓冲区的干扰与破坏，使保护区内的鸟类得到有效保护，自然植被得以恢复。

保护野生沙生生物物种和生物群落生长繁衍发展；明显体现水源涵养和调节小气候的能力，使自然保护区内形成独特的沙区小绿洲生态系统；阻挡沙漠前移，减少土壤侵蚀和水土流失。

沙坡头，处于腾格里沙漠南缘，贺兰山余脉和祁连山陇西山地香山山脉形成一个钝角夹角，这个夹角便成了西北大陆季风向南吹的必经之路，成了风口，腾格里的沙，被西北季风源源不断的带到沙坡头，形成沙山。沙坡头的沙漠主要是移动沙丘，由于黄河的容纳（黄河泥沙的重要来源）和力的作用，流沙至今黄河岸边。

几块石头磨纪元
人猿相揖穿时空

从猿到人靠劳动
制造工具创新程
钻木取火吃熟食
制陶盛水喝汁饮
三斧砍去荆棘开
一镞投出鸟兽惊
人猿揖别是进步
社会发展无尽穷

关于远古时期的人类历史，伟大领袖毛泽东主席有几句著名的词句：

人猿相揖别。
只几个石头磨过，
小儿时节。
铜铁炉中翻火焰，
为问何时猜得？
不过几千寒热。

——《贺新郎·读史》

伟人高屋建瓴，寥寥几笔，便把上百万年的人类历史概况得如此精当！与猿拱手作别，进化到了原始社会，人类呱呱坠地，再经过磨石为工具的石器时代，人类进入了少儿时期。炉中火焰翻滚，那是青铜时代，也只不过是经过了几千个春夏秋冬。

从地质时期到远古时代，当进入人类历史时代以后，第一个社会形态是原始社会。总体上属于石器时代，时间长达二三百万年。这一时代的历史原貌，历史典籍几乎没有记载。考古学家主要通过发现和挖掘远古人类生活的遗址，认识和还原当时的情况。

旧石器时代距今二三百万年至一万二千年，相当于地质年代的更新世。新石器时代(中)距今一万二千年至八九千年，相当于地质年代的全新世。新石器时代是整个石器时代的晚期，距今八九千年至三四千年，属于原始公社。

远在三万多年前的旧石器时代晚期，中卫地区的原始先民，就用简单粗笨的工具与自然界进行着艰苦的斗争。旧石器时代遗留的工具主要是打制石器。

群聚在沙坡头、一碗泉、长流水一带的远古先民采集石英岩、白云岩、燧石、玛瑙石等石器原料，通过石锤砸击、压剥等方法，制作成石器工具，以此获取更多的食物。

在制作石器工具的同时，原始先民还制作一些木质、骨质工具进行生产劳动。由于时代的久远，绝大部分木质、骨质工具已经腐朽，只有石器工具保存了下来，为我们研究人类最初的生活状态提供了珍贵的资料。

在20世纪50年代和80年代的文物普查中，考古人员在沙坡头古驿道、铁道两旁的流沙中，发现了许多新石器时代的遗址，主要分布地点是：一碗泉车站南、上茶坊庙北、孟家湾车站西、沙坡头车站南等处。这些早期的文化遗址，以细石器为特征，反映出当时的人类，以采集、狩猎为主要谋生方式。

沙坡头人类遗址。

在距今8000—5000年，腾格里沙漠的范围内，只限于贺兰山的余脉以北的草原地区，现在黄河北岸的一、二阶地上，呈现了森林植被茂盛的景观，吸引了许多古人类到这里栖息生活。在沙坡头附近的流沙中很多次发现早期人类活动的遗迹，即是有力的证明。

长流水人类文化遗址。

在包兰铁路长流水车站附近的流沙中，曾发现打制的石器，其样式和制作方法和灵武水洞沟遗址的打制石器颇为相似，也属于旧石器时代的遗存。

在旧石器时代人类改造自然的能力相当低下。他们只能在生态环境特别好的地方生活栖息。

长流水旧石器遗址的发现，证明早在更新世晚期，黄河北岸，也就是沙坡头一二级阶地上，有了良好的生活环境。

长流水村，和沙坡头景区中心同在黄河西岸的古道上，走过上茶房庙，再走过孟家湾就到长流水村。距中卫市30千米左右。快进入村子前，沿途荒漠土坡，道路曲折蜿蜒，突然，天空开朗起来，眼下一片绿，一线清流汩汩流淌，这自然就是长流水村了。据说从前长流水村有600多人，因有水灌溉，大家衣食无忧。长流水的溪流，由村西北的吊沙坡内陆湖和附件的泉，贯通汇流，流经长流水、孟家湾至冰沟门对岸注入黄河，长约15千米。

由于生态环境变化，源头的湖泊被腾格里沙流前移覆盖淤压。明清以来，这里已逐渐变为季节性的干沟潜流，但四季仍有汇流的泉水成溪，故取名长流水。

长流水遗址北部紧靠腾格里大沙漠，南部群山重叠。长流水河谷宽近百米，一年四季溪水长流，遗址就分布在河谷两岸的台地上。北部台地的遗址东西长

鸽子山史前遗址

800米，南北宽300米；南部台地遗址东西长约500米，南北宽约200米。

长流水人类遗址，属于旧石器时代，距今大约3万多年。史前人类就在此繁衍生息。早在1951年，考古工作者就在长流水村西南约200米的河谷南北相对的台地上，发现了石斧、石锛、石磨盘、石磨棒、圆刮器、打制小石片、骨珠、浅灰色石环。

1957年3月下旬至7月，甘肃省文管会派出文物工作小组，到包兰铁路沿线配合工程了解文物情况。其中在下流水村，发现在南北长约1000米，东西宽约500米的遗址原始地层上面，遍布各类石器遗物和各种陶器残片，发现了许多古遗址、古墓葬。石器遗物大多数是各种型制的石磨棒、石磨盘，砂岩质地，用于粮食、草籽等食物脱壳加工，多留有磨擦使用痕迹。

陶器遗物是各种型制的红陶、彩陶、灰陶器具残片，其中彩陶、红陶残片分布面积最大，数量最多。红陶片素面，彩陶片为黑色纹饰，风格与马家窑类型彩陶类似。

20世纪90年代，文物考古工作者对长流水古文化遗址进行了多次考古调查，又有了新的重大发现，采集到各类旧石器、新石器时代的遗物300多件，主要是石器和陶器残片。遗址中部分打制石器和细石器，与灵武水洞沟旧石器时代晚期遗址出土的部分石器基本类同，其中打制石铲、石锛等已具备了新石器时代磨制石器的雏形。细石器中的部分锥状石核、刮削器等器物，与中原地区下川、

一碗泉遗址出土石器

大麦地岩画

沙苑、灵井等旧石器时代晚期文化遗址出土器物有很大一致性。长流水古文化遗址虽然还没有发现文化层和墓葬,但从石器的制造技术和特征看,远在两三万年前的旧石器时代晚期就已有人类生存。历史进入新石器时代,长流水一带的原始先民逐步开始驯养家畜、制造陶器、磨制石器,并掌握了穿孔技术。从部分彩陶纹饰和大量的石磨棒、磨盘分析,先民们在狩猎、畜牧,采集植物种子、根茎作为食物来源的同时,还进行着一定的农业种植。这一切表明,中卫长流水遗址是原始社会北方草原文化与甘肃马家窑农业文化的交汇地带。

岩洞子湾遗址。

2014年,又有报道称,在中卫距沙坡头不远的岩洞子湾,发现一个天然洞穴,洞穴内地表散见宽形石斧、窄形石斧、砸击器等重型石器。

洞内地表所见的堆积遗物,有石斧、砸击器、烧石、石磨盘、研磨石等,所有石器原料都是大小不等的黄河卵石。这些石制品及黄河卵石,显然是在洞外黄河滩上,用卵石打制好,并和经过选择的黄河卵石一起或者分先后带入洞内的。

专家初步判断:这是旧石器时代人类洞穴遗址。从石器型制及打制技术看,洞内所见石器与洞外中卫长流水旧石器遗址地表所见重型石器一样。洞穴外面周边地表亦散见旧石器时代石器、新石器时代石器及陶片。

显然,这是一个从旧石器时代就被原始人类占据使用的洞穴遗址。

稍后,于迎水桥镇丝路古道侧边又发现一处原始人类的大型生产、生活

大麦地岩画

遗址。

中卫岩洞子湾古人类洞穴遗址的发现，是宁夏目前唯一旧石器时代人类洞穴遗址，为我国科学考古提供了宁夏古人类洞穴遗址的罕见线索，为探寻、研究、复原宁夏及其毗邻地区原始人类的生活环境、栖居场所、互联互通提供了直接证据。

20世纪20年代以来，宁夏及其毗邻地区常见于史学著述的旧石器遗址有3个：灵武市水洞沟遗址、中卫市长流水遗址、内蒙古乌审旗萨拉乌苏遗址。近百年来，唯有长流水遗址，从未有人做过考古发掘。

一碗泉人类文化遗址。

位于中卫市区西55千米处的沙丘地带，新中国成立初期这里还住着几户村民，后来因为环境的进一步恶化搬走了。遗址南面越过几个沙丘就临近起伏的峰峦，山脚下尚有少量的水，名曰“一碗泉”。

据许多老年人回忆，一碗泉距离甘塘车站不远，甘塘有石头砌的客栈，那是古时驿站——西路三站留下的房子，在甘塘建火车站前，甘塘村民吃的水就是用毛驴从一碗泉驮来的。一碗泉是山脚下的一个涝泊，那时候涝泊里的水还不少。

典籍中的说法是：一碗泉处在瀚海之中，水盈出非常慢，以盈满一碗水为界，舀掉后才能再渗出一碗水。当然这只是说明了水源之少。一碗泉泉水清澈，非常甘甜，且处在水源奇缺的荒漠畏途之中，显得特别珍贵。

一碗泉遗址东、西、北三面皆靠沙丘，南北长约500米，东西宽约300米，南靠绵延起伏的峰峦。

在黄沙被风力移开以及较平洼的地方，裸露着许多远古遗物，但没有发现文化层。

文物工作者在这里采集的标本以石器为主，陶片数量很少。石器有石斧、石锛、石磨盘、石磨棒、石核、石叶、敲砸器、尖状器、刮削器、细石片等。

其中斧、锛器形一般较小，完整的很少见，有打制、磨制、琢制三种。刮削器多为两面打制，扁平椭圆形，周围边缘有二次加工的痕迹。

砍砸器以圆形居多，周身打制，边缘有砸痕。石核有锥形、扁锥形两种，周围均有打制后的棱角痕迹。小石片质坚细，有白、灰、黄、绿等色，个别边缘有使用痕迹并有经二次加工的痕迹。

石叶在遗址中数量较多，用薄长石片制成。

除采集到大量的石器和部分骨针外，还发现部分陶器。这些陶器以夹砂红陶为主，部分为夹砂灰陶和泥质红陶，陶器纹饰有粗、细绳纹，划纹，方格纹，附加锥纹等。这些文物被鉴定为新石器时代遗物。

从采集到的石斧、石锛、石磨盘、石磨棒的数量及所占比例来看，当时在一碗泉活动的先民是以挖掘植物的根茎和采集野生植物果实作为食物的补充，狩猎、捕鱼等逐渐变成了副业，生活十分艰苦。

文物工作者还在长流水、沙坡头、荒草湖、碱碱湖、沙塘等处发现遗存，虽相距较远（15千米至20千米），但从地域上看，分布在同一线上，所处的地理环境，均在远离沙丘和近水傍河的地方（处于河谷的阶梯形台地上，属河床猎牧区）。

在黄河南岸，文物工作者在常乐至宣和的李营、倪滩、马路滩、刘家庙子梁、双疙瘩塘、狼窝子坑、沙滩、丁家坟等地也发现了人类生产生活的明显痕迹。

沙坡头不仅有奇特宏大的沙漠、瑰丽雄壮的黄河景色为着称，还有岩画走红世界。沙坡头地区的人类遗址是沙坡头先民登台人类历史的舞台，遗物就是道具，沙坡头地区发现的岩画，就是先民在人类历史大舞台上表演的剧情说明书和宣传单。

在沙坡头北部的卫宁群山中，保留了大量的古代岩画。

据中卫县文物考古工作者详细调查共发现1698副岩画，包括有6298件个体形象。这些岩画的题材相当广泛，包括有太阳、月亮等日月星辰，河流、湖泊等河川，花草、树木等植物，虎、豹、狼等肉食动物、岩羊，驯鹿、马鹿、长颈鹿、马、骆驼等草食动物，熊、野猪等杂食动物，雕、鹰等飞禽。此外，还有猎人，牧人，巫师，骑士，战士等人物。其中最著名的是大麦地岩画群。

此外，在沙坡头隔河相望的南边——香山地区也发现了大量的岩画群区。这里岩画的内容和题材大致和北山的内容相同。

这些岩画的广泛题材，是古代生活在这里的居民对周围环境的真实描绘。

故事神话说远古
折射历史察今秋

共攻怒触天柱折，
天塌地陷今沙坡。
女祸补天合天地，
大禹理河分水过。
北望瀚海无植被，
南现草茵有绿萝。
西风古道何堪问，
绿洲成沙谁之过。

神话产生于原始社会时期，人类认识水平非常低下，对洪水猛兽、闪电雷鸣、地震等自然现象为什么产生，无法解释；另一方面他们还想征服和利用这些特异的自然现象谋福祉，因此，他们往往通过推理和想象，对自然现象作出解释；同时编造出具有超能力的形象——神鬼。

神话经常笼罩着一层神秘的色彩。是人们借助于幻想企图征服自然的表现。神话中神的形象大多具有超人的力量，是原始人类的认识和愿望的理想化。神话中的人物大多来自原始人类的自身形象。狩猎比较发达的部落，所创造的神话人物大多与狩猎有关；农耕发达的部落所创造的神话人物多与农业有关。神话中的英雄也以刀斧、弓箭为武器。从神话中，可以看到先民的一些事迹。

神话具有一定的地域性和区域性,不同的文明或者民族都有自己所理解的神话含义。但是,在全球各地,也出现过对同一种现象充满惊人相似性描述的神话。例如关于上万年前的全球大洪水的神话在许多地区的同一时期都有类似的描述。

伏羲瓠化沙坡头

先说故事。伏羲被认为是中华的人文始祖。传说他的生母是华胥。华胥是我们中华民族的圣母,所以我们称"华夏""华人"。华胥在大地上行走,看见地面上有一只很大的脚印,她便踩了上去,奇迹就这样发生了,她有身孕了,十三个月后便生下了一个胎儿,叫做伏羲。

伏羲人高马大,人身蛇面,腰系树叶编织的裙,腰间挂着一只葫芦。他十分能干,什么事情都能做出个名堂来,专为人们谋福祉,逐渐被人们拥作领袖,后世称他作三皇之一。伏羲教人们种植渔猎。他还发明八卦,创造了人们认知事物的学问。

伏羲和女娲结合,繁衍了人类。女娲教人养蚕纺织,人类开始走向更高的

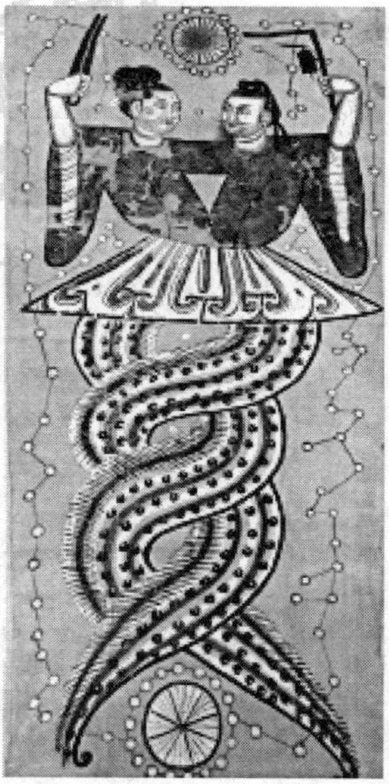

伏羲女娲

文明。

有一天，伏羲站在六盘山最高处一看，眉头一皱，原来贺兰山南端和香山之间还是洪荒一片，于是就来到这里，把腰间的葫芦一砍两半，丢在了这里。瞬间，阴阳两分，水岸分明，黄河成S形流过中卫大地，成一幅二分太极图。这就是当今人们看到的沙坡头沙山和黄河相背相融的大景观。

大概受此故事的影响，中卫民间也流传"葫芦文化"，种葫芦，用葫芦，画葫芦，"照葫芦画瓢"也是中卫的俗语。

宁夏著名的历史地理学专家吴忠礼认为，伏羲文化的发祥地，虽说在天水，但以六盘山为中心，其影响波及到卫宁平原，或更大范围。

共工触柱沙坡头

话说伏羲和女娲生了许多子女，都很优秀，个个精明强干，不是某个部落的首领就是某个行业的能手。其中最突出的有两个，一个叫共工氏，另一个叫祝融。

共工氏，是部落领袖，和其父一样，人首蛇身，长着满头的赤发，他的坐骑是两条龙。他对农耕很重视，尤其对水利工作更是抓得很紧，发明了筑堤蓄水。那个时候，人类主要从事农业生产，水的利用是至关重要的。共工氏是伏羲以后，又一个为发展农业生产做出过贡献的人。

祝融很聪明，他很有钻研精神，经过摸索，发明了钻木取火。从此人类结束了茹毛饮血的时代，开始吃熟食。他们把打来的野兽放在火上烤熟再吃。这样觉得好吃，好消化，而且不生病。为了使火延续下去，他把火种保存在天上的光明宫。

为了发展农业生产，把水利的事办好，共工氏就考察了包括自己部落在内的土地情况。发现有的地方地势太高，田地浇水很费力；有的地方地势太低，容易被淹。由于这些原因非常不利于农业生产，因此共工氏制订了一个计划，把高处的土运去垫洼地的土地。他认为把洼地垫高可以扩大耕种面积，高地去平，利于水利灌溉，对发展农业生产大有好处。

祝融不赞成共工氏的做法。祝融认为，在部族中至高无上的权威是自己，整个部族应当只听从他一个人的号令，共工氏是不能自作主张的。他以这样做会让上天发怒为理由，反对共工氏实行他的计划。

于是，祝融与共工氏之间发生了一场十分激烈的斗争，表面上是对治土、治水的争论，实际上是对部族领导权的争夺。

要说这两个人比起来，力气上，共工氏要强；论机智，他却不如祝融。祝融煽动部落民众，叫他们不要相信共工氏。

当时的人对自然知识缺少了解，对鬼神之事都极为相信，不少人上了祝融的当，认为共工氏一平整土地，真的会触怒鬼神，引来灾难，因此祝融得到了多数民众的支持。

共工氏虽然不能得到民众的理解和支持，但他坚信自己的计划是正确的，坚决不肯妥协。

为了天下人民的利益，他决心不惜牺牲自己，用生命去殉自己的事业。他来到不周山，想把不周山的峰顶撞下来，来表示自己的坚强决心。

共工氏驾起飞龙，来到半空，猛地一下撞向不周山。只见不周山被共工氏猛然一撞，立即拦腰折断，整个山体轰隆隆地崩塌下来。

天地之间发生巨变，天空中，日月星辰都变了位置；大地上，山川移动，河川变流。原来这不周山是天地之间的支柱，天柱折断了，使得系着大地的绳子也断了，霎时间只见大地向东南方向塌陷，天空向西北方向倾倒。因为天空向西北方向倾倒，日月星辰就每天都从东边升起，向西边降落；因为大地向东南塌陷，大江大河的水就都奔腾向东，流入东边的大海里去了。

共工氏英勇的行为，最终得到了人们的尊敬。在他死后，人们奉他为水师（司水利之神），他的儿子后土也被人们奉为社神（即土地神），后来人们发誓时说“苍天后土在上”，就谈的是他，由此可见人们对他们的敬重。

对于这个神话故事，历史巨人毛泽东很感兴趣，他的词《鱼家傲·反第一次大围剿》写道：“唤起工农千百万，同心干，不周山下红旗乱。”在这里，毛泽东是很欣赏共工氏的。他引用了《淮南子·天文训》一说，共工“怒而触不周之山，天柱折，地维绝，天倾西北，故日月星辰移焉，地不满东南，故水潦尘埃归焉。”事后他和人讨论这个故事时曾说 “他(共工氏)死了没有呢?”

不周山在哪里？这是这个神话故事能否和沙坡头有关的关键，对于不周山现今的地理位置，典籍有多种记载，各路学者专家也有各种说法，可谓仁者见仁，智者见智。

一说是天路界径，通天之路，终年漫天大雪，昼夜寒彻，非仙不能达。此说，最早见于《山海经·大荒西经》:“西北海之外，大荒之隅，有山而不合，名曰不周”。春秋战国时期的楚国大诗人屈原在他的不朽著作《离骚》中就有:“路不周以左转兮，指西海以为期。”同期成书的《淮南子·天文训》则对不周山之“不周”，作了更为神奇的描述:“昔共工与颛顼争为帝，怒而触不周之山，天柱折，地维绝。天倾西北，故日月星辰移焉；地不满东南，故水潦尘埃归焉。”据王逸注《离骚》，高周注《淮南子·道原训》均考不周山在昆仑山西北。此说的结论，就是不周山即今日昆仑山西北部的帕米尔高原。

笔者认为此说虽作多种引证，但引证并没有说道不周山就是帕米尔，间接的说没有，最后还是自下断论。

祁连山尾。公元前7719年，不周山忽遭大风雨，观天的大风雨天表被毁，倾向东南。

面对这场天灾，骊连氏(时任祁连山西表总管)，认为是共工氏的责任，不应再任上相。女娲听信骊连氏所言，决定由骊连氏任上相。

共工不服，不交出祭天权，聚族众守山，坚守表木天柱。骊连氏也率众攻山，两族在不周山争战，决战中撞毁了天柱，女娲怒，逐共工康𢌞(回)于祁连，共工含愤而去，族众不离，骊连氏也难以进驻。

骊连氏建议迁榜罗，伏羲同意迁榜罗，重立天表。

共工于卒于祁连山，于是遂有共工怒触不周山之传说。不周山位于祁连山尾(六盘山西侧)，三面环山，东面有一谷口，故名不周山。

笔者认为此说法有点道里。

诸毗之山，今内蒙土默川。笔者认为证据不足，理不服人。

贺兰山说。宁夏回族自治区贺兰山东北部分，贺兰山脉位于宁夏回族自治区与内蒙古自治区交界处。北起内蒙古巴彦敖包，跨石嘴山市，银川市，东南端至青铜峡，山体在蓝天和黄河映衬下格外壮丽。贺兰山东北部分在石嘴山市石炭井区境内有穿山而过的大武口沟，古称“打硙口”是中原汉族与北方少数民族的兵家必争之地。

因为有可以连接荒凉漠北和富庶内地的险要山峡，此正所谓《山海经》中“有山而不合，名曰不周”所相印证。

相传大禹治水时，劈开贺兰山，引黄河水北流。贺兰山地处温带荒漠与温带荒漠草原的分界线，又是西北内流区与外流区的分水岭。

山谷内多岩画，年代无法考证，构图奇特，形象怪诞：既有个体图像，也有组合画面；既有人物像、人面像，又有动物、天体、植物符号和不明含义的符号，诸多岩画图案与《山海经》中所描述出产的珍禽异兽相吻合。

所以《山海经》中关于不周山的描述应是此地。

话说到此，笔者认为：认为不周山在祁连山尾，六盘山西，已非常接近贺兰山南尾端了。贺兰山说，又从《山海经》对不周山地貌生态的描述和贺兰山岩画的内容做了比对，明确得出结论：不周山是今贺兰山。岳飞的《满江红》一词中就有”踏破贺兰山阙”（缺）的句子。

按此说不周山在今大武口，但是大武口远离黄河，是山口，共工撞折天柱还会有两边山支撑，不会天塌地陷，再之大武口至今还未没发现岩画，所以不周山具体位置应在当今沙坡头应该没错。

关于共工氏和祝融的斗争，工共怒撞不周山的传说，已经流传了两千多年。这些神话，说明在那时我们的祖先尚不知如何解释各种各样的自然现象，不了解和掌握自然规律，因此在自然面前是那样的无力，因此把各种疑惑归之于神的存在，自然之力被形象化，人格化。所以创造了神话传说，歌颂心目中的英雄，也就塑造出了神话中伏羲、女娲、等传奇人物来。

至于传说中的共工氏，当然并不一定实有其事，然而他那种勇敢、坚强，愿意牺牲自己来改造山河的大无畏精神，是值得我们钦佩的。尽管前边所讲的神话和传说，是后人的臆想和艺术加工，但是原始社会部落首领的神化，反映了原来服务于部落的首领，转化成了高踞于社会之上的权力。原始社会也就开始有了阶级的分化。

沙坡五色石补天

共工意气用事给人类造成巨大的灾害，面对这悲惨的局面，谁来挺身而出，挽救灾难呢？前面已经提到的人物——女娲。话说这女娲的故事也是中国上古神话传说之一，创世女神女娲是华夏民族人文先始，福佑社稷之正神。女娲氏，开世造物，因此被称为大地之母，她是一位美丽的女神，身材像蛇一样苗条，以致有些神话学家坚称她根本就是蛇身。

灾害过后的若干年，又逐渐形成了新的古代文化。这一灾害历经一代又一代的传说，一个美丽的神话——“女娲补天”便诞生了，同样流传在沙坡头地区

女娲补天的故事，都是中国人家喻户晓的。女娲时代，随着人类的繁衍增多，社会开始动荡了。后人以两位英灵人物，水神共工氏和火神祝融氏，在不周山大战，结果共工氏因为大败而怒撞不周山为由，衔接女娲用五彩石补天等一系列可泣鬼神的动人故事。

前面已经叙述了，水神共工和火神祝融打仗争斗，共工一怒之下，把头撞向不周山。引起的后果可就严重了，不周山崩裂了，撑支天地之间的大柱断折了，天倒下了半边，出现了一个大窟窿，地也陷成一道道大裂纹，山林烧起了大火，洪水从地底下喷涌出来，龙蛇猛兽也出来吞食人民。人类面临着空前大灾难。

女娲补天

女娲目睹人类遭到如此奇祸，感到无比痛

苦，于是决心补天，以终止这场灾难。

她选用各种各样的五色石子，架起火将它们熔化成浆，用这种石浆将残缺的天窟窿填好，随后又斩下一只大龟的四脚，当作四根柱子把倒塌的半边天支起来。

女娲还擒杀了残害人民的黑龙，刹住了龙蛇的嚣张气焰。最后为了堵住洪水不再漫流，女娲还收集了大量芦草，把它们烧成灰，向四处铺开的洪流埋塞。

最后剩余许多五色石，女娲便随手撒在了沙坡头地区的黄河两岸。据说，当今人们在沙坡头附近的北长滩的黄河岸边，就可以捡到漂亮的“五色石”。

经过女娲一番辛劳整治，苍天总算补上了，地填平了，水止住了，龙蛇猛兽敛迹了，人民又重新过着安乐的生活。但是这场特大的灾祸毕竟留下了痕迹。从此天还是有些向西北倾斜，因此太阳、月亮和众星晨都很自然地归向西方，又因为地向东南倾斜，所以一切江河都往那里汇流。

治水禹斧劈黑山

看了女娲补天，重点是补天，而之后，过了若干年，洪水之患仍未根除，特别是黄河奔腾咆哮，经常改道，淹没村庄良田，人们身受其害。

大禹治水，是中国古代的神话传说故事，上古洪水很大，他受命治水，三过其门而不入，可谓家喻户晓了。

据说他是黄帝的后代，名字叫文命。三皇五帝时期，黄河泛滥，鲧、禹父子二人受命于尧、舜二帝，负责治水。

当尧还在世的时候，中原地带洪水泛滥，无边无际，淹没了庄稼，淹没了山陵，淹没了人民的房屋，人民流离失所，很多人只得背井离乡，水患给人民带来了无边的灾难。在这种情况之下，尧决心要消灭水患，于是就开始访求能治理洪水的人。耗尽心血与体力，终于完成了治水的大业。

舜是贤明的人，他征求大臣们的意见，看谁能治退这水，大臣们都推荐禹。舜接受大家的建议，决定委派大禹治水。考虑到这一特殊的任务，舜又派伯益和后稷两位贤臣，协助大禹工作。

大禹治水

当时，大禹刚刚结婚才四天，他的妻子涂山氏是一位贤惠的女人，同意丈夫前去，大禹洒泪和自己的恩爱妻子告别，就踏上了征程。

禹带领着伯益、后稷和一批助手，跋山涉水，风餐露宿，走遍了当时中原大地的山山水水，穷乡僻壤，人迹罕至的地方都留下了他们的足迹。大禹沿途看受到到无数人民的支持、拥护和爱戴。

大禹左手拿着自己发明的准绳，规矩等水利工具，走到哪里就量到哪里。他吸取前人堵截方法治水的教训，采用了疏导治水的新方法，其要点就是疏通水道，使得水能够顺利地东流入海。大禹不辞辛苦，披星戴月身先士卒。

大禹的足迹遍于中国北方。

他治黄河从源头治理，来到了黄河的上游。大禹将黄河水从甘肃的积石山引出，水被疏导到梁山时，不料被龙门山挡住了，过不去。大禹察看了地形，觉得这地方非得凿开不可，但是诺大一个龙门山又如何是好，大禹选择了一个最省工省力的地方，只开了一个80步宽的口子，就将水引了过去。因为龙门太高了，许多逆水而上的鱼到了这里，就游不过去了。许多鱼拼命地往上跳，但是只有极少数的鱼能够跳过去，这就是我们后人所说的“鲤鱼跳龙门”，据说只要能跳龙门，马上鱼就变成了一条在空中飞舞的龙。

黄河继续流着，不料水再次被宁夏的群山所阻，大禹就劈山凿渠，导而疏之，从黑山峡到沙坡头段的黄河峡谷，硬是大禹和他的助手开辟出来的。

事情还没结束，黄河虽然从黑山峡一泄而下，流畅无比了，然而今宁卫盆地造就了一片汪洋，大禹登山一望，便找出了问题的症结，原来，今天的青铜峡当时是一座大山横在那里挡住了水路，大禹皱眉踌躇，但马上下了决心，挥起神斧向群山砍去，一声巨响震动天地，河水豁然向两边溅起，他又趁势再砍两斧，瞬间奇迹发生了，黄河奔腾咆哮向北流去，大禹追逐着黄河，到了贺兰山北端，又是仨斧，至此黄河顺畅流淌两次转弯，形象套马索，成就一富河套，造就宁卫平原，银川平原两大灌区，造福万代。沙坡头处于黄河进入宁夏的第一转弯处，首得其利，真可谓：近水楼台先得月！

大禹治水一共花了13年的时间，正是在他的手下，咆哮的河水失去了往日的凶恶，驯驯服服地平缓地向东流去，昔日被水淹没的山陵露出了峥嵘，农田变成了米粮仓，人民又能筑室而居，过上幸福富足的生活。

后代人们感念他的功绩，为他修庙筑殿，尊他为“禹神”，我们的整个中国也被称为“禹域”，也就是说，这里是大禹曾经治理过的地方。在中卫也曾有过大禹庙，在青铜峡山中有洞，据传大禹住过，人称“大禹洞”，至今尚存，可辨。清朝在中卫当县官的黄恩锡编的县志中，有记载，笔者录之，以飨读者：

青铜峡在广武之东北。河自兰靖黄沙漩下兵沟峡，入中邑境，凡三折而东至青铜古峡。支流汇合，两山紧束，几如龙门之状，第水势稍平耳。对岸山石嵯岈，于河流映照，时作青红色，疑返照之翻赤壁，此殆青铜之所由名与。入峡，北岸有禹王庙，因石穴为殿宇。询据土人述，所传闻云：中邑古为泽国，禹导河至积石经此，以神斧凿削石壁，河乃畅流，因祀于此。锡丹行数过，复洁志搜探碑碣，肃瞻禹庙。崖阁参差，像在石洞中，幽邃而明透，令人低徊者久之。因撮记其事，并入志乘，以俟博雅之备考云耳。

此县志中还载有清朝中卫后补知县云南石屏人罗元琦的一首诗，题名为《青铜禹迹》诗中这样写道：

河流九曲汇青铜，
峭壁凝望夕阳红。
疏凿传闻留禹迹，
安澜千秋庆朝宗。

崇吾之山杞之源

山海经有这样的记载："西次三经之首，曰崇吾之山，在河之南，北望冢遂，南望瑶？西望帝之搏手之丘，东望虫焉，有木焉员叶，赤华而黑理，其实如枳，食之益子孙…"这段话，前一句是说崇吾之山的位置，后一句话说的是一种植物，第三句说的是各种怪兽，宁夏的专家反复考证研究，认为崇吾之山就是今沙坡头隔河相望的香山，而重要的是这种植物便是当今被称作沙坡头名片，乃至是宁夏名片的红宝的枸杞原种。

秦皇汉武重北地
垦殖沙坡新秦中

筑城设障蒙恬功

三破匈奴霍去病

韬光养晦文景治

戍边屯垦元鼎功

沙坡古道通西凉

安定邦国有汉城

春风何须问杨柳

黄河渡口叙旧情

北地郡辖沙坡头

在夏商周的时候，包括宁卫平原、沙坡头地区在内的现在宁夏全境一般都称作朔方、北地。这是一个宽泛的地理概念。

1983年，在中卫西园乡小沙岗，出土一批战国时期的器物，计有铜戈、铜刀，铜凿，铜镞，骨镞等。这是中原地区农业民族最常见的器物。其中多数为兵器，不过其中的铜刀，铜凿等可以当农业生产工具使用。秦昭襄王时，北伐义渠，杀义渠王。于是秦有陇西，北地，上郡，筑长城以拒胡。西园出土的器物可能和秦国的北征有关。

夏、商、周时期，北方的游牧民族有荤粥、鬼方、猃狁、西戎等，他们在这里，劳

动、生息，繁衍，逐水草而居，形成多民族草原游牧文化。

据《史记》记载，秦国的北方有义渠、乌氏、昫衍等以地域形成的游牧民族部落。

这些游牧民族和部落，互不统属，筑城自卫。直到秦昭襄王三十五年(公元前272年)，秦灭诸戎，才在戎地上建立了北地郡，把宁夏地区正式纳入中原王朝的版图中。

从这一时期开始，农耕民族开始进入沙坡头地区，逐渐代替了狩猎游牧民族，成为这里的主要居民。

秦灭七国后，在天下推行郡县制，建立36郡。现在宁夏的全境列入了秦朝的有效管理，设朐衍，乌氏，富平，朝那等县。其中富平，设置在今吴忠利通区，辖今青铜峡、灵武、中宁以及部分中卫地方。沙坡头属北地郡富平县。

蒙恬重兵退匈奴

匈奴是中国北方的一个古老民族，战国时活动于燕、赵、秦以北地区，过着逐水草迁徙的游牧生活，蓄养马、牛、骆驼等牲畜。他们吃牛羊肉，喝牛羊马奶，穿羊皮衣，住毡帐篷。匈奴人善于骑射，性格强悍。大约在战国末期，他们从氏族社会过渡到奴隶制社会。匈奴的首领叫单于。单于经常率领匈奴骑兵南下骚扰，抢掠粮食和财物。战国时期，跟匈奴邻近的燕、赵、秦三国都受过匈奴的骚扰。

正当中原地区正在进行激烈的兼并统一战争的时候，匈奴趁着燕、赵衰落的机会，一步步地向南侵占过来。他们逐渐占领了黄河河套以南的大片土地，扰乱中原地区人民的农业生产活动。秦统一全国后，匈奴所占领的河套地区就像一把尖刀插在秦王朝的背上，成为秦始皇的心腹之患。

秦统一全国的第二年，即公元前220年，为“示强威，服海内”，施行“书同文”“车同轨”，秦始皇下令在全国修筑驰道，然后巡视郡国。秦在今宁夏境内大修“直道”(也叫“驰道”后称驿道)，在主要的直道上又修了分支。郡和郡之间，县和县之间，郡和县之间互相连通。在道路上，修建了车马休息的“驿站”。

沙坡头不无例外，也修直道，建立了驿站。西通凉州，东南可通环庆，固原平凉，南通临洮陇西。成为重要的交通要道，延续到明清，因为流沙的侵害，交通要道的地位才逐渐减弱。

秦始皇三十二年（公元前215年），始皇帝巡视北边至上郡（今陕西米脂县西北）。受命出海求仙的燕人卢生返回，呈所录鬼神图书，并奏“亡秦者胡也”。据说卢生的本意是暗指秦始皇的小儿子胡亥，始皇帝误将“胡”理解为北方的胡人，即匈奴。究竟“亡秦者胡也”是“胡亥”还是“胡人”，司马迁只在《史记》中留下这么一句“禅语”，让后人去揣测。

蒙恬（？—前210年），其祖先是齐国人。祖父蒙骜自齐入秦，任职于秦昭襄王在位期间，官至上卿，后为秦将，有战功。父蒙武，弟蒙毅，皆为名将，颇有军功。蒙恬曾学狱法，为狱官。

秦始皇二十六年（公元前221年），蒙恬被拜为秦将，奉命攻齐，大破齐军，拜为内史（京城的最高行政长官），很受秦始皇的器重。

公元前215年，蒙恬带领30万大军在北方击败了匈奴，一举收复“河南地”。河南地系秦汉时期区域性地名，即黄河河套以南地区，包括今宁夏平原。

蒙恬此役，将包括今内蒙古伊克昭盟、巴彦淖尔盟、宁夏中北部、陕西榆林地

蒙恬与毛笔

区尽入秦版图。

蒙恬收复河南地后，又沿河筑塞据守，史载为了施行有效管理，他曾扩大设县范围，数量达44个之多，空前绝后。

随后，秦始皇下令，将犯了罪的百姓发配到这一带屯垦戍守，还迁移3万户于此，以充实新置县域。

秦修长城连万里

修筑长城，是秦的基本防务战略和手段。在秦未统一天下前，北方的燕国、赵国为了防御北方游牧民族的侵扰，各自在自己的北疆修建长城。秦吞并六国后，继续修建长城，从内地征调几十万民夫，把战国时期秦、赵、燕三国所筑的长城连接起来，又筑了不少新的长城，形成了一条西起临洮、东到辽东的万里长城。

万里长城就像一条巨龙，随着地形的高低起伏，蜿蜒于中国北部边境——秦朝和匈奴交界的地方。它阻挡住了匈奴人南下的去路，保障了长城以南汉族和其他少数民族人民生命财产的安全。

万里长城是中国人民劳动与智慧的结晶，是历史上一项最伟大的建筑工程，被人们称为世界奇迹。

与此同时，秦朝在今沙坡头、盐池、固原等地区对原战国时期的长城加以修缮，又补以新墙，成为万里长城西部的一部分。在宁夏地区形成了秦朝北拒匈奴的巍巍屏障。

往事悠悠数千年，一切都成为历史遗迹。秦始皇修筑万里长城，对于防止匈奴的骚扰，保障北部12郡的开发，保护中原地区经济文化的发展，是有积极意义的，但是使用民力太多。据史书载，当时全国人口约2000万，男劳力500万左右，仅是修秦始皇陵、阿房宫就占150万人，筑长城约50万，加上其它杂役共300万人，占全国男劳力的一半以上。人民活不下去了，就起来造反，于是秦朝成了中国历史上寿命最短的大一统王朝之一。

民间流传的孟姜女哭长城的故事，也反映了这样的社会现实。

蒙恬御边十余载，威震匈奴，使“胡人不敢南下而牧马，士不敢弯弓而报怨”。秦始皇死后，为秦二世胡亥所迫，服毒自杀。

秦之屯垦仓廪足

秦始皇画像

蒙恬带领30万大军北伐匈奴，边防和军事虽然取得了胜利，但边地荒凉，粮饷难筹，30万官兵的衣食只能依靠内地输送，道路艰难，补给困难，无法长期坚持。一旦大军退后，匈奴骑兵就会乘虚直入，威胁依然存在。

秦始皇为了从根本上解决北边防御匈奴侵扰的问题，使之长治久安，遂决定在与匈奴毗邻的缓冲地区建立居民点，设置行政单位，迁移军民，屯田开发，以农业解决军队粮饷，以农业支持战争。宁夏平原的屯田戍边，就是在这种历史背景下拉开序幕的。

秦始皇三十三年（公元前214年），除在沿河置44县（或作34县）外，然后"徙谪，实之初县"；三十五年（公元前212年）又"发谪徙戍"。这两次都是将犯了罪的人迁徙到边地戍边，还不是真正意义上的移民屯田。

公元前211年，秦始皇迁移3万户于"北河（约当今内蒙古乌加河）、榆中"地区屯田戍边（包括今宁夏北部地区）。这些有耕作经验的农民到"河南地"垦殖戍边，充实了边地的劳动力。这"三万家"移民该有10来万人吧。

秦庭为了使移民安心生产，还为他们提供土地、耕牛、籽种和农具，帮助他们进行生产。这些移民将内地的先进生产技术、耕作方法带到边地，一面戍边，一面屯垦，对当地的开发和农业经济的发展都起了积极的作用。由于垦田数量的增加，粮食作物的品种也增加了，几乎与内地相同。

经过一段时间的垦殖，戍民逐渐达到自给，也能为戍边士兵提供部分粮食，省却了从内地转运粮秣的艰辛。为了发展农业生产，屯田军民还利用黄河水利，凿渠引水，发展宁夏平原的灌溉农业，相传今宁夏河东的秦渠就初凿于秦朝。

移民屯田、农具改进和兴修水利，恢复和发展了农业生产，增加了粮食收入，

在一定程度上起到了“粮饷基地”的作用，逐步促进了民族的同化和融合。因为历史上的宁夏地区一直是众多民族交往、迁徙和定居驻牧的地区，是北方游牧民族与中原农耕民族相互联系和交往的地区。

包括宁卫平原沙坡头在内的宁夏地区的移民屯田，虽因秦王朝的短命而遭夭折，“徙谪戍边者皆复去”，但其开屯田戍边之先河，对后世的屯田戍边政策却产生了深远的影响。

可以这样说，从秦代到清代，移民开发和兴修水利成为历代王朝经略宁夏的两项传统措施，两千年来时兴时废从未停止过。沙坡头也承受其惠。

汉之屯田造秦中

汉承秦制，仍实行郡县制。汉初在秦朝的对宁夏管理的基础上，作了一些调整，宁夏全境属北地郡管理，其中除富平，朐衍2县外，又增加了灵武，灵州和廉县。同时汉整修秦之直道，邮亭、驿署相望于道，亭、燧等防御设施也得到加强。

此时的中卫黄河以北、沙坡头当属北地郡管理。

西汉时，为了抵抗匈奴的侵扰，西汉政府曾多次“募民迁徙塞下，屯田筑城”这便是自秦朝后的又一次大移民。汉武帝一面出兵打击匈奴，一面徙民实边，巩固边防。汉王朝命令迁徙关东贫民70余万口充实陇西、北地、西河、上郡等地。此后，汉王朝还命令在“上郡、朔方、西河开田官，斥塞卒六十万人戍田之。”

汉还曾经七次向西北边郡移民实边。大量的移民和戍卒，在荒凉的原野上开辟耕地，种植谷物。移民实边的结果，使陕北、宁夏和内蒙古鄂尔多斯高原一带农业经济得到空前发展，以致使这里被称为“新秦中”，也就是说这里的富庶程度不亚于关中平原。

三打匈奴安北边

秦朝灭亡后，匈奴乘机南侵，他们东击东胡、西击月氏、南并楼烦和白羊，号称控弦三十万，在汉朝的东北，西北建立起一个幅员辽阔的的强大汗国，居中设单于庭，分左，中，右三部，单于自掌中部，左部头领称左贤王，右部称右贤王。匈奴的曰益强大，威胁着汉朝北疆的安全。

汉初，以高祖到文景二帝采取韬光养晦策略，经过文景之治，国力充实，人民

中卫稻田

富足，给汉武帝的对匈战争创造坚实基础。经过长期的备战，汉武帝认为，对匈奴进行战争讨伐的时机，已经成熟，先后发动了三次大的进攻性战争。

第一次。元朔二年（前127年）。汉武帝派卫青、李息分别从云中和陇西出发。卫青从云中经榆溪寨，梓岭，于灵州黄河上架桥，再翻越贺兰山，直逼高阙，俘虏数千，获畜百万头。随之，设置朔方郡和五原郡。修整秦时的长城和边塞，又迁移10万之众到朔方郡垦殖。

第二次对匈战争始于元朔五年（前124年）。霍去病，公孙敖从北地出发，公孙部迷途，未能按计划和霍会合。霍去病率部独立挺进，经居延海，直进祁连山，匈奴大败，斩首三万余，俘三千众，匈奴浑邪王率四万余人降汉。

这次大胜，使北地郡，陇西郡和河西走廊联结，使河西走廊成为连通中西亚的通路，直到唐代形成一条丝绸之路。

那么，问题又来了，这次行军路线，只是说从北地出发到居延海，从北地，假定北地就是北地郡，如驻军在灵武，则需要过黄河，如何过呢？一是从现在的吴忠渡口渡过,二是到中卫在沙坡头处渡河,然后向西北行到居延。如果驻军在现今银川,则可顺秦直道往南到沙坡头再折西北到居延。如果是宁卫平原的中卫驻军,则是直接渡河,有天时地利人和之便了。

第三次,公元前119年,卫青和霍去病联合作战,卫青率14万骑兵,10万步兵进军,其中有北地郡都尉卫平支持配合,战事一开,单于即处于败势,随向北逃走。此战斩获八,九万众。另一路霍去病开局顺利,终大获全胜,斩获亦在八,九万之多。并追左贤王于狼居胥山,到瀚海。

危害百年的胡害,终于宣告解除,通过三次征伐匈奴的胜利换来了汉北方的和平安宁。

在百年的汉匈战争中,沙坡头地区可以说是发挥了重要作用,它是北通朔方北地,东通盐环古道,西通居延河西的重要兵站,又东临黄河灌区,有充足的粮草贮存,可过河随时补给,是对匈奴作战的后方基地。沙坡头只是从元代开始,沙丘南移,逐渐堆积成沙山,以致于削弱了驿站通路的地位。

刁雍治水开河运(南北朝)

刁雍(390—484年),字淑和,渤海郡饶安(今河北孟村县)人,晋尚书刁协之曾孙。徐州、兖州;太尉刘裕出兵讨伐,不能攻克。

北魏皇帝拓跋焘任命征南将军刁雍为薄古律镇镇将。薄古律镇是在西汉的灵州县设立的北方六镇之一。他上任以后,通过实地考察,发现"富平西南三十里,有艾山,南北二十六里,东西四十五里,凿以通河"。艾山也叫峡口山,是今日宁夏吴忠市、青铜峡市牛首山、青山的统称。刁雍为了集草储量,发展农业,发挥薄古律镇作为西部重镇的作用,决心在艾山黄河河西青山地区(今宁夏青铜峡)修建一条引黄河水灌溉农田的水利工程——艾山渠,渠首位于今宁夏回族自治区青铜峡市青铜峡镇。

刁雍向朝廷上书,请求修建艾山渠。他在奏折中写道:臣四月末到镇,看到这里古渠道因为黄河变迁,渠道高出河床二丈,无法饮水,农业艰难,百姓和军人经常饥饿。因此地缺雨水,要解决问题,只有引黄河水另外修渠,进行灌溉。

他所提出修建艾山渠的计划,于太平真君六年(公元445年)春动工,六十天完成，所以渠道长四十里，下接古渠道，总长一百二十里。

艾山渠建成，可灌官田、民田四万顷。刁雍又对当地的农业生产经验进行总结，提出一个“节水灌溉法”，即每一旬（十天），灌水一遍；灌水四遍，谷得成熟。

刁雍修建艾山渠采取了先进的引水技术，渠成以后，又采取了先进的农田轮溉方法。原先农夫中年劳动，所收连国家赋税都交不起，现在，这里国库充实，民户富足，宁夏平原农业经济获得恢复与发展，迅速成为北魏西北边镇的重要粮食生产基地。

艾山渠的兴修，在宁夏开发史和水利发展史上都占有重要作用。由于艾山渠的建成，农业连年丰收，薄古律镇从重灾区一跃成为北方输出粮食的大粮仓。

太平真君七年（公元446年），刁雍奉命调集薄古律、高平、安定、统万四镇五千辆车，将宁夏黄灌区薄古律镇囤积的粮食五十万斛（一斛为十斗，约为一百五十公斤，后改为五斗，即七十五公斤）运往沃野镇（今内蒙古乌特拉奇境内），以作军粮。刁雍认为薄古律镇到沃野八百里地，沿途道路要经过沙漠，还要渡过黄河，运输艰难。

初步估算，把这么多的粮食全部运到目的地，至少要费劳力一万人，耕牛一万头，耗时三年。这势必影响农民种田，给下一年的农业丰收带来隐患。

所以刁雍打算采用黄河水运。他计划在牵屯山（今宁夏六盘山北）就近伐木，通过清水河把木料运到沙坡头下黄河岸边，就地造船二百只，从水路顺黄河而下，单程五日就可以抵达沃野，三月至六月，就能运量六十万斛，大省民力十倍多，不费牛力，也不废田。刁雍用木船在黄河运粮，这在黄河上游水运史上属于首创。

由于宁夏黄溉区开发水平的提高，农业得到大发展，粮食连年大丰收，即使将大量粮食外运，这里囤积的粮食还是多得没有地方存放。

太平真君九年（公元448年），刁雍又一次向皇帝上表，他说：自古安不忘乱，薄古律镇位居黄河平原，地接边城，现在积存的粮食都在露天堆放，安全上大有问题，建议修建一座粮仓城来储备粮食。

为了不误农业生产，他打算利用一年之内的三次农闲时间，分期施工建筑仓城，然后驻兵守备。得到批准以后，在太平真君十年(公元449年)三月，一座崭新的仓城就建成了。

北魏皇帝特别高兴下诏称赞刁雍能“深思远虑”，并将仓城命名为“刁公城”，以示表彰。

刁雍坐镇宁夏十一年，为官清廉，不谋私利，他政绩突出，当地社会安定，经济发展，兵民丰衣足食。兴光二年(公元455年)，奉诏还京，被封为特进，仍为将军。

绿洲黄沙丝绸路
古道驿站路悠悠

陇中直下丰安州
自古驿道通西凉
晨曦大河舟子翻
夕阳远尘驼铃响
近辨小径知远近
远眺群山分阴阳
西出阳关故人少
鸿雁传书到家坊

丰安设县始之隋

北周外戚杨坚,结束北周统治,并就势收拾长期士阀割据,政权频繁更替的局面,一统天下国号隋。其子杨广接班,史称的隋炀帝。虽说也干了修大运河这样流传千古的大事,但他骄奢淫逸,荒唐无度,激起很大民怨,人民纷纷揭竿而起,很快江山土崩瓦解,仅存在三十余年,就被李氏所代替。

隋朝实行郡,县两级的行政管理体制。这和秦汉没多大区别。仁寿元年(601年)宁夏境内设灵武郡,辖回乐、怀远、灵武、弘静、丰安和鸣沙等县。鸣沙县是今中宁鸣沙镇;丰安县是今之中宁石空镇,今沙坡头就辖于丰安县。

唐初时,相袭隋仍设丰安县,故章首的诗中以丰安州指代沙坡头。

传说故事看沙坡

很久以前，沙坡头叫桂国。它没有沙坡，更没有高高的沙山，往北是奔流不息的黄河，河之东是一望无际的绿色田野。沿河驿道上，南来北往的商旅不断，河边上的码头浑脱、排筏穿梭。西边是茫茫的草原，遍地牛羊；黄河之中，鱼群逐波而嬉。桂国物产丰富，交通发达，可谓风水宝地，富甲一方！

再说这桂国王城里，宫殿规模宏大，富丽堂皇，亭台楼阁林立，连绵十里。沿街店铺一个连着一个，生意兴隆。商队一个接一个来到这里，有住宿的，有吃饭喝酒的，有谈生意的，真是一派繁荣景象。

木秀成林，风必摧之。众邻邦垂涎三尺，欲夺之而后快。尤其是北部沙砣国，经常到桂国边境抢骆驼、马匹、牛羊，掠夺财物。边民人心慌慌，不能安居乐业。

新国王童济，宽厚仁慈，对此一再忍耐。可沙砣国以为桂王软弱好欺，更是肆无忌惮。国王童济便大怒起来，于是兴兵讨伐沙砣国。童济年青稚嫩，不会打仗，只顾盲目出击，那料到沙砣国早就设下埋伏，童济中计被俘。

童济被押到沙砣国，宁死不屈，沙砣国国王命推出去斩首。正好被沙砣国公主沙玛撞见，公主一看童济国王英武高大，相貌堂堂，一表人才，确有王之气概，于是一见钟情。沙玛立马喝令刀斧手刀下留人。

沙玛公主大步流星，走进皇殿，说明原委，表明意愿，沙陀王摇头不答应，沙玛就撒娇起来，缠着父王要将童济招为驸马。国王无奈，又看童济确实是个人才，就答应了女儿的要求。沙陀国王便派手下大臣作媒，向童济说婚。

童济开始不答应，可后来一想，如果不先答应，他们会杀死我的，我死不足惜也，然而，我美丽的国家，善良的人民怎么办呢？这样一想，他便改变了主意，同意招赘为婿。要办喜事了，多有心计的沙砣国国王很不放心，怕童济变心，于是要童济对天发誓，和公主真心相好，永不变心。童济国王无奈，只好发誓说：“如违婚约，沙压桂国”。

沙砣国国王这才放心，当夜为公主举行婚礼大典，全沙砣国同庆。

沙砣国国王，以豪饮闻名天下，公主婚礼大典，哪能不饮，于是君臣之间斛光交错，痛饮无节，全都醉倒。

童济一看，天赐良机，此时不走，更待何时？便蹑手蹑脚，悄悄溜了出来，轻轻走向马厩，偷瞅准一匹好马，解开缰绳，翻身上马，飞速逃离沙砣国。

童济打马飞奔，两个时辰后，就跑回了桂国。他下得马来，长长的舒了一口气，看着满天的星星，看着熟悉的国土，掉下泪来。都怪自己太轻率，几乎弄得家破人亡，身落异乡，无处可归，感慨万分。转而又想到自己还对天发了毒誓，不知能否应验，后果如何，心里茫然疑虑。看到桂王归来，臣民十分高兴，一片欢呼。大家大摆宴席，庆祝国王回国。

过了一会，忽然狂风大作，沙尘四起，铺天盖地而来。桂王知道是自己发的毒誓应验了，泪流满面，悔恨不止。他捶胸顿足，呼天天不应，呼地地不灵！狂风卷着黄沙铺天盖地而来，呼叫着刮个不停，好大的风，整整刮了九天九夜。可怜一个好端端的桂国，年轻的国王和善良的臣民，就这样被压在了沙下，风停了以后，这块土地成了高大的沙山，这真可谓"苍沙之变"。不知桂国何处有，人们只知沙坡头。

这段优美而又充满悲情的传说，本是不存在的，但它折射历史，承载着大量的历史真实信息。

驿道驿站丝绸路

丝绸之路，从汉代就已经开始形成，大唐时代已经繁荣昌盛。

汉初，匈奴控制了河西走廊和西域。汉武帝驱赶匈奴，收复河西走廊和西域，建立了河西四镇，并派张骞出使西域。此后西亚各国与汉朝使节商人往来不绝。中国的丝绸经过西北各民族之手，贩运到中亚、欧洲，南还可到印度。

到了这大唐朝，国力殷实，商贸繁华，更采取包容开放的政策，在汉的基础上，丝绸之路的作用和功能更加突出，这条大通道上车马喧哗商旅络绎不绝。不仅是商品的交换和交流，而且带来了中西文化的交流和融合。中国以盛产丝绸而闻名中外，而贯通河西走廊、西域、中亚西欧的路，自然就叫丝绸之路。

从长安经过沙漠绿洲通往地中海东岸的交通大道被称作"沙漠绿洲丝绸之路"。从长安起经河套平原穿越蒙古高原西经西伯利亚，咸海、里海、黑海直达东欧，被称作“草原丝绸之路”。

沙坡头从中原通往河西，漠北的历史古道上的沙漠绿洲地区。是沙漠绿洲之路与草原丝绸之路的交汇地带，是古代中西方文化，南北大漠文化交流的必经之路。

丝绸之路一般划为三段：即东段，关陇河西段；中段，西域段；西段，中国境外段。宁夏的南部正处在东段北道的交通要道上。

东段北道的走向是：从长安出发，向西北走，大致走向同今天的302国道相一致，到瓦亭以后，北上原州，沿清水河经石门关，折向西北经海原，穿越黄河沙漠至景泰，西抵武威。

此外，还有两条道路，一条从长安到陇州，沿陇山东麓过华亭县，至泾源，过制胜关，越六盘山达陇西。一条则由咸阳到宁县以后，沿茹河入固原，西北至景泰，再至武威。

丝绸北道无论走哪条路线都必须翻越六盘山，在中卫渡过黄河才能到武威。

沙坡头在古丝绸之路中有着举足轻重的地位。从西汉到唐宋这条道路上的文化传播和交融留下了丰富的文化遗址，20世纪40年代在沙坡头地区均有发现。

丝绸之路的载体就是驿道和驿站。驿道就是政府所修的官道，始于秦朝，蒙恬在宁夏所修直道即驿道。

驿道其作用自不必说，官员视察、运输政府物资、传送文书等。当然也便利了商旅和老百姓的出行。

驿站是设在驿道上的官方招待所。沙坡头从秦朝始设置驿站，到唐代已具很大规模，这一地段的驿道北可通大漠草原是草原丝绸之路，南可通西凉西域是沙漠丝绸之路。尽管后来出现了流沙和沙丘，但沙坡头作为交通枢纽的作用和功能没有改变。

清朝乾隆时期续修的《中卫县志》中明确记载了沙坡头地区设驿站的情况。“长流水、一碗泉、三塘水、沙坡四塘，每塘额马十二匹，归县管理”，塘就是驿站。清代在沙坡头童家园子里修有：“沙坡底公馆”。民间至今有从沙坡到长流水前三站的说法。

现在中卫民间还流传这样的歌谣：富八站，穷八站，不穷不富三八站，出了玉门关，两眼泪不干。什么意思呢？这是对走沙漠绿洲丝绸之路这条道的描述，说从长安到沙坡头路上气候好，食宿好，补给充分。一过沙坡头到今武威行旅条件就不那么好了，相比前八站，就穷了。但一出玉门关，路途的条件可就不是以穷富而论了。两眼泪不甘，那是何等的艰苦！

从西汉到唐宋这条道路上的文化传播和交融留下了丰富的文化遗址，20世纪40年代在沙坡头地区均有发现。

据当地老人介绍，长流水村在唐代是个驻军营地，人们在村里挖出来了唐朝的钱币。据老人说当时村里有残存的城堡，营台的墙体，现在都被拆掉盖了房子。

学者周兴华在《宁夏中卫发现丝绸之路古道遗址——沙漠绿洲丝绸之路东段北道考证（下）》一文中写道：多年来，他和一些文物爱好者根据古代文献记载，对沙漠绿洲丝绸之路进行田野考察。近年，在中卫市新发现了几段古道遗址，与古代文献记载的经过古灵州的沙漠绿洲丝绸之路的地理方位完全吻合。

新发现的古道遗址位于沙坡头区迎水桥镇至甘塘地区，是一条宽畅的车马大道。第一段位于迎水桥镇孟家湾骆驼峰子山北坡下，第二段位于长流水笈笈湖口，第三段位于长流水沟北岸，第四段位于上茶坊庙至一碗泉，第五段位于老营盘水、双墩梁。五段古道遗址互相连接，呈东西走向，长约数十千米，宽约4米。

古道遗址因世代车辆碾轧，人畜践踏，凹于地表，路面僵硬泛白，杂草稀少，道路明显，车辙犹存，沿途古代石器、陶片、瓷片、钱币等遗物多有所见。

新发现的这条古道西北连接通往武威的丝绸之路，东南连接从古灵州渡过黄河通往固原、西安的丝绸之路。古道沿途建置有一连串的烽火墩，如孟家湾墩、头道墩、二道墩、三道墩、土墩子、双墩子等，与河西走廊长城、烽燧相望。地方古文献记载的丝绸之路驿站亦位于古道沿途，遗址尚存，如沙坡头驿、下茶坊庙驿、长流水驿、上茶坊庙驿、一碗泉驿、甘塘驿、营盘驿等。

最能说明问题的是一碗泉有一座庙，叫茶房庙，此庙于新中国成立初颓毁，现在无法说清建于何时。茶房庙是道教庙宇，道教庙宇以“茶房”命名的屈指可数。道教人士在人烟稀少且缺水的瀚海畏途之中建庙，给过往行人供茶供水。庙宇的建造及庙宇中道士的生活维持需靠香火布施，一碗泉茶房庙的存在说明中卫西路三站过往商旅、信奉道教人士众多，有供奉的能力。当然，最根本的是有一碗泉的水作保障。

在沙坡头也有一座茶房庙，为了区分，把沙坡头的叫上茶坊庙，把一碗泉的叫下茶坊庙。

唐之诗人咏沙坡

骆宾王，是唐初文坛四杰之一。与卢照邻，杨炯，王勃齐名。浙江义乌人。初为道王李元庆的府属，历官武功、长安主薄，入朝为御史，后被贬为临海县丞。徐继业起兵反对武后，骆宾王代他作《讨武曌檄》，时为天下传颂，就连武则天看后，都觉得文采过人，连连称赞。

骆宾王吟诗图

他的好友裴行俭时为洮州总管，曾邀骆宾王为其掌管书奏文案，骆宾王以要照顾高龄老母为由拒绝。后来吐番进犯唐朝，裴行俭奉命征讨。此时的骆宾因获罪下狱，落魄之致，于是追随裴行俭西行。

骆宾王从长安经河西走廊的出塞路线是北路。由长安沿泾水越六盘山西北行再沿清水河北行，到中卫过黄河达沙坡头驿站。骆宾王在这里写了一首《宿温城望军营》，乾隆年间，黄恩锡主持编写的《中卫县志》肯定温城便是中卫。

虏地寒胶折，边城夜柝闻。
兵符关帝阙，天策动将军。
塞静胡笳彻，沙明楚链分。
风旗翻翼影，霜剑转龙文。
白羽摇如月，青山断若云。
烟疏疑卷幔，尘灭似销氛。
投笔怀班业，临戎想召勋。
还应学汉耻，持此报明君。

诗中描写了诗人夜宿边城——温城的感受。天气已是深秋，气候寒凉且干燥，耳闻目见全是边城的特定的景色：凄凉的笳声，摇曳的战旗，霜冷的兵器，暂时没有战事，入夜难得的安静，朝廷的决策，决定着守边将士的命运。诗人明志，愿投笔从戎，建立功勋，报答明君。

再说唐代的大诗人王维，他也和沙坡头结下不解之缘。王维写了好多脍炙人口的山水田园诗，清新自然，当今还被人们传颂。

开元二十四年(736年)，吐蕃发兵侵犯。河西节度副大使崔希逸大破吐蕃军。唐玄宗命王维以监察御史的身份奉使凉州，出塞宣慰，察访军情，并任河西节度使判官。

《使至塞上》这首诗即王维于此次出塞途中，途经沙坡头，面对大漠长河雄宏景色，感慨万端，拈须吟唱出这首感人至深、余音绕梁的千古之作。特别要一提的是诗中“都护在燕然”的“燕然”，中卫学者苏忠深、范学灵研究考证指出：就是唐开元年间寄治在回乐县的羁縻州。这个州的位置，应在现在的中卫地区。沙坡头当在回乐辖治内。

唐代由萧关进入腾格里沙漠前，会过回乐，再渡黄河登沙坡头前行。其景色不由不想起王维的千古绝唱。

《使至塞上》

单车欲问边，属国过居延。
征蓬出汉塞，归雁入胡天。
大漠孤烟直，长河落日圆。
萧关逢候骑，都护在燕然。

《使至塞上》这是题目。使，奉命出使边塞。这个边塞就是宁夏，不是有塞上江南的说法吗。单车，一辆车，说车辆少，这里形容轻车简从。问边，到边塞去察看，指慰问守卫边疆的官兵。

属国，秦汉为安置匈奴等降部，设置的一种自治性的行政区域。保留其语言、习俗和组织。但中原朝廷委派汉官监管。这种区域叫属国，如汉朝有安定属国等。那时的沙坡头即属安定属国所辖。秦汉时有一种官职名也叫典属国监军。王维此次出使，实际上无需经过居延。可以认为此句是泛写唐王朝“边塞的辽阔，附属国直到居延以外”。

征蓬，随风飘飞的蓬草，此处为诗人自喻漂泊。归雁，雁是候鸟，春天北飞，秋天南行，这里是指大雁北飞。胡天，胡人的领地。这里是指唐军占领的北方地方。

大漠，泛指广大的沙漠，王维过黄河，登上沙坡头高处四下瞭望，一边是腾格里沙漠，一边是黄河，故有“大漠”“长河”之描写。孤烟，看到远处大漠中升起一缕炊烟。也可理解为烽火台的烟。

萧关，古关名，又名陇山关，故址在今宁夏固原东南。王维出使河西并不经过萧关，此处大概是用何逊诗“候骑出萧关，追兵赴马邑”之意，非实写。候骑，负责侦察、通讯的骑兵。

燕然，本在蒙古杭爱山。唐朝在西北边疆置安西、安北等六大都护府，其长官称都护，每府派大都护一人，副都护二人，负责辖区一切事务。在朔方设燕然都护。这里指前敌统帅。

《使至塞上》描绘了塞外奇特壮丽的风光，表现了诗人对不畏艰苦、以身许国的守边战士的爱国精神的赞美。此诗叙事精练简洁，画面奇丽壮美。尤其是“大漠孤烟直，长河落日圆”一联，写进入边塞后所看到的塞外奇特壮丽的风光，画面开阔，意境雄浑，近人王国维称之为“千古壮观”的名句。

边疆沙漠，浩瀚无边，所以用了“大漠“的“大”字。边塞荒凉，没有什么奇观异景，烽火台燃起的那一股浓烟就显得格外醒目，因此称作“孤烟”。一个“孤”字写出了景物的单调，紧接一个“直”字，却又表现了它的劲拔、坚毅之美。

沙漠上没有山峦林木，那横贯其间的黄河，就非用一个“长”字不能表达诗人的感觉。落日，本来容易给人以感伤的印象，这里用一“圆”字，却给人以亲切温暖而又苍茫的感觉。一个“圆”字，一个“直”字，不仅准确地描绘了沙漠的景象，而且表现了作者的深切的感受和体验。

诗人描写的，“大漠孤烟直”“长河落日园”已融入沙坡头美丽、奇特、壮观的景色中，这一名句已被载入沙坡头的史册，成为一张世界级的靓丽名片。

李益（约750—约830）， 唐代诗人，字君虞，祖籍凉州姑臧（今甘肃武威市凉州区），后迁河南郑州。大历四年（769）进士，初任郑县尉，久不得升迁，建中四年（783）登书判拔萃科。因仕途失意，后弃官在燕赵一带漫游。去燕赵漫游，捷

黄河落日

径一定是往返经过沙坡头。

他以边塞诗作名世，擅长绝句，尤其工于七绝。所谓的边塞诗，大多融入了边城，今沙坡头一带的景色和体验、感受。李益虽不是宁夏籍的诗人，但非常熟悉沙坡头。下面这首诗和中卫、沙坡头大有关系，从诗的整体内容，到标题都可以断定，李益身到回乐，有感而发。

《夜上受降城闻笛》

回乐峰前沙似雪，
受降城外月如霜。
不知何处吹芦管，
一夜征人尽望乡。

所谓受降城，一般说法有三处。这里应指唐时的灵州所辖的丰安（今中卫）。唐初名将张仁愿为了防御突厥，取得胜利，突厥归降。贞观二十年（646年），唐太宗亲临灵州接受突厥一部的投降，“受降城”之名即由此而来。

诗歌的前两句描写了一幅边塞月夜的独特景色。举目远眺，蜿蜒数十里的丘陵上耸立着座座高大的烽火台，烽火台下是一片无垠的沙漠，在月光的映照下如同积雪的荒原。近看，高城之外月光皎洁，如同深秋的寒霜。沙漠并非雪原，诗人偏说它“似雪”，月光并非秋霜，诗人偏说它“如霜”。诗人如此运笔，是为了借这寒气袭人的景物来渲染心境的愁惨凄凉。正是这似雪的沙漠和如霜的月光使受降城之夜显得格外空寂惨淡。也使诗人格外强烈地感受到置身边塞绝域的孤独，而萌发出思乡情愫。

如果说前两句写景，景中寓情，蓄而未发；那么后两句则正面写情。在万籁俱寂中，夜风送来呜呜咽咽的芦笛声。这笛声使诗人想到：是哪座烽火台上的戍卒在借芦笛声倾诉那无尽的边愁？那幽怨的笛声又触动了多少征人的乡愁？在这漫长的边塞之夜，他们一个个披衣而起，忧郁的目光掠过似雪的沙漠，如霜的月地，久久凝视着远方，“不知何处”，写出了诗人月夜闻芦笛时的迷惘心情，映衬出夜景的空寥寂寞。“一夜”和“尽望”又道出征人望乡之情的深重和急切。

《塞下曲·其一》

蕃州部落能结束，
朝暮驰猎黄河曲。
燕歌未断塞鸿飞，
牧马群嘶边草绿。

塞下曲，是较著名的一首边塞诗。边塞诗主要是抒发将士们久戍思归的怨望情绪，情调偏于感伤，但也有一些慷慨激昂之作。

蕃州，泛指西北地区。

结束，装束，打扮。

燕歌，泛指悲壮的燕地歌曲。这里，笔者理解是燕然之地的歌。前面在话说王维时，已对“燕然”作了解释，是寄回乐县的羁縻州。

诗的前两句刻画人物和人物的精神风貌，戍边将士，戎装一身，飒爽英姿，炼兵疆场。后两局则表现了人物活动的辽阔背景。沙坡头地区，天高云淡，大雁群飞，雄壮的歌声飘扬，马群在边地在广袤的草原上奔跑，是一片生气蓬勃的景象，脱掉一般边塞诗作那种悲凉气氛。

再看他一首塞下曲。

伏波惟愿裹尸还，
定远何须生入关。
莫遣只轮归海窟，
仍留一箭定天山。

诗以前代戍边名将作比，抒发了将士们的豪情壮志。头二句夸赞东汉两个名将马援和班超。“伏波惟愿裹尸还”，这句说的是马援的故事。东汉马援屡立战功，被封为伏波将军。他曾经说：男儿当战死在边疆，以马革裹尸还葬。“定远何须生入关”，这句说的是班超的故事。东汉班超投笔从戎，平定西域一些少数民族贵族统治者的叛乱，封定远侯，居西域三十一年。后因年老，上书皇帝，请求调回，有“但愿生入玉门关”句。

以上两句说：为保家卫国，边塞将士应长期驻守边疆，宁愿战死疆场，无须活着回到玉门关。后二句表示灭敌及长期卫边的决心。

“莫遣只轮归海窟”，“只轮”，一只车轮。《春秋公羊传》：“僖公三十三年，夏四月，晋人及姜戎败秦于肴。。晋人与羌戎要之肴而击之，匹马只轮无反（返）者。”“海窟”，本指海中动物聚居的洞穴，这里借指当时敌人所居住的瀚海（沙漠）地方。这句意思是说，不能让一个敌人逃跑。

“仍留一箭定天山”，“一箭定天山”，说的是唐初薛仁贵西征突厥的故事。《旧唐书·薛仁贵传》说：“唐高宗时，薛仁贵领兵在天山迎击九姓突厥十余万军队，发三矢射杀他们派来挑战的少数部队中的三人，其余都下马请降。薛仁贵率兵乘胜前进，凯旋时，军中歌唱道：“将军三箭定天山，战士长歌入汉关。”

以上两句意思是说：“要全歼敌人，不能让一个敌人逃跑，而且应该留驻边疆，叫敌人不敢再来侵犯。”

这首诗通过东汉马援、班超和唐初薛仁贵三个名将的故事，讴歌了将士们激昂慷慨、视死如归、坚决消灭来犯之敌的英雄气概和勇于牺牲的精神，反映了当时人民要安边定远的心愿。全诗情调激昂，音节嘹亮，是一首激励人们舍身报国的豪迈诗篇。

文强武弱边事多
弯弓射雕统山河

黄袍加身统天下，
僭越称帝宋室难。
好水川里宋兵败，
沙坡头前折可汗。
长河水灌地千里，
大漠风吹疆九边。
兴衰千古谁评说，
英雄百载那可堪。

改朝换代涉沙坡

北周大将赵匡胤，于陈桥驿发动兵变，“黄袍加身”，一统天下，建立宋室，因后有偏南于一隅而安的南宋，所以史称北宋。

赵匡胤称宋太祖。“杯酒释兵权”，把各有功勋的军事将领的兵权收回于朝廷，以防尾大不掉。形成的结果是，北方边疆防守虚弱，契丹、党项、女真和蒙古等北方游牧民族部落经常南侵，并自立建国，形成辽、夏和宋三足鼎立的局面。不仅北宋和地方割据政权之间经常发生战争，各割据政权之间也发生战争。这样不仅各自消耗了国力，而且给人民造成巨大损伤。

北宋的行政建制分路、州、县三级。北宋初在现宁夏设了灵武州，辖6县8

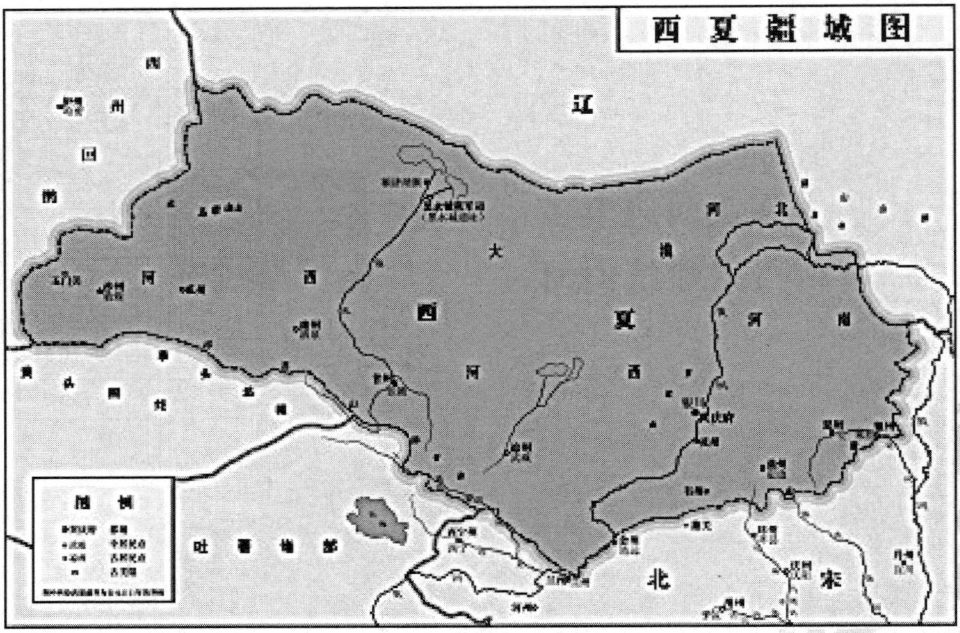

西夏疆域图

镇。其中温地鸣沙、昌化县、保安当在今中卫市范围内，辖今沙坡头。

此局面维持不久，自萧关以北的广大地区，便被党项族建立的西夏通过战争和蚕食所占领，成为西夏国土。

西夏，是由党项族建立的。党项是古羌的后裔，原来生活在甘肃省、四川省、青海省交界地区的游牧民族部落。唐朝对游牧民族部落，采取“羁縻州”政策，把游牧部落划定在一个地区居住，一般会以部落的头目为州的管理官员。

唐玄宗时，把党项安置在西北地区的庆州。党项乘唐朝衰微，不断向周边扩张，发展。在“安史之乱”中，协助唐室平叛有功而受封，并赐姓李。此后，势力大张。在唐末，五代及宋的初期，党项的部落，已控制了银州、夏州为中心的地区，并以此为据点向周边扩张，历经十余年，已成为军阀集团。

982年，党项首领李继迁公开叛宋，于1002年攻占了塞上重镇灵武，改灵州为西平府。李继迁死后，儿子李德明于1020年，把首府从灵武迁到黄河西岸的兴州（今银川）。1038年，李德明之子李元昊正式称帝，改兴州为兴庆府，定为国都，国号大夏。因在北宋的西陲，故史称西夏。

西夏控制了北部广大地区，不仅包括了全部宁夏，而且辖管了今陕西北部，甘肃大部及内蒙中西部的地区。史载西夏疆域："东尽黄河，西界玉门，南接萧关，北控大漠"。

西夏境内先后设立过二三十个州级政权和12个监军司。在今宁夏境内的有兴、灵、盐、定、怀、永、静、顺、韦、西安州。有右厢朝顺军、祥庆军、韦州静塞军、西寿保泰军四个监军司。

沙坡头初为灵州所辖，后为应理所辖。沙坡头长期在西夏的统辖区域。设在今中卫市海原县的天都山、南华山的元昊行宫，就在沙坡头的南边。在当时，元昊的人马要去行宫，经过沙坡头是安全的捷径。

西夏时的应理，已不是边城，而是西控甘凉，南通秦陇，东达环庆的交通枢纽和军事要冲城市。

西夏和北宋互有攻伐，多在今宁夏的东部盐环、南部原州（固原）等地发生，往往是拉锯式的土地争夺战，各有胜负。但北宋常处被动应对的局面。宋夏著名的战争发生在陕北的三川口战和发生在宁夏隆德的好水川战。不仅如此，西夏还不断对周边地区发动扩张战争。

西夏建国后，创立了自己的文字。史称西夏文。崇尚佛教，大兴佛寺佛塔。西夏还提倡儒学，创建官制和礼法。发展农业生产，整修水利，军粮有了保障。

整修交通，沙坡头的驿道得以保持，保障了通往西凉、吐番等地的道路畅道。

西夏是以武立国的，围绕军事需求设立冶炼和制造业，工艺水平逐渐提高。值得一提的是，它的印刷业有较高的技艺。

西夏重视商贸活动，兴庆府商业十分繁荣。西夏不失时机，开放边贸。在战争的间隙或和平之时，双方边境上的百姓，有友好往来，还有商贸活动，互通需求。这些有时候，是被官府默许或批准的。

这种边贸和来往，给沙坡头百姓带来实惠。彼时的沙坡头地处驿道的要冲，是外贸城镇，沿线孟家湾、茶房庙、一碗泉、长流水都有商埠和边贸集市。，这种边贸和来往，沙坡头百姓受到实惠。

1206年，铁木真在斡难河河源建立蒙古汗国，1206年，其被部落贵族公推为“可汗”，号称“成吉思汗”。后世称元太祖，这一年就是太祖元年。

蒙古汗国建立前，已征服蒙古高原各部落统一漠北，之后开始对外扩张，逐渐建立起横跨亚欧大陆的蒙古帝国。

随之，成吉思汗开始征服西夏、西辽、金国、花剌子模等国，1227年，成吉思汗一举灭亡西夏。1234年，成吉思汗儿子窝阔台灭亡金国。

成吉思汗孙忽必烈改国号为“大元”，迁都燕京，即大都（今北京）。1276年，灭南宋，实现了中国的大统一，中国历史进入元朝。忽必烈就是建立元朝的开国皇帝元世祖。

元朝统一天下后在行政管理体制上进行了有史以来的重大改革。中央设立中书省，对地方则首次实行行省制，省以下分设路、府、州、县四级政权机构。当今中国的省，由此始也。

1261年，在宁夏地区第一次设立“西夏中兴等路”行省。行省管辖的范围基本上是原西夏国的疆域，省城就是前西夏国的首都中兴府（今银川市），今宁夏北部是核心。

后又改宁夏府路，下辖灵、应理、鸣沙、定五州。

元太祖二十一年（1226年），西夏时期的应理县，升应理州。即今宁夏中卫市区。这就是当今之中卫市。沙坡头属应理州管辖，则当毫无疑问。

蒙夏争战沙坡头

沙波头也叫鸣沙山，流经沙波头的黄河叫鸣沙河，旧时中卫所在地也叫鸣沙县，是唐代的著名郡县。最早把沙坡头说成沙陀的是元史。在蒙古人和西夏攻伐中，多次在沙坡头进行了惨烈的战争。

第一次发生在1205年。铁木真（成吉思汗）以西夏接纳克烈部落首领纳昆为借口，绕道南行，侵入西夏境内，发动战争。蒙古人通过瓜州、酒泉南下，直抵沙坡头，渡过黄河一举攻下力吉里塞和落思城。大肆掠夺、抢劫，虏获众多人口和大批的畜牲。由于这次蒙古人是试探性的进攻，所以二月出兵，四月即撤回。这次进攻，比起后来蒙古人对西夏毁灭性的一击来说，虽然互有伤亡，但不算十分激烈。

波斯历史学家施拉特写的一部史书叫《史集》,记载了这次蒙古人夺取力吉里寨和应理的情况。记载说:在西夏夏境内有一座十分险要的堡寨,名为里乞,还有一座名为阿撒一轻鲁思的大城,蒙古攻占了他们,进行了洗劫。此后第三年成吉思汗又出征占领了那个地区。

《史集》中说的这座十分险要的堡寨——“里乞”,就是力吉里寨。

《元史·太祖本纪》记载:岁己丑,帝征西夏,拔力吉里寨,经落思城,大掠人民及其橐驼而还。

《元史》与《史集》关于力吉里寨的记述完全一样,证明了力吉里寨在当时确为一座“十分险要的堡寨”。且确实是早已存在,只是在这次蒙夏战争中,被蒙古人占领,才被世人知晓,才被载入史籍的。

这力吉里寨,里乞,应吉里,应理都是同一地名的不同汉文译音,均指西夏的力吉里堡寨,元代的应理州城。

1207年9月,以西夏不肯纳贡称臣为由,成思汗对西夏发动了第二次战争。这次从北部进击,西夏人有备,蒙古人因粮不足而撤回。

1209年,成吉思汗开始做侵金的准备,必须先要征服西夏,于是第三次入侵西夏。这次蒙古军从西夏的北方直接进攻,先攻占了属于西夏的兀剌海地,接着南下攻打作为西夏首都兴庆府门户的克夷门,双方在这里发生激烈的争夺守卫战,最终蒙古人攻战克夷门,长驱而入攻到兴庆府,迫使西夏签定城下之盟,西夏对蒙古称臣纳贡。

1217年,成吉思汗远征西域,要西夏随征出兵,遭到拒绝,于是蒙古人对西夏发动了第四次战争。蒙古人一下就兵临兴庆府城下,西夏人未做准备,措手不及,夏主神宗李尊琐令太子守城,自己经过沙坡头,逃到西凉躲避。西夏无力抵抗,又一次向蒙古人投降。

1224年,西夏李遵项退位,次子李德旺接替,称献宗。儿子改变父亲的路线和金修好。蒙古人岂能答应,就又对西夏进行了第五次讨伐。攻取了西夏银州等城,夏献宗只好放弃初心,和父亲神宗一样,向蒙古人投降。

成吉思汗画像

1226年，成吉思汗决定消灭西夏。他亲自统领10万大军，兵分两路，第六次大举进攻西夏。蒙古军主力的进攻路线是兀剌孩城—黑水城—贺兰山—浑垂山—甘州—凉州—沙陀—应理—夏州—灵州—黄河决战—中兴府(包围)—积石州—西宁—六盘山—中兴府(攻陷后灭亡西夏)。

蒙古军西路军由成吉思汗亲自率领，经过沙州、肃州、甘州，与其他蒙古军会师。当时，成吉思汗由河西走廊进兵途中不幸坠马受伤，认为不太吉利，遂有退兵之意。于是遣使前往西夏，责问西夏无端之处，以便找个撤兵的台阶。

哪知西夏国主不知实情，看到成吉思汗大兵压境，一场灭顶之灾不可避免，只好硬着头皮说强硬话，讽刺和辱骂蒙古的来使。来使加油添醋把西夏口出不逊的事儿，一一做了禀报，成吉思汗知情，怒火中烧，决定继续出兵，鞭指西夏。

成吉思汗不顾疾病、鞍顿疲惫，指挥大军，马不停蹄，日夜兼程，不出几日便赶到了西夏控制西凉和吐蕃的军事要冲——沙坡头。

这儿，有一些村庄，但在几年前，蒙古军掳掠后，早已逃离。前朝留下的驿站官厩多间，已长时间无人打理。上下各发现有不大不小的两处庙宇。这就是上茶坊庙和下茶房庙。原来都是道家住庙。庙里的道士，每天的任务是往返十余里路去黄河取水，供在驿道上商旅饮水。

蒙古军到来时，下茶坊庙尚有一长者和一年少者，见到这么多的兵爷，很是惊恐和害怕。此时的蒙古人和吐蕃人接触，见过喇嘛教，但不识道家，便赶走了这一老一少的道士。在这里设上岗哨，来回巡逻，防止西夏奸细。

成吉思汗站在沙丘上向南望去，良田万顷，禾苗绿葱，农者肩锄来往于田径；湖泊成镜，舟楫漂逸，渔者撒网捕捞，心中激动万分，感慨不已，不消几日，这肥沃富饶之地便可尽收我蒙古国囊中。于是喜上眉梢，将领士兵，都群情激动，欢呼跳跃，振臂山呼：可汗万岁！可汗万岁！

成吉思汗踩着嚓嚓作响的流沙，望着北流的万里黄河，不免思忖起来，咱这汗兵铁脚板一双，穿越沙漠，日行百里，跟我横闯天涯，没问题的。可这旱鸭子遇到水，过不了黄河，美好前景，不是就要泡汤吗？

不过，有打前站的将领跑来报告说，我们已经上下搜寻了一些浑脱和木筏，正在仿造打制。

浑脱，也叫浮囊。据说在秦汉时就有之，就是用完整的牛皮、或完整的羊皮，缝制成不漏气的袋囊，然后多个连接，即成像现代的汽艇一样，载人载物了。

原来蒙古军中带有许多羊皮水囊和牛皮帐房，此时倒另派上用场。他们便做起筏子来。还派士兵到黄河沿岸砍伐树木，绑扎木筏。不时在河西岸，进行下水实战的演练。经过两三月的忙碌准备，渡河工作已就绪。

正是盛夏，清晨虽有几丝云彩，但已十分炎热，沙坡头上鼙鼓号角齐鸣，人嘶马叫，蒙古军开始了对西夏的进攻。

开始，蒙古军把辎重放在筏子和木排上，马匹栓在其后，先批渡河登岸，但西夏军作了充分的准备，在几处渡口上设防，首先挖了一丈二尺深的沟堑作为第一道防线，后面部署了火统、火炮作第二道防线，尔后，便是弓箭手一字排开等待阻击蒙古军。

西夏军发现蒙军进攻，便用火器阻击，蒙古军一下被打懵，顿时人仰马翻，即是有躲过炮火登上岸的蒙古军，则多数掉进沟堑。

蒙古军首攻遇阻，便改变战法，采取单个筏子分散登岸的办法进攻，西夏军也不示弱，也出动排筏迎击，一时间，黄河水面上，嘶杀声不绝，各方都有船翻人溺的，相持不下，各自只好鸣金收兵，来日再战。

间或，有蒙古军登岸，双方便展开激烈的滩头搏击战。

如此反复，战斗进行了两月有余，蒙古军终于全部过河，占领了里吉力寨和应理。

1227年春，成吉思汗留下一部分兵力继续围攻中兴府，自己带领大部队往攻未下各州城。先攻下积石、临洮，河州和西宁后再挥师南下，攻克固原。

这时，西夏国土几为蒙古铁蹄夷为平地，人民无处可逃，只是穿凿土石以避锋镝，但得免于死者百无一二，白骨蔽野，惨绝人寰。

夏季，成吉思汗避暑于六盘山，派人去兴庆府劝降，西夏主睍予以拒绝。但不久发生地震，随之瘟疫便生，此时的兴庆已被蒙古军围困半年之久，已走投无路，无以为继，李睍派遣使者请降，惟一的要求是请蒙古汗国，宽限西夏宽一个月时间后献城。蒙古军答应了西夏的要求。

1227年七月初，西夏主李睍亲捧金佛一尊，有随行人抬着金银器皿，还有奉献的男女佣仆，以及驼、马等，全以九为数，赴成吉思汗帐前投降。

行礼时，成吉思汗突然觉得天旋地转，内腹恶心，于是心生疑虑，仇恨并起，便让身边的将领脱伦把夏主李睍杀害，并且杀死其随从的全部大臣、人丁。更是嘱咐部下，以后每次饮食之前，必须先对自己提醒说：西夏人完全消灭了方才可以吃饭。可见成吉思汗对西夏屡攻不下，痛恨之深。

成吉思汗灭西夏后，月余，伤重不愈，死于哈老徒，今天的海原"海喇都"。临终时发遗嘱"要秘不发丧"。为什么呢？就是怕西夏余部再起，乘此机会反攻报复。

半年之后，西夏彻底覆灭。这个由党项族经营了三百多年的割据王朝，有过繁荣，也有过磨难，中原王朝的北宋奈何它不得，却亡于蒙古军的铁蹄之下。

沙坡黄河有九渡

"九渡"，是成吉思汗大军在中卫由黄河北岸渡到黄河南岸时的渡口名称。

古代在沙坡头一带，有许多渡口，像冰沟渡、沙坡渡、泉眼山渡、常乐渡、永康渡、张义渡，黄河九渡当是指这一带。

接下来的问题是何为"九渡"？"九渡"是一个渡口还是九个渡口？根据多部历史文献，笔者认为"黄河九渡"应是泛指，不是单指哪一个渡口。根据当时的实际情况，成吉思汗带着近十万部队，又时值秋季黄河涨水季节，一个渡口如何能使几万部队在短时内渡过河去？

因此，“九渡”是泛指，是多个渡口，不是一个渡口。另外，按照汉语文字的表述习惯，“九”可以是虚指。

西夏头盔

《西夏地图集》标出的有郭家渡，《宣德宁夏志》记载的有应里州渡，《嘉靖宁夏新志》记载的有常乐渡、永康渡、李安子渡，《乾隆中卫县志》和《甘肃新通志》记载的有永康渡、常乐渡、老鼠嘴渡、张义菠、冰沟渡、新墩南渡、泉眼山渡、宁安堡渡、南渡口、广武渡、青铜峡渡等十余个渡口。这些渡口，都有可能是成吉思汗大军所到的“黄河九渡”。

其实，中卫黄河设渡口，绝非始于成吉思汗，前面表述过，中卫黄河段设渡口，不是始于成吉思汗之时，而是魏晋之后的南北朝时的北魏，刁雍主持修建开通黄河漕运时就有了。这里不再赘述。

古渡和雄关一直是黄河的两个忠实期友，陪伴着黄河。沙坡古渡和沙坡雄关亦是如。《弘治宁夏新志》中，“沙关朝暮有声如钟，天雨时益盛”的记载，为“沙关”的存在增添可信度。宁夏平原一直是中国北方的一块战地，长期未曾停歇的战争，使平原上分布着大量的关隘。至今，这些关隘仍以军事色彩很强的地名保留了下来，而“沙关”就是其中一个。

黄河入川口，一面是香山耸立而起的山湾，一面是浩瀚的腾格里大漠。是沙坡头段黄河九渡中重要的渡口之一。是古丝绸之路，黄河航道、驮盐古道以及胡汉贸易、茶马互市的古码头之一。

码头北岸是浩如瀚海的腾格里沙漠，前朝那些横走大漠的商队、跋涉沙海的驼队，就从黄河九渡过河，爬上对岸的沙坡，走向大漠深处，在黄沙滚滚的腾格里大漠里，洒下一路驼铃声，远走蒙古大草原，远走中亚和西亚。

黄河上河沿渡口

此外，还有鸣沙渡、新墩南渡、常乐渡、长滩渡等。

郭公竭力修水利

银川市西门桥的唐徕渠畔，坐落着一尊元朝著名水利专家郭守敬的雕像。他对宁夏的水利事业做出杰出贡献。当我们漫步在唐徕渠畔的林荫小道上，望着缓缓向北流淌的渠水，不禁对这位近一千年前的古人肃然起敬。

郭守敬（1231—1316），字若思，顺德路邢台（今河北邢台市）人，元代大科学家、天文学家和水利专家。1276年主持修订新历法，经4年时间订出《授时历》，可行用360多年，是当时世界上最先进的一种历法。

郭守敬出生在一个学者家庭，祖父郭荣精通数学和水利，经常和一些老朋友在家谈论学问，年幼的郭守敬经常在旁边静静聆听，时间一长，聪慧的郭守敬就学到很多科学知识。

祖父觉得他是一棵好苗子，就把他送到精通天文、地理、数学的老朋友刘秉忠那里去学习，郭守敬的聪明才智得到进一步发挥，学业更有长进。中统元年（1260年），刘秉忠的老朋友张文谦把郭守敬带到身边工作，让他在大名（今河北大名县）一带参加水利建设。

两年后，张文谦把郭守敬举荐给元世祖忽必烈，在忽必烈召见他的时候，郭守敬当时就提出6条整治水利的措施，忽必烈听了十分满意，每听完一条就点头赞许。听到最后，忽必烈感慨地说："让这样的人去办事，才不会摆空架子吃闲饭！"由此任命郭守敬为诸路河渠提举。提举，原意是管理，职务全称的意思是负责全国水利的官员。

当时的宁夏地区，经过蒙古军队二十多年征讨西夏的战争，社会经济遭到严重破坏，历史悠久的引黄灌区呈现出“古渠淤坏，泥沙淤浅”“田野荒芜，生灵涂炭”的惨淡景象。在西夏时期，宁夏有不少古渠，其中一条叫唐徕渠，长400里，另一条叫汉延渠，长250里；在中兴府以外，还有10条正渠，各长200里；长短不等的大小支渠68条。这些渠道共可灌田9万余顷。可是由于战乱，众多河渠失于整修和养护，到了元朝初年，已经淤积废坏，不能发挥正常的灌溉作用。

至元元年(1264年)，忽必烈任命中书左丞张文谦出任西夏中兴等路行省长官，并命诸路河渠提举郭守敬同行，具体负责宁夏治水复屯事宜。时仅三十多岁的郭守敬随张文谦来到宁夏之后，首先沿着黄河两岸实地勘查，对宁夏平原地区的正渠、支渠的数量、长度、灌溉亩数等进行了详细调查，并深入了解当地地势、水情、水利灌溉历史和治水、治淤的经验。在张文谦的支持下，郭守敬亲自指导的一次大规模水利修复工程开始了。

当时有人主张废弃旧渠、另开新渠，郭守敬经过调查研究后，提出“因旧谋新”的意见，他认为那样既费工又费时，重点应放在修复疏通旧有渠道上。经过实地勘查，他提出建滚水坝以减弱水势，在渠道引水处筑堰以提高水位，建渠首进水闸以保证渠道有充足水量，建退水闸以调节流量等技术方案。

郭守敬

在他的指导下，元初宁夏的水利建设，普遍采用新的工程技术，修筑渠、堰、陂、塘，大都使用了调节水量的“牌堰”，即水坝和水闸(斗门)。水坝和水闸起到控制水流、水量的作用，旱则开闸引水入田，以收灌溉之利；涝则关闭闸门，以避泛滥之灾，使整个灌溉系统具有完备的灌溉和防洪功能。在水利建设中普遍采用了新的工程技术，修筑了渠、堰、陂、塘等新水利设施，提高了水利效益。在宁夏屯田军民的大力支持下，经过数年的辛勤劳动，共修复疏浚兴、灵、应理、鸣沙等四州主干渠12条（含唐徕、汉延二渠）、支渠68条，使9万余顷土地恢复灌溉。这次修复的沿河渠道坝闸，设计精细、质量坚固，直到明代中期还在继续使用。当今，宁夏引黄灌区仍普遍采用坝闸节制水量的办法。从兴筑水渠到建筑水坝和水闸，是人类由储水到控水认识上的一个飞跃，是人工灌溉史上的一大进步。在修浚旧有渠道的基础上，又开挖了几条新渠。至元三年（1266年），西夏中兴等路行省郎中董文用与郭守敬在应理州（今宁夏中卫市）沙坡头附近修筑蜘蛛渠（美利渠），灌溉面积近3000亩农田。当地农业，连年获得丰收，官府的赋税收入也随之增加。

郭守敬在宁夏整修水利的期间，还向元世祖忽必烈提出开发黄河、探寻黄河河源的建议。他“尝挽舟溯流而上，究所谓河源”，虽然史籍上没有记载这次探险的结果，但实际上郭守敬是探寻黄河河源的第一人。至元二年（1265），他又从中兴（今银川市）乘舟，“顺河而下，四昼夜至东胜”。经过实地勘查之后，郭守敬对黄河的水文有了一定的了解，他向忽必烈建议在宁夏黄河段兴办漕运（水道运粮）。忽必烈不但采纳了他建议，还下令建立应理州至东胜的水运驿站。这段水道全长850多千米，在宁夏境内约400千米，沿途设驿站10个，其中在宁夏的有应理州、鸣沙州、灵州、中兴等水站。有驿船66艘，配水手200人，每个驿站给牛10头、羊100只，并置驿舍，拨耕地。

宁夏的黄河漕运，虽在北魏刁雍提出过，但真正有完备方案，付诸实行，而且发挥效益开始于元朝，总设计师、总工程师，毫无疑问是郭守敬。朝廷为了表彰郭守敬治水的功绩，提升他为都水少监。

为了纪念这位卓越的人民水利专家，元朝，西夏故地的群众，曾在他主持修建的河渠之上，为他修建了一座生祠，以纪念他不可磨灭的功绩。

流沙何时何地来

汉唐以来，沙坡头地区农业居民不断增多，特别是西夏时期，由于这里地处西夏的腹心地区，居民比较稠密，土地得到普遍的开发，贺兰山的森林遭到破坏，从而引起了腾格里沙漠的南移,在沙坡头一带出现了流动的沙丘。

关于沙坡头出现沙丘的记载,以《元史》为最早,也最明确。《元史·地理志》在宁夏路条记载说“应理州,下。与兰州接境,东阻大河,西临沙山,考之《图志》,乃唐灵武郡地。其州城未详建置之始,元初仍立为州”。《元史·太祖纪》称,太祖二十一年(1226年),成吉思汗由西凉府(今武威)征西夏时,称“逾沙陀,至黄河九渡,取应理等县”。这两条记载非常重要,前条称应理州,“西据沙山”,后条称“沙陀”,取应里县。在古书中,沙山、沙陀都是指流动沙丘而言。据此可知在西夏末年,应理州、应里(理)县之西,已经出现了高大的流动沙丘,这是十分明确的。

《元史》中所记载的流动沙丘,就是现在的沙坡头。

这从《元史》的记载来看,是十分明确的《地理志》所记的应理州,与《太祖纪》所载的应理县,其实是一个地方。按照古代的制度,某州所治之首县,通常与州同名,不知名者比较少见。

那么,应理州、应理县在何处呢?文中称应理州"东阻大河”,则应理州必在黄河西岸。文中又称应理州附近有九渡,所谓九度就是黄河岸上的九个渡口。在中卫附近的黄河上,现有冰沟渡、常乐、永康渡、张义渡、泉眼山渡等等,这些路

沙坡头灌区

口是古已有之，只是名称或许有所改动。

以应理州东临黄河，地近九渡来看现在今天中卫一带。清修《中卫县志》，称古应理即今中卫城这是可信的。

沙丘的出现，要有一个过程，通常都需要数十年或上百年的时间。因此，沙坡头沙丘最初产生的时间还要早一些。可能在西夏中期即已开始产生了只是在其形成的初期阶段上不明显而已。

沙坡头本地没有沙源，这里的流沙是从腾格里沙漠移动而来的。腾格里沙漠的主体在沙坡头的北方，中间隔着贺兰山。贺兰山作为天然屏障本来是能够阻挡腾格里沙漠的移动的，可是，腾格里沙漠为何能越过贺兰山，移动到沙坡头呢？这和沿黄河森林植被的破坏，以及贺兰山各山口的开通有着直接的关系。

秦汉在这里的戍边垦殖，把草原荒原变成了农田。以草原为资源的畜牧业，相对于把草原变为农田资源的农耕业来说，对自然植被破坏要少得多。

在西夏时期，在贺兰山及其周边地区，大兴土木，盖造西夏统治者的行宫别墅，西夏朝野信奉佛教，更是在贺兰东西山麓盖了不少寺庙。这些建筑要破坏地表植被，用木材要就地砍伐森林，人类在这样的地区频繁出没活动，就加剧了贺兰山本身及周边地区生态环境的破坏。

只要看看西夏王陵遗址，其规范之大，我们就可理解人类活动对大自然造成的破坏多么深刻广泛了。而这些广泛深刻的破坏就会改变地理地貌。沙坡头的沙丘、沙坡、沙山就是这种人类活动破坏森林植被生态环境的直接结果。沙坡头境内的沙，是由腾格里沙漠前移堆积而成的沙漠。

腾格里沙漠是沙坡头沙子的来源，内陆内蒙古高原干旱的西北季风是向沙坡头输送流沙的动力，而近千年我们人类的生活、生产加速了沙坡头沙漠形成的进程。这个沉痛的历史必须吸取。我们向大自然索取应该有序，有度。如果不是这样，就会受到大自然的惩罚，往往是很无情，很严厉的。

长城御胡不挡沙
古道欲堙河运通

明之长城汉时关
西风古道绝驿传
九边渡口人业旺
大河晨曦薄雾寒
良田千倾农户乐
沙堆万斛人马惮
江山易改千古事
今人评说慨而叹

中卫黄河北长滩段

明之军屯设中卫

元朝末年，政治黑暗，官吏腐败，横征暴敛，民不聊生，到处发生农民起义，其中“红巾军”参加人数多，力量强，规模大。

朱元璋参加了郭子兴领导的农民起义军，打仗勇敢，机智灵活，很快便从一名下层的普通士兵，成为一位高级的将领，领导起义军夺得长江中下游的广大地区，兼并了各路起义军，继续南征福建广东，北伐中原，攻下元朝首都——大都。

1368年大明王朝建立，年号洪武，定都应天府（今南京），史称朱元璋为“明太祖”。后来四子朱棣发动兵变，夺取帝位，迁都北平，改名“顺天府”，称北京，原应天府则称南京，两府并存，由朝廷直隶。

明朝政权的管理形式有别于元朝。地方设布政司（相当于行省）。下管府、州、县。因北方元的残余势力仍未消灭，仍然存在，还不断向南侵犯，因此在北方“废府”设九处军镇，称“九边重镇”。

宁夏是北疆，元初虽有瓦剌、鞑靼侵犯之患，但由于自秦汉以来的经营已是“塞上江南旧有名”，长城、关堡、寨所众多，且配套成较好的防御体系。

明朝政府在宁夏北设宁夏镇，南设固原镇。并在固原增设陕西三边总制。

宁夏镇，与蒙古草原为邻，是蒙古瓦剌，鞑靼各部南下的主要通道，因此，明朝在宁夏没有设置府、州、县三级地方政权，而是采取全民皆兵、屯防兼备军政合一的特别军事管理形式——军卫制。

在军政之下，分”统卫、所、关堡，环列兵戎。”宁夏设总兵官一员，巡府官一员，上隶陕都指挥使司，下领宁夏、前、中、后4卫和宁夏左、右、中3个屯卫，计称7卫。在每个卫又设左、中、右、前、后卫所。

宁夏卫，宁夏前卫和宁夏左、中、右屯卫5卫同治镇城（银川）。

屯卫下，又设所。所下又设堡，之下又设墩。

宁夏中卫守御千户所即今天的中卫，至此元朝时的应理州名称被中卫所代替。当今的中卫，其名称由此始也。

当时的中卫领有堡13个，烽堠（烽火台）72个。

今沙坡头区、中宁县和青铜峡市分水岭以西地区属之辖管。

当时中卫的居民除去原住民外，多为屯守的士兵及家属。来自五湖四海。也有明洪武年间的所称的“大槐树”移民。

明朝的行政体系和管理在宁夏还有另一明显特点。明初朱元璋为加强统治，施行“以同姓治异姓”的国策，所以设藩王以治。明成祖朱棣怕藩王权利膨胀，尾大不掉，威胁中央王朝，于是实施“以异姓制同姓”，提出“削藩”甚至“撤藩”。

朱元璋十六子朱栴，时称庆王，始打算藩于环庆，但朱栴几经考虑，选择了韦州为藩王都。九年后藩王府才迁入镇城(今银川)。

传说沙坡头坡下的童家园子，庆王曾在这设过行宫。

明之长城今安在

明王朝建立，残元贵族势力中的鞑靼和瓦剌常越过贺兰山入侵宁夏。少的时候数百骑，多的时后可达10万多众。明朝前期还没有足够的力量消灭鞑靼瓦剌等元的残余势力，于是大规模修长城以抵挡其侵犯。

可能有些人有误解，只知道秦始皇修长城，而对明朝修长城不太了解。实际

沙坡头灌区

上明朝修的长城规模和长度远远大于秦朝,由于时间的原因,明朝的长城比秦朝的长城保留的多、比较完整,历史年代距今近,现在能看到的多半是明朝的长城。

明朝在宁夏境内所修的长城长度大约超过了1000多千米。

明朝的长城,称作边墙,这一叫法沿袭至今天。明朝修建长城时,还建了许多的城堡、烟墩(烽火台)。

明代宁夏境内的长城有:北边墙、西边墙、东边墙和固原旧边。

其中西边墙起于甘肃靖远芦沟塘,止于宁夏贺兰山南坡,全长200多千米,宁夏西边墙依地理环境和方位可分为4段。

第一段从甘肃靖远县芦沟塘起到中卫下河沿,全长50多千米。沿墙留有暗门边口25处。

第二段从中卫迎水桥的黑林起,北行至胜金关,长约90千米,修于成化年间。

第三、四段沿贺兰山东麓止于今石嘴山红果儿沟。

第一、二段明长城大体都在沙坡头地区内。经过地区有平原,有山岭,修筑的原则是,有的地段是用夯土筑城,有的地段是用石料砌成,还有的地段土石料兼用而成。从保存较好的地段来看,长城的基宽8~10米,顶宽4~5米,残高在5~8米。每隔2~3里即设烽火台(墩)一座。

明朝在宁夏修筑长城的时候,出于防御蒙古人的军事考虑,在路线选择上,确定了一个原则就是:水草丰盛的地方,圈在长城的里面,把沙漠圈在外面,让蒙古人不能居住。长城以外流沙遍地,长城以内水草丰茂,是不见沙漠的,因此,明朝的长城,可以看作是当时农业区和游牧区的人为的分界线。

清朝改设中卫县

1644年,清兵入关,攻占北京。皇太极的儿子,年仅六岁的福临做了清朝的开国皇帝,年号”顺治“。

清廷以顺天府(今北京)为京都,全国分设省、府、州(厅)、县四级行政管理体制。

宁夏地区,开始承袭明朝的行政旧制,后陆续裁撤巡抚,改卫、所为府、州、县，在北部设立宁夏府，南部设立固原州，均归甘肃省管辖。

康熙三十三年(1694年)，增设中卫驿丞，由宁夏西路同知兼。

雍正二年(1724年)，清廷议准置宁夏府，改宁夏中卫为县，隶甘肃省宁夏府。宁夏西路同知及中卫营副将协署仍驻中卫。沙坡头自然在中卫县的辖区内。

两朝水利大开发

因元、明、清朝代更替的战争，造成宁夏灌区干渠堵塞，失去功效。在明朝的屯田中，宁夏卫河西的唐徕，汉渠，河东的汉伯、秦渠以及中卫蜘蛛渠(沙坡头附近)，得到全部的修复疏浚。整修长度达700千米，其支渠上1000多处斗口也都新修加固。宁夏屯田积粮最多，上交赋税也最多。

清朝初期，特别是在康熙以后政局相对稳定，清廷采取了恢复发展宁夏经济的许多新举措，改革了明朝军屯的弊端，促进了宁夏经济的复兴。

大清朝廷认识到水利在宁夏是命脉，是根本。予以高度的重视，设有专管水利的官员或者由最高官员主持水利工作。

顺治年间，宁夏巡抚黄图安疏浚了唐徕渠和汉延渠，并对宁夏境内主要的渠口渠身涵洞、陡口、闸坝进行修建，也包括对沙坡头地区的美利渠，羚羊三渠，七星渠等的修建。

美利渠是宁夏平原西端的第一条引水灌渠，创修年代失考，近年学者研究认为汉元鼎六年(公元前111年)和元封二年(公元前109年)均在西河至酒泉引水开渠、屯垦戍边。当时中卫属西河，因此，美利渠可能开创于这一时期。原名蜘蛛渠。明嘉靖四十一年(1562年)宁夏当地官员在旧渠口西边开凿新口，引水入渠，改渠名为美利渠。清康熙四十年(1701年)和康熙四十一年(1702年)又在渠道上开石坎，垒石坂，修筑节制水闸，所以美利渠首又有“石渠”之称。石渠口注水如龙跃入，“石渠龙口”成沙坡头一景。

乾隆年间，宁夏道台纽廷彩来到沙坡头地区，整修了七星渠，治理了红柳沟山水。

在沙坡头地区由于居民增多，大量的荒地被开垦，灌溉需求也大幅度增加，于是，改造旧有的水渠，增加新的水渠，据《续修中卫县志》统计，由于美利渠“受水不多”，把美利渠加宽到三丈五尺，加深到一丈，沿长到200里，渠尾由胜金关入黄河。

美利渠边有故事

一走进沙坡头景区，便会有一副“白马拉缰”的大型雕塑映入人们的眼帘。一匹白马拖着长长的缰绳驰骋在黄河之中，但见马蹄下，浪花飞溅，恰似白云翻飞，引起你无限的联想。

相传，很古以前，黄河北岸是一片平展的冲积平原，但这块美丽的平原因黄河水的涨落时常受水旱灾的威胁。为了旱涝保收，人们计划着要开一条引水渠。

在沙坡头下住着一位手艺高超的石匠，人称石匠大伯。他知道人们开渠引水的心愿后，便背上工具，领着独生儿子上到沙坡头，带领百姓先后选了几个渠口，开了一条能灌10万亩土地的引水渠，但因河水起落，流进渠里的水量老是不稳，水大时冲了渠堤，水小时又因水量不足造成旱灾，被人们称为“干渠”。

白马拉缰

为了找到理想的引水渠口，石匠大伯又年复一年、日复一日地不停奔波着。就这样，折腾了9年又9个月，石匠大伯终因积劳成疾，带着深深的遗憾离开了人世。

小石匠继承父亲的遗愿，决心要在黄河北岸找出一条理想的渠口来。

有一天，火盆似的骄阳烤得大地发烫，小石匠为选渠口已经走了三天三夜，他实在累极了，便一头扎在河滩上睡着了。

熟睡中，他梦见一位美丽的仙女从沙坡头大槐树下的黄河浪涛里走了出来，挽着高高的发髻，身着漂亮的绸缎衣服，骑着一匹高头白马来到他的面前，说："年轻人啊，你继承父亲遗愿，为了引黄河水灌溉，造福百姓，奔波吃苦，不怕牺牲，令人可敬，请跟我来吧。"说罢，扬鞭策马，拖着长长的一条锦带，顺着黄河北岸飞奔而过，顿时，锦带拖过的地方留下一道长长的白印。

小石匠醒来，仙女不见了，白印留在河滩上，崖上出现了几个大字："渠口从印而过，河水长流不断。"于是，他带着乡亲们顺着白印筑堤开渠。克服了种种困难，整整365天，一条10里长的石堤终于筑成，从此不论黄河水涨水落，渠里的水总是源远流长。后来人们为了纪念那位年轻的石匠，把这条10里长堤叫"为农堤"，也叫"白马拉缰"。

从这个故事可以看出，历朝历代的官修水利，渗透着人民群众的智慧和勇气，也寄托着人民群众的美好的愿望。

交通各业有发展

明朝因设藩于宁夏，王府下设杂造局和兵车厂。负责制造王宫各种生活用品、奢侈品和兵器等。从而带动了手工业的发展和商品贸易的繁荣。

清朝初，特别是在康熙以后政局相对稳定，大清朝廷采取了恢复发展宁夏经济的许多新举措，革除了明朝军屯的弊端，促进了宁夏经济的复兴。

清代宁夏的交通（包括黄河水运）为适应军政形势和商业发展的需要有了新的变化，境内的驿道增加到五路。

其中西路：由宁夏府城南下，经渠口驿（今渠口农场），西向经中卫、营盘水驿60千米出宁夏府境入平番县（甘肃景泰）三眼井驿，全程285千米。在营盘水、长流水、西路厅、渠口、府城5站设驿丞，负责管理驿站。这条驿道规模比较大。每天配有驿马30～60匹，编制驿夫15～42人不等。

清代宁夏的黄河水路交通也由于政局平稳和生产振兴而有空前发展。黄河出甘肃省黑山峡进入宁夏府境以后，水势平稳，很少有急流险滩，宁夏川区有250千米长的黄河，可以通行。

每年农历三月至十月，是黄河的开通期，载重量为21吨的木船、皮筏，可以从中卫的新墩，顺黄河漂流北下到内蒙古的托克托县。

这条航道的水程，从沙坡头新墩，经30千米至宁安堡。当地盛产枸杞，这也是水运的大宗商品。又东45千米至彰恩堡，又25千米为青铜峡，这里水流稍急。

宁夏境内有许多渡口，用木船皮筏运输两岸的货物和人员。在沙坡头地区有常乐、永康、张义、冰沟、老鼠嘴等12个渡口。

从中卫市沙坡头区沿中央大道向东大约3千米，向南拐进一个距黄河不远的村子，这就是柔远镇莫家楼村。莫家楼是楼名、也是村名，是黄河边的一个村庄。因为在黄河渡口旁，明朝初年莫姓人家在这里建起了村落，从此这个村庄就叫“莫家楼房”，人们简称“楼房”“莫家楼”“莫楼”“莫家楼渡”。

从明代开始，该渡口一直是宁夏黄河段的重要渡口。清末曾有大批晋商在此活动。因为是盐运码头，这里设有盐务局、盐场，规模还不小。莫家楼渡口，位于卫宁平原中部卫宁、中静公路交会处，由永康古渡上移演变而成的黄河渡口。每天，一艘艘木船载着食盐、陶瓷和毛皮，经这个渡口流向南北市场。就这样，莫家楼逐渐聚集起人气，自然而然成为一个繁荣渡口。

自古以来，莫家楼渡口与仁存渡口、石嘴山渡口并称为宁夏三大官渡。莫家楼既是一个南来北往的水陆交通码头，又是一个商贸活跃的集镇。

夜明山峡谷的冰沟出口在黄河南岸，是一个极富历史文化内涵的地方。这里的地理环境是：南有香山（夜明山），北有沙山，黄河中贯，是历史上重要的军事要道，也是与蜀道并称的沙山畏途，唐朝时这里是丝绸之路的一段。元朝时成吉思汗率兵从河西走廊东进攻打西夏必经这里。清代朝廷用兵新疆责令宁夏支援粮草经过这里。为了回避“浮沙没胫，人马惮行”的沙山畏途，东进西出的人马车辆必须在冰沟渡口弃陆涉水，靠皮筏、船只在黄河里绕沙山而行。

因此冰沟的沙坡头古渡在历史上是一个十分著名的渡口，绕沙山的两地码头相距十数公里，堪称天下第一内河长渡。明末起，下河沿的煤矿已在开采，到清朝中期规模更大，供应了中卫群众取暖、灶炊需用。

长城人口与沙害

“长城御胡不挡沙”。修筑长城，对大明朝廷来说是抵御前元残余势力侵犯的军事战略需要之举，当政者以为此举可以毕其功于一役，一劳永逸，边境永安。能否达到预期的目的和效果，暂且不与评说，但修筑长城也对生态环境造成很大的破坏。

修筑长城是一个巨大的工程，要动员数以万计的军民，百姓来完成，在施工中，营房的建造，烧饭取暖，以及施工用木，都要用木材，这些木材只能就地取材，自然来自附近的贺兰山。因此，在修筑长城的过程中，贺兰山的森林遭到空前的破坏。其恶果，不出明朝就已显现。明朝人云：陵谷变迁，林莽毁伐，樵猎蹂践，浸浸成路。凡是人迹能到的山岭，森林统统被砍光伐尽，没有被采伐的树木“皆产于悬崖峻岭之间”。

在元代以前，人们为了开通道路，对各山口的林木少量砍伐，使得腾格里沙漠的南移进程有所加速。

到了明代，由于大修长城，像中卫、中宁县以北的浅山区，树木容易砍伐和运输，所遭受的破坏尤为严重，腾格里沙漠的南移和扩张，自然要不断加剧。

成化以后，腾格里沙漠南移扩张，在一些地方志中有记载。据《嘉靖宁夏新志》的记载，嘉靖十年（1531年），在今天的三关口和大坝之间，曾“役屯丁万人”挖掘壕堑，作为防御蒙古骑兵的边防工程。由于受到腾格里沙漠扩张的影响，所挖的沟堑，不消时日，即被风沙填平。但迫于官府的命令，施工不停。老百姓深受其苦不说，更严重的是，植被被破坏，沙子向南移动的现象，越来越严重。

三关口和大坝，在腾格里沙漠的东方，尚且受到如此强烈的影响，今中卫中宁在腾格里沙漠的东南，是腾格里沙漠移动的前锋所在，况且北面的贺兰山低矮，属于浅山区，这里和三关口一带的贺兰山相比，所受腾格里沙漠的移动的影

响，显然要明显得多，剧烈得多。由此我们不难看出，明代沙坡头地区的沙丘增高变大与明代修长城有密切的关系。

清代的中期即所谓的乾嘉盛世，宁夏的人口迅速增加。

在宁夏南部沙坡头地区，人口的增加速度更快，乾隆二十五年（1760年），编纂的《中卫县志》是全县共15780户，计82768人。

道光二十一年（1840年），《续修中卫县志》统计中卫县有居民52049户，214107人。

由于居民增多幅度比较大，大量的荒地被开垦，耕地面积增加很快。随着人口的增加，耕地面积的扩大，人们对森林树木的需求也急剧的增加，水渠的闸门，耕地的犁具以及购建房屋，烧饭取暖，都离不开森林树木。为了满足社会的需求，在许多城镇中出现了经营木材的贸易市场，被称作木市，官府在有木市的地方，设官征税。木市的出现，刺激了木材的采伐，到山中砍伐林木，有利可图，于是森林遭到了空前的砍伐破坏。

中卫境内的森林自西夏、元、明，屡遭破坏，剩下的树林越来越少，又经过清代的砍伐和山火烧毁，即使是山崖断壁上的古树，也不能幸免，到处岩石裸露，山沟空空，在这种情况下，腾格里沙漠长驱而入，进逼到黄河岸边，而清代，是腾格里沙漠移动的最快时期。

清朝由于腾格里沙漠的不断南移，流沙已经越过了明代长城，进入长城以内地区，部分长城也被流沙所掩埋。《续修中卫县志》记载："西沙咀，旧志在县城西，明成化年间，因西路永安墩至沙咀旧墙低薄，改筑高墙。今为沙拥积，无复遗墙矣！"西沙嘴在黄河边，是黄河北岸明长城的起点，原先是水草丰美的地方，其实早在乾隆年间，已被流沙掩埋得看不见了。

长城有的地段已经被流沙掩埋，当时的中卫县知事黄恩赐，曾作《沙坡吟》一诗有这样的句子："忽为暗门西，积沙竟成献"暗门西积沙成巚，说明腾格里沙漠的流沙已经把城门掩埋了。西沙嘴、暗门，都在中卫县城的西南。在中卫县城北，明代的长城也被流沙掩埋，黄恩赐在另首《丁丑春登中卫城》诗中说："浮沙高拥隐边墙，渺渺烟云接大荒。"诗中的边墙，是人们当时对长城的称呼。中卫县城北边不远的地方就有长城，那时站在中卫城头上北望，可以清楚的看到明代长城，当时流沙已经将城北的明长城掩埋，长城变得相当模糊，只是隐隐约约的出现在烟云之中。

腾格里沙漠的流沙不仅将山岗和明代长城掩埋，而且还进入长城以内，久而久之就出现了流动的沙丘。《续修中卫县志》称：县西六七里，沙涌若丘陵者已久。在中卫县城十六七里的近郊，出现了大如丘陵的沙丘，正是腾格里沙漠扩张移动的结果。

不仅如此，流沙还已越过了黄河。由于腾格里沙漠不断南移，在中卫县经常出现沙尘暴，据《续修中卫县志》的记载，康熙年间以后多次出现沙尘暴的纪录。

康熙45年（1710年），3月7日申刻，黄气自县西起亘天，忽大风拨木，坏民居。无昼者四日，官饬民间寒食以防火。

乾隆22年（1757年）六月初六日：黄气由西北起，大风，尽晦，室内点灯其风气触人皆郁然。

中卫钟鼓楼

道光十年(1830年),三月二十八卯时:天忽黑暗,室内燃灯。至午,天复明。

上面记载的异灾,都是现在科学上所说的沙尘暴现象,康熙四十九年(1710年)的沙尘暴先后持续了四天,说明沙尘暴相当的激烈。值得注意的是沙尘暴来自西北方或西方,居民有郁闷的感觉,说明沙尘暴来自贺兰山西部腾格里沙漠的腹心地带,受主风西北风驱动的结果。沙尘暴能够越过贺兰山,是因为贺兰山森林很少,不足以阻挡沙尘暴的移动。

在强烈西北风的影响下,腾格里沙漠的流沙不仅越过了明长城而且也过了黄河到达黄河南岸。《续修中卫县志》记载:飞沙,县西六七里,旧皆沙渍。康熙四十八年(1709年),地震后忽大风十余日,沙悉卷空飞去,落河南永、宣两堡近山一带。县民遂垦复旧(沙)压田百顷。永、宣两堡即河南的永康堡和宣和堡。距离中卫县城分别为30里和50里,永康堡和宣和堡的南面,是海拔1200~1300米的香山。强风将流沙从黄河北岸吹落到黄河南岸,正是腾格里沙漠扩张移动的具体表现,也是流沙转移的重要方式和途径。

现在在香山的北坡上,布满了黄色的流沙,有人认为是黄河南岸就地起沙的结果。从上述历史资料来看,腾格里沙漠的流沙飞过黄河现象,早在康熙四十八年,已经出现,根据当地居民介绍,这种现象至今仍然可以见到。因此,我们可以断定黄河南岸香山北坡的流沙主要来自黄河北岸腾格里沙漠

历史资料来看,中卫县境内的沙尘暴多发生在春季,清代人左琳,在《中卫十二景一诗中有"春风二月不摧花,但搅沙尘渍巾履"诗句。摧花是因为河南山上没有树木花草,"搅沙尘"则是春风强烈的结果。康熙四十九年的沙尘暴发生在农历二月初,也属于春季。只有个别的年份,沙尘暴出现在夏季,例如乾隆二十二年(1757年)发生的沙尘暴,发生在农历六月初,沙尘暴屡屡出现,是腾格里沙漠飞跃黄河的主要原因。

流沙的移动给当地居民生活造成了许多的危害,就清代而言,这种危害主要表现在几个方面。

首先是妨碍交通。从中卫县城近沙坡头长流水西行,是古代由宁夏通往甘肃的必经之地,然而由于流沙范围的不断扩大,从乾隆年间从沙坡头到长流水的

30里，便是沙岭曲折，成为“人马惮行，浮沙没胫”的险途。

乾隆二十二年（1757年），朝廷要求中卫县拨米600石给甘肃，知县黄恩锡考虑到长流水以西，沙多路涩，用车既多，民力实属拮据难以支应。于是上书说：县西四里，阻滞沙山，车不能行，必由河船拉至长流水之冰沟，始上岸推挽。

由此可知在乾隆年间沙坡头到长流水的流沙已成为东西交通往来的巨大障碍，清代末年驿道上原有的馆舍，如上茶房庙、下茶房庙，已深陷在流沙中。

其次是流沙掩没水渠，农田和古迹。腾格里沙漠的流沙越过长城以后，常将水渠、农田湮没，影响中卫的农业耕种，《乾隆中卫县志》说：“近年沙势日逼渠岸，或山水大风，遂为沙累淤塞，岁数挑浚，功力惮焉。”

一年之中水渠多次被流沙掩埋，为了引水灌溉耕种，农民只好不断的疏浚。民力苦矣！流沙给农业生产造成的危害是相当严重的，在《续中卫县志》中，农田被沙压的记载，即流沙将耕地掩埋，其危害更为严重，在中卫县城西北有百余顷良田变成沙漠，虽不是沙压良田的全部，但数量之大，不能不令人惊奇。

最后，也是非常重要的一点，就是腾格里沙漠的流沙进入黄河的问题，自清代以来，腾格里沙漠的移动速度不断的加快，沙漠的前锋已逼近黄河，在河岸上形成了高峻的陡坡，在西北方向风的驱动下，流沙源源不断的落入黄河之中，成为黄河泥沙的重要来源。

黄河中泥沙的增多，便下游河床不断抬高。每当洪水季节，河水溢出河槽，酿成水灾，从清代到民国年间，黄河水患日益增多，与腾格里沙漠的流沙大量进入黄河有密切的关系，这一点尚未引起人们的重视，因此治理好沙坡头地区的流沙，阻止腾格里沙漠的南移，是减少黄河流沙的重要条件之一。

勤政为民黄知县 叙写山河留诗文

当官不为民作主，不如回家种红薯，一说这句话，读者朋友一定会想到七品县太爷，这里讲一讲清朝乾隆年间的中卫县太爷的故事。

清水衙门无花银，
治县六载两袖风。
沙坡头上听沙鸣，
美利渠首勘水情。
昊王宫前论古今，
苏武庙中赞民风。
青史无须载将相，
七品县令册有名。

纳西族之父母官

黄恩锡，字素庵，云南省永北府（丽江清驿）人，纳西族人。他是中卫历史上第一位南方来的少数民族知县。黄恩锡生于康熙五十五年（1716年），卒于乾隆三十七年（1772年），享年56岁。葬于丽江程海北沙嘴。自幼在原籍就读，走科举而仕的道路。他曾说“予自童进学，弱冠教书，为诸生者二十一载。”也就是说他经过了漫长冗繁的科举教育阶段。

乾隆十七年(1752年),上京赴考,参加殿试,这是科举制度中,最高级别的考试。考试结果为壬申恩科中三甲39名进士。虽然没进一甲、二甲,但此结果亦属"金榜题名"。不仅获进士出身的身份,还可被直接推荐做官。

当时的大学士图塔布是此次阅卷官之一,后来他为黄恩锡主编的《中卫县志》写序时说"素庵以名孝廉,来试南宫,为予经房首荐,与列魁选。"经房就是测试对经史的掌握情况,能获首荐,说明黄恩锡文化素质甚高。

图塔布又说"接待间,见其忳挚安详,不徒以文章自炫者流,今以实用期之。"黄恩锡以饱学之才,期待报效国家有所实用。二十年后,图塔布还对他的诚恳、老实、有抱负想做事的印象记忆犹新。

科考中进士,即外放甘肃碾伯县(今青海省乐都县)任知县。由云南边境,千里迢迢来到西北荒僻之地,黄恩锡身为南地少数民族,对于本地生活方式,自然环境,语言诸方面,都存在很大困难,但当这个七品官就是十年,且颇有政绩,实属不易!

乾隆十九年(1754年)调任宁夏府中卫县知县。在任又是六年。在那个时代是很难得的少数民族知县。也是中卫历史上第一个南方来的少数民族的父母官。

乾隆二十五年(1760年)调京升任清朝礼部主事,兼任例馆纂修,充乾隆乙酉科(1765年)顺天乡试同考官。

他为县令时,救灾恤患,筑路缓征,撰修县志,兴修水利,得到当地百姓的赞誉。

他后虽在京都官场中,但对生育他的家乡故土丽江永胜甚为关切,热爱尤佳;曾写《澜沧杂忆词》24首,淋漓尽致地抒发了对家乡丽江永胜的优美景致、物阜民丰的怀恋之情,表达他对家乡大好河山及风物人情的惦念。

黄恩锡多文采,长著述,善吟咏。诗作文集很多,有《忆山诗草》《素庵诗草》等刊行于世。乾隆时的《乾隆永北府志》;道光时的《云南通志》《滇诗略》《滇文丛略》、光绪时的《云南通志》《永北直隶厅志》《中卫县志》等史书文集均有他的著录。

由于时代的变迁,黄恩锡的很多作品均已遗失,保留至今的诗作仅39首,在青海、甘肃、宁夏多有流行。

勤政为民口碑佳

黄恩锡在碾伯为知县时,政绩如何,笔者无从考证。但《中卫县志》收有一首当时西宁府道台纪虚中,为他调任中卫时的赠别诗,他的为政,可见一斑。诗中写道:

只为民贫多惠政,
不因吏俗废新诗。

可以看出因为那地方贫穷,他采取惠民的政策措施,不因为地方官场习气不好而同流合污,废弃自己清廉本色。

岩疆欲试探九猛,
乐水犹传渡虎奇。

这两句诗比喻黄恩锡在乐都那样艰险的环境下,敢于打破陈规,创新工作,赞扬他大无畏的可贵精神。

黄恩锡在中卫任知县,勤政亲民,察恤民情,为老百姓排忧解难。中卫虽受黄河之益。但黄恩锡看到的真实情况是"中卫素称边邑,北连沙漠,南依大山。其水地膏腴十之三、四,而碱湖薄瘠亦居十之二丶三,山旱地亩则十三四。苟非雨旸时若,即山地耕种愆期,收成无望,加以邻境搬运,买食日众,寂粟骤贵,亦其势使之然矣"。

宁夏地处边陲,冬季十分寒冷,缺衣少食的百姓,单衣破絮,无处栖身,有的毙倒路旁。因此黄恩锡也仿京师的作法照例设粥棚施粥。从当年十月始到来年三月止。而且在来往中卫、无衣食的穷人离开时送三天的干粮。

在黄恩锡为知县时,中卫地面无饿殍倒地之现象发生。

他在处理繁忙政务之余,也曾驱车,踏遍古中卫县(包括现中宁县、青铜峡市西部)数百里山川,留下足迹。事必躬亲,为民排忧解难,劝学重农,勤于水利,倡儒兴学。对中卫的天时、地理、沿革、掌故、民情、灾祸,无不一一了解,熟记于心。对于社会问题,自然灾祸,民政实施等能从实际出发,因势利导,因时应对。黄恩锡在中卫任职六年,由于他勤政亲为民,鞠躬尽瘁,中卫地面上,生产恢复发展,人民安居乐业,儒学渐盛,民风转变。昔日多战乱的中卫已"安养恬熙,已成乐土。"他政绩优良,在中卫留下很好的口碑。

他主政中卫期间,正是乾隆平定准噶尔叛乱之时,中卫是边陲之地,处于通往青藏的古驿道上,平叛的清军常与过往,支前补给常要地方接待和筹集,因此黄恩锡也常涉军务。"顾以朝廷方有事准夷,军属旁午,未暇及也",因忙军务,未顾写志。黄恩锡获"军工加二级又加一级,随带记录三次"。

他的同僚,后任都对他的政绩予以中肯的评价。

殚精竭虑编县志

编写地方志是我国优秀的历史文化传统。编修县志历来是知县的一项基本职责。黄恩锡编写《中卫县志》的具体原因是什么呢?他本人如是说:"今庚辰仲夏阳湖蒋大方伯巡视河防,往来中邑,索邑志不获,乃责余曰,子以科第儒生,久宰边邑,与其山川、古迹、民生、吏治独不为加稽考,著述乎?"。

不怪蒋公指责,编写一部"中邑志"是呼之欲出的事,黄恩锡也坦承编写"中邑志"是自己应做而竟之事,他说"虽逊谢不敏,而责无旁贷"。

他说自己:"为诸生二十一再载,亦尝肆力于经史,虽幸获一第,滥膺民社不能进跻词垣秉史笔"。黄恩锡自认为,饱读经史不能为朝廷去专门从事经史的研究和写作而感遗憾。但他认为"今于一邑之志"这样一个机遇,正好实现他的抱负和理想,发挥和施展他的才能。

那么,中卫为什么没有县志?编写一部中卫县志,困难之处有在哪里呢?

秦汉时,沙坡头地区是游牧民族游牧出没的地方,少有历史记载。宋时被夏占据,夏之属地亦少见修志者。至于明朝,这儿时常受蒙古瓦剌鞑靼之侵扰,时局不稳,施行军屯制,明廷未派出地方官,无从说起地方志的编写。

黄恩锡的同僚钟兰枝说"中邑自五代迄宋,沦入西夏,荒灭不可考矣。元置

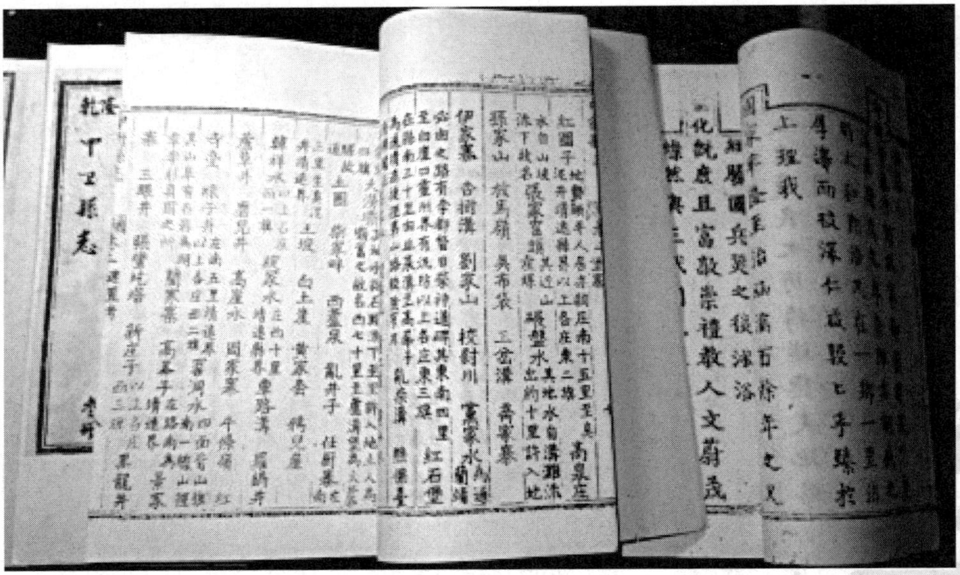

乾隆中卫县志

应理州，明改宁夏中卫，国朝因之，至雍正三年始为县。向所传《应理》一册粗具梗概，前后数百年间，事多散失……”。图塔布也说“五代而后，多沦于西夏，职方记载，皆无得而征焉。”

且如翰林院庶吉士言：“及我朝，改宁夏卫为府。中邑为属县。幅员属百里，渐仁磨义，风俗骎骎日上，彬彬雅雅，科第人文，相继而起，而志乘犹缺未讲。其附见与《朔方志》者不过数条，与时事大相径庭”，这里是说时过境迁，即便有《朔方志》，也无多少参考价值了。

黄恩锡说：“若今之志，应理犹难矣。旧抄半册，本之朔方新志，所载者仅城堡。”而其它事项则没有任何记载。特别是中卫县新置，它的管理范围扩大，增加了香山和广武两地，这两地更是没有任何地方志记载。这些都增加了编志的难度。

但是，黄恩锡知难而进，开始了邑志的编写。

他自任编纂，并约请邑之同僚属下、乡绅大佬、举子生员组成写作班子。其成员都明确规定有采访之责。

黄恩锡殚精竭虑，身体力行开始了《中卫县志》的采辑编纂。他全面考察“山川、草木、云物、鱼鸟之蕃”；“典祀、边防、农田、水利以及人心风俗之征”。

他在编纂中，宣扬国家教化之功效，继承忠孝节义传统，以史传世的思想贯穿始终。正如他所说：“上以表章夫国家百十年教养之休，下阐扬乎忠孝节义之行，以风励之世。窃妄诸陈诗观风之末，俾将来国史，郡乘资采择焉，抑或生乎所学者一时之遗也”。

在编纂中，黄恩锡对于难得采辑的史料，不臆想滥编，“第事事详核，以易心处之”，发扬了历代史家秉笔直书的优良传统。他说：“汉唐迄元珣卷、应理、鸣沙虽相传已州县其地，而官斯土者何人？治斯土者何事？产斯土而著名者何人？皆湮没无可见之迹。杳芒无可证之书，大亦以志不作也。”

乾隆二十五年秋七月，黄恩锡动笔，至十月脱稿。全志共10卷，36目，十万余字。

对于水利，他十分重视，专列《水利》一目，为全志中篇幅最长者。该目对水利做了全面详实的综合叙述，干渠，支渠，灌溉的田亩，都有精确统计。不仅有重要的史料价值，至今还有实际的参考实用意义。其中举十六道渠，对渠的历史、沿革、渠首、渠尾、走向、使用状况以及效益管理维修情况无一遗漏，均列有数据。对于主要干渠如美利渠、七星渠等更是详实有加。其认真严谨，今天读来，其敬业精神和专业素质，不由得令人肃然起敬。

他说：“农田为养民之根本，而农田必资于水利。引河渠，灌溉以卤之区，尽为膏腴。”他还指出：“夫政在养民。力农务本，必先水利。”

他对水利的管理，强调指出，必须依法依矩。他说“前人之立法皆善，后人之率由非难，且民各有心，衣食之源，谁弗念焉。诚勤于其事，察乎其弊，岁身劳而力率之，清厘而实稽之，其为利当何如？” 志中对美利渠、七星渠，改建冯城沟环洞等重大农田水利工程事件，均勒原石金文以记，昭示于世。

时过八十年后的知县郑元吉评价说：“素庵（黄恩锡）留意水利，引河决渠，法可谓详且密矣。” 黄恩锡还对许多水利具体技术问题也十分了解，有创新。说黄恩锡是清中期的水利专家当之无愧。

中卫高庙

书中对中卫的民风习俗予以相当关注。志中述："中卫人性勇悍，以耕猎为事，孽畜为生。今考中俗，朴厚强力，士业诗书，能取科第，有衣冠，文物之风。贫则躬自耕凿，逐末者少。儒童肄业，惟春冬居馆，夏秋大半从父兄治田，皆耕读相兼云。"黄恩锡就此十分感叹，他说"移风易俗，天下以宁。而积习锢蔽，牢难遽破。所恃以挽回风会者，惟绅士望族，勿为踵事之增，常思古风之俭，以孝弟力用植其本，以忠信敦睦教其家。还醇返朴，讲究四礼，崇尚六行，其挽颓靡而愈臻善俗。"他这段话发人深思，对今日之精神文明建设无不裨益。

方志中列写景观是我国写志的优良传统。此举无疑是为地方打造一张永久的名片。黄恩锡平素理政中十分重视山川名胜，常吟诗以记。此次写志，他于精心考察。之前，中邑有所谓"十景"，黄恩锡经过一一考察，觉得已有变化，有的名不符实，有的拟题不佳。于是予以改造更新，提出"十二景观"即：

青铜禹迹、河津雁字、香岩登览、星渠柳翠、羚羊松风、官桥新水、牛首慈云、黄河泛舟、石空灯火、暖泉春涨、黑山晴雪、炭山夜照。他对每一景观都有详细备考，描述，文字十分精采，有的还配有诗作。

例如，关于“黄河泛舟”他说，明志“黄河晓渡”黄恩锡曾于晨晓多次渡河，除见春风秋雨，浊涛拍岸，并无奇可取，他考查境内黄河，乘一叶扁舟追波逐浪。清风拂煦，水花镜人，时见凫鸥嘹鸣，舞于河洲芦浦，蓑笠渔人，坐于苇蓬小舟之上。悠然举网得鱼，柳依人绿，岸上桃花映水红；绿黄浓处，村舍隐约如画，此景此情，令人流连忘返，因此，将原景改为“黄河泛舟”。又如，黄恩锡为“炭山夜照”这一景观留下美好的诗句：

烈矩西南烟最张，
千秋遗照在遐荒。
因风每似添霄烛，
经雨何曾减夜光。
隔岸分明沙有路，
临流炳耀离为方。
万家石火资余烈，
雾锁炊烟十里长。

黄恩锡以长于文章，善于吟赋为著名。《中卫县志》在艺文目中收录了许多有艺术鉴尝价值和历史研究价值的文章和诗篇。其中许多都是他的作品。

其中重要的，也可以说是艺文卷中的压轴之作是黄恩锡的《竹枝词》。

“竹枝词”是流传在四川等省的民间诗歌的形式，它可以多样事物为题材，以灵活的上下对句来表现。

黄之《竹枝词》选材多样，内容丰富。从渠工河防、农产特色、百姓民生……无一不包含，是难得的18世纪中卫社会的百科全书。从艺术上看，全词描写具体形象，但又概括精炼。语言直朴，明白易懂。

无奈流沙为忧患

黄恩锡对于中卫流沙之危害忧心忡忡，志中做了如实的记述。他曾多次登

上沙坡头考察，写成《沙坡吟》传世，这是古人唯一直接吟诵沙坡头的诗篇，而且艺术性强的上乘作品，且列出以飨读者。

《沙坡吟》

世路有艰难，曾闻蜀道褊。
今我来朔方，驰驱愧路蹇。
方谓得坦途，轻车无滞蹇。
忽为暗门西，积沙竟成巘。
轮辕去弗庸，满足没人跣。
登登随马迹，盘盘因峰转。
据鞍心已烦，步迟为沙软。
忽复暴风至，沙砾向空卷。
仰看天欲昏，河流声莫辨。
俯视下深测，失足虑不免。
努力奋跻攀，尘消途渐显。
回首烟荡中，阳光映东岘。
沙尽马蹄轻，郁怀乃自遣。
心嘉汗血功，应重骅骝选。
行堪驰大漠，任将骥足展。

此行，黄恩锡亲身体验到了沙坡头沙漠之广袤，沙暴之迅疾，行旅之艰难，责任之重大。这是诗人亲履其地，“沙尽马蹄轻，郁怀乃自遣”的内心感叹！在《丁五春日登中卫城》一诗中，黄恩锡写到：

浮沙高拥隐边墙，
渺渺烟云接大荒。
山引贺兰峰积翠，

河通星宿水流黄。

羽书绝塞驰飞檄，

风火何时靖虏疆。

万亩即今生计重，

在这里，他看到了流沙已经侵袭到县城，把“靖虏”“课农桑”相联系，可以看出他对流沙危害的极大忧虑，但也无奈的心情。

遍访山河求之实

黄恩锡施政，不因袭旧制，不只唯上，一切从实际出发，实事求是，因时宜地，作出有益于国家百姓的决断。仅举几例。

乾隆二十一年（1756年），兰州府来公文说，属于中卫所属的狼嘴、七颗树两处洞口，有官员报告铅沙（铅时为铸造器皿重要物资）丰富，开采不会影响山民的房屋。还称“铅斤最关紧要，必得广为开采”。黄恩锡面对上司的压力，不是简单回复，而是深入现场先进行调查。原来是不法民商勾结官府人员乱开乱采，谎称铅丰有利，套取官府资金投入以饱私囊。他明确表示，此两处铅贫无开采价值，且破坏环境，影响百姓生存，应予取缔这种非法开采。并建议兰州府严禁开采，告示社会。

黄恩锡到中卫任职，发现自乾隆五年到乾隆十五年，这十年间，因为河岸堤填崩溃淹没许多良田，绝产无收，但前官府仍按旧定的规定收取田赋，逐年累积，多数百姓无计，已弃田逃离，造成官府册上空账，如继续为之，后患无穷。因此上报应据实重新核定，予以注销减免。

乾隆时，中卫、朔方、灵武等地要往甘肃凉州等地拨粮，数量巨大，之前都是由朔方将粮押送广武，灵武押送中卫，然后再由中卫组织押送到终点。这中间无疑耗时费工，加大了运费成本。黄恩锡上书兰州府予以改进。

每年征收粮赋，百姓要到为数不多的几个仓房去缴，延时误工，百姓负担加重，苦不堪言。黄恩锡针对这情况，对上陈言，可以就近设仓征收。

杞园解难枸杞红

枸杞子自古就被称为“生命之树”。明代药物学家李时珍在其《本草纲目》中说：“春采叶，名天精草；夏采花，名长生草；秋采子，名枸杞子；冬采根，名地骨皮。食枸杞气可充，血可补，阳可生，阴可长，火可降，风可祛，有十全之妙焉。”

枸杞是宁夏五宝之一，其中尤以中宁枸杞为最。这里有充足的阳光，有效积温高，昼夜温差大，六盘山与黄河交汇处的山洪冲积土壤矿物质含量极为丰富，水质独特，正是这一独特的“塞上江南”地理环境和小区域气候为枸杞生长提供了最优越的自然环境，以粒大色鲜、皮薄肉厚、口感纯正、甘甜爽口的特点闻名。宁夏中宁的枸杞在全国同类产品中都是出类拔萃，遥遥领先的。也是唯一被载入新中国药典的枸杞品种，因此，素有“天下枸杞出宁夏，中宁枸杞甲天下”的美誉。

枸杞自古以来便在沙坡头大地繁衍生长。明清时，种植枸杞，以园家植，已成为当地百姓的一大副业，有专业杞农，专置的杞园。黄恩锡到宁夏中卫任知县，十分重视这一地方特产的生产活动。

有一年盛夏，枸杞已挂果泛红，黄知县带了几个衙役来到宁安堡（现中宁县）。到了一处枸杞园，便向守在枸杞园的几位杞农打招呼。只见杞农个个愁眉苦脸，无精打采。有一老者报告说，这是因为枸杞长满蚜虫，为害快要成熟的枸杞，所以大家发愁，枸杞是杞农一年的乞盼。

黄知县进了杞园观察，果然枸杞上沾满绿色细小的蚜虫，他想了想，喊来随行的衙役用盆子端水冲洗，他也挽起袖子和衙役一起干活，一直干到天黑。

第二天，他来到杞园一看枸杞果上的蚜虫没有了，但枸杞树还在流淌“旱油”。这是因生蚜虫，树上产生的一种粘性很强的液体，对枸杞生长危害很大，用水冲洗不掉，怎么办呢，他看旁边一位老拿里拿着长长的旱烟杆，于是要了过来，把烟杆中的“烟屎”掏挖出来，放在水盆化开，然后用刷子蘸了这种烟水，往枸杞树上一刷，稍过一会，那“旱水”没消逝了。黄恩锡大喜，就召集大家把旱烟叶找来用大铁锅熬成水，然后喷洒在枸杞树上，这样蚜虫几乎全被杀死了。然后再把枸杞园里放满水，大家相互泼枸杞树，等把枸杞树泼洗干净后再把园子里的水放

中宁枸杞博物馆

到渠里。过了几天，枸杞园里的病虫害彻底消失了。杞农奔走相告，纷纷采用黄知县发明的方法，宁安堡的枸杞因为没有蚜虫之害获得丰收。看到枸杞树重新焕发出青春，绿叶如茵，红果似霞，满园喷香，黄恩锡即兴写下一首《竹枝词》。

六月杞园树树红，
宁安药果擅寰中。
千岁一斗矜时价，
绝胜腴田岁早丰。

苏武庙前知民情

黄恩锡到任第二年秋时，到香山寺口子，看见当地牧羊人正在庙中祭祀苏武，不由好奇，便与之交谈。

牧羊人告诉黄知县，庙中苏武像为先人用肉泥塑成，灵应而应有知觉，如果碰破，便会流血，羊群也会遭到报应而覆灭。所以他们岁时祭祀都是诚惶诚恐，只能顶礼膜拜，而不动手触摸，倘有闪失，必遭报应。

黄恩锡听后，不由对地淳朴的民风大加赞叹，感慨之余即赋七言绝句一首，流传至今。

破庙寒山野草风，
牧羊尤解祀苏公，
汉廷自返羁臣节，
笑把荒唐问野翁。

旧路断续人依行
世事流转谁评说

长城依旧河山碎
黄河一怒有绝唱
北坡乌鸣草木稀
南畔鱼焉禾苗荒
碳山煤夫十指黑
街阜商贾九户觞
乌云一散中日红
河山焕新慨而慷

辛亥革命在宁夏府

清代宁夏是甘肃省的一个府,治宁夏府城(今银川)受陕甘总督辖管。素称“关中屏障,陇中咽喉”之称,战略地位十分重要,宁夏地处河套地区,向有“塞上江南”之美誉。

所以这里的时局会受到省城兰州的影响,甚至也会受到西安的牵扯。当然宁夏府的政治形势会影响其辖属各县。

辛亥革命前的宁夏府所辖管的地区,已有一定的反清思想影响和基础。

当时宁夏府统治大权掌握在满营将军台布、镇台张绍先、知府庆隆等一批昏庸贪腐的满汉官吏手中。他们残酷压迫和剥削宁夏人民,施行苛捐杂税,高利贷盛行,田地多种鸦片,粮食减少,人民处在水深火热之中。加之清政府经常制造民族矛盾,社会局势极不稳定。

此时,外国势力也已经渗透到宁夏,银北地区就发生过"下营子教案",宁夏群众反清灭洋的思想情绪强烈,先后在银川、平罗、灵州、中卫等地秘密结社,建立帮会组织。当时在宁夏境内先后建有“贺兰山堂”“金龙堂”“西泉山堂”“武威山堂”“铁血山堂”等哥老会组织,会众已达数千人。

1911年,武昌起义打响了辛亥革命的第一枪。

是年10月,兰州同盟会会员刘先质奉命来到宁夏,联络哥老会众,宣传孙中山“驱除鞑虏,恢复中华,建立民国,平均地权”的革命纲领。同时把分散在宁夏的哥老会会员团结在同盟会周围,各山堂首领高士秀、刘华堂等百余人参加同盟会,成立宁夏革命同盟会支部,由刘先质负责。

10月22日,陕西同盟会在西北率先响应武昌起义,西安“通统山堂”龙头大爷占领西安,组成陕西革命军政府。陕西新军都督张云山发”鸡毛传贴”,督促宁夏的会友火速起义,作为策应。

11月14日,刘先质、高士秀见信以后,立即于府城东岳武庙,召开紧急军事会议,进行起义的部署,要求各山堂从速组织会众,准备起义。

会议推举刘先质、高士秀为正、副指挥,并决定兵分东西两路。高士秀指挥东路军孙学文,朱光科协同攻打灵州、横城、吴忠堡、花马池等地。刘华堂、刘复泰、负责西路军,攻打宁夏县、宁朔县等地。

11月17日,根据“岳武庙会议”布署,高士秀来到灵州,晚间攻占了灵州,义军宣布成立了灵州革命军政府,推举高登云为大元帅,马连第为副元帅,杨忠厚为参军,义军暂编为五个营,拥有两三千人。

11月19日,刘华堂同夏梓也在府城举事,宁夏巡抚官刘照黎、镇台衙门教官刘复泰分别率警士和卫士百余人响应,城内贫民四五百人也相随而起。同时刘华堂带领部分军民围攻中营衙门,枪杀代理镇台贺明堂。接着围攻城内左旗营盘,营内士兵对空鸣枪响应。刘复泰率军民攻打宁夏县衙。一夜占领了县衙及营地,并打开监狱,释放所有犯人。

宁朔知县高秉彝带领汉、唐、惠、清等四渠委员投降义军,府地光复。同时,军民"南路策应队”先后占领大坝、叶盛、玉泉营、广武、中卫等地。平罗县城的义军也光复了县城。

1912年1月23日,“支那革命军政府”正式宣告成立。宁夏军政府成立后,在府城镇压了原城守营都司多伦岱、理事厅同知文升、宁夏县典史曾善全、汉延渠局长王文郁等,社会秩序很快得到回复。

当时正值冬灌时节,军政府命令相关人员组织开闸放水,督促灌溉。秩序井然,为第二年的农业生产打下了良好的基础。

灵州、宁夏府城等地的光复,使陕甘总督长庚、陕西巡抚升允十分害怕,他们急忙调动在陕甘的清军,兵分两路,水陆两路并进围剿宁夏。由马麒统领骑兵(西军)沿黄河岸直趋宁夏府(银川)。

1912年1月初,宁夏府被清军攻陷,清军"敞刀三日”,大肆烧杀抢掠,无恶不作。城中百姓深受其害,死伤1400多人。接着,中卫、平罗等地也相继失陷。宁夏辛亥革命失败。

辛亥革命在中卫县

中卫是属宁夏府辖管的一个县,1890年前后,中卫出现过“神助拳”等义和团组织。1894年,中卫出现哥老会的组织。开设“山堂”发放“票幅子”(会员证)。

会员证以板刻兰色印成。上面印有哥老会"山、堂、香、水、”四句俚诗:“西泉山前万里长,大佛堂中放毫光,万寿香景为古传,昆伦水流到东洋。”背面还印有:“血心共立,立国安帮,异姓同脆,共立朝纲”。还有堂联:“聚西北豪杰为华族请命,合世界大同让平民出头。”这些内容充满强烈的反抗精神。

当时入会的人有李全武、吴桂,王怀玉、殷全忠、王道、田发、徐怀庭等,会员增加很快,遍布全县。

1899年,孙中山先后派人深入长江流域联络哥老会首领。并亲拟“万像阴霾打不开,红羊劫运日相摧,顶天立地奇男子,要把乾坤扭转来”的歌词,作为起义联络的暗号。通过水旱码头传到了宁夏府所属各县。于是宁夏的哥老会更鲜明的提出:“手提钢刀九十九,杀尽胡儿方罢手。要去这根猪尾拖,暗将种子社会普。”

在灵州起义成功后,中卫县的哥老会人吴贵、殷全忠、田发、何占彪等人闻风而动,他们把守城用的火炮,“抬枪”“长龙”等武器架设在县衙门口,准备起义,箭在弦上,一触即发。

这时,清代末任中卫知县赵先榘等官吏都吓慌了手脚,他们既不敢逃跑,又不敢抵抗,只好央请县城绅士与会党进行谈判。这些绅士百般阻扰,说知事和那些绿营,不堪一击,可是战事一开,要生灵涂炭,百姓遭殃!绅士们泪水一把,鼻涕一把,头领不知如何是好,几经犹豫,最后答应了绅士们的要求,没有开打。

一场准备的轰轰烈烈的起义就这样无声无息的结束了。

辛亥革命发生的次年,中华民国成立,宁夏改建朔方道,辖中卫等八县。

宁夏辛亥革命失败。辛亥革命推翻了中国最后一个封建王朝结束了两千多年的封建君主专制制度,其历史功绩是伟大的。但是革命的成果最后却被封建军阀袁世凯篡夺。西北地区的清朝遗老遗少也纷纷身一变,保皇派变为共和派,他们相继脱去清朝的朝服,换上民国的制服,剃掉了头上的辫子,又坐起民国的官来,继续把持着甘肃官场和控制着地方武装。二十多年后,宣侠父、范长江进入宁夏还看到前清的遗老遗少在大街威风凛凛徜徉的怪状。

回族高官马福祥就是其中一员。他不仅吞食了宁夏辛亥革命的果实,还与他的子侄们长期统治的宁夏地区,形成一支全国闻名的宁马回族军阀集团。

沙坡儿女——旅平学生会

1919年五四运动发生,旅北平中卫籍学生返乡,散发传单书刊,宣传新文化。1927年,中共宁夏特别支委成立,支委中王兆卿等就是中卫人。

1928年前后,中卫籍的张子华(王绪祥)、孙殿才、李天才、王兆祯等考入当时的宁夏一中就读,加入中国共产主义青年团,是宁夏革命史上第一批共青团员。这些在宁夏(银川)就读的学生和支委的成员来往密切,受到革命影响和教育。

1930年,学校发生著名共产党人杜润芝领导的学潮斗争,进步学生孙殿才、李天才、梁光富(梁大均)、征克菲、王兆祯等是这次学潮的中坚分子。王子兆祯等受到深刻的革命教育,初涉党领导下的革命斗争。他们先后都到北平深造就读。

早在1929年,宁夏籍学生袁金璋(中卫)、雷启霖等人已在北平就读。为了联络感情,团结同学,砥砺学识,探讨桑梓各项建设,建议和督促地方政府更好地治理宁夏,发起成立了宁夏旅平同学会。袁、雷二人成为同情革命、接受共产党领导的革命民主人士。

1930年,张子华、孙殿才、闫廷栋等十多人旅平求学,加入了同学会。

为了进一步深造,追求进步的社会潮流,1931年春天,王兆祯同后来成为宁夏著名教育家的徐梦麟等一批宁夏籍学生来到北平求学,也加入同学会。这两批人员的加入,壮大了旅平学生会阵容,人数已达60余人。

他们中的张子华、孙殿才、闫廷栋和王兆祯等人先后都加入了中国共产党,并受命于中共京津地下党组织,组织工人、学生,开展革命斗争。宁夏旅平同学会成为以中共党员为中坚力量的爱国、反帝、反封建的进步青年学生组织。

九一八事变后,日本帝国主义的侵略和蒋介石的不抵抗政策,激起全国人民的无限愤慨,北平学生组织起来南下请愿,宁夏旅平同学会的成员积极热情的声援参加。

反帝大同盟成立,张子华、王兆祯等任北平东区军委负责人,他们秘密和闫廷栋联系,传达组织指示,布置工作。

1933年1月,日本帝国主义侵占山海关,同年2月又进攻热河。5月,冯玉祥、方振武、吉鸿昌等爱国将领冲破蒋介石的阻挠和破坏在张家口组织察哈尔民众抗日同盟军。张子华受全总华北办事处指示,动员王子端及其他宁

马鸿宾

夏籍学生多人前往张家口参加察绥抗日同盟军，后因孙殿才东进，未能找到而又返北平复学。

不久抗日同盟军被蒋介石瓦解。张子华又发动宁夏籍学生参加孙殿英部队，将王子端留在孙部，在党的北方局领导下做孙殿英的工作。

之前，孙殿英曾商谈和冯玉祥抗日同盟军联合抗日，蒋介石唯恐冯孙联合，遂任命孙殿英为青海西区屯垦督办。中共北方局利用这一机会策划孙部进军宁夏，推翻马鸿逵反动统治。与陕北红军和杨虎成的西北军共同经营西北，另外，进一步打通新疆国际路线。于是派出共产党员南汉辰、常立夫、刘继曾等人到孙部担任顾问从事政治工作。但当孙部向宁夏进军时，蒋又电令西北"三马"堵截，以坐收渔翁之利。

同年9月，张子华、孙殿才受党组织指示，动员宁夏旅平学生谈尚彦、樊应福等人参加孙部，还给孙殿英写了一信，让已先在孙部的王兆祯，通过他认识的一个旅长转交给孙殿英。随之，王子端等人被孙委以军职，随军赴宁，担任向导和联络工作。

当孙军进入宁夏北部石嘴山一带时，根据党组织意见，王子端积极联络李冲和、叶松林等地方力量予以支持，安排二人会见南汉辰，并组织反马力量成立政务委员会，筹办粮草支援孙军。

孙殿英也给梁绍武、郭栓子地方武装力量发了枪支弹药。此间，王兆祯为了贯彻执行党组织既定的方针，充分利用自己的特殊身份，协调各方，努力工作。孙军很快占领了宁北各县。1934年1月，杨虎成将军派常黎夫(共产党员)和孙军联系，共同提出"反对内战，一致抗日"的主张。

面对孙军的西进，蒋介石十分恐慌，又一再电令"三马"、胡宗南和朱绍良共同截击，孙军久攻宁夏城不下，发生内讧，部队纷纷倒戈投马，其他地方武装随之溃散。孙军历时三月的进取宁夏的战争宣告失败。党组织通过旅平学生会利用孙殿英反马战争建立宁夏地方武装的计划落空。

王兆祯即秘密返回中卫老家躲避马鸿逵的追捕，家人也受到牵连和迫害，被封门达一年之久。1934年春，在家人的掩护和帮助下，王子端趋平凉到西安，经陇海线又到了北平，和张子华等人重新取得联系。

这年冬季，国民党北平市党部以“共产党嫌疑”，在西单“顺天公寓”将宁夏旅平学生十余人逮捕，其中有王子端。经斗争和各方营救，被捕学生陆续获释。宁夏旅平学生会的成员没有辜负宁夏乡亲父老的期望，追求进步潮流，参加革命斗争，有的英年，流血牺牲。为共产党领导下的民主革命的成功，做出了巨大贡献。

沙坡儿女——孟长有、张子华

1932年，共产党人谢子长、杜润生领导的陕甘宁工农游击队在海原、靖远、香山一带活动，中卫人刘安国、孙绍唐参加游击队。

此后，中共地下党，开展革命活动，宣传抗日救亡。抗战前夕，中卫中学在宁夏颇具名气。一批进步知识分子相继聚集到这里，师资雄厚，因此当时宁夏地下党组织把党的工作重点放在城镇学校的知识分子中，开展宣传活动，发展革命力量。“西安事变”后，实现了第二次国共合作，中卫中学也就成了中国共产党宣传革命、教育群众，在青年学生中培养革命骨干的秘密阵地之一。抗日战争年代，中卫中学为宁夏的抗日救亡活动做出了不可磨灭的历史性贡献。

在如火如荼的革命斗争中涌现了一批英勇奋斗坚持斗争坚持革命气节遭遇困难之后保持革命气节，视死如归，贡献出自己的宝贵生命。其中崔锦岳、孟长有、马文良三人就是宁夏共产党员中杰出代表的。

孟长有，中卫柔原人。早年求学期间，接近进步组织，并积极参加进步活动，后去延安学习培训，1928年参加共产党。

1940年在同心县，以教师身份为掩护进行革命工作，因宁夏整个组织遭破坏，被叛徒出卖，被捕关押在银川监狱，和同狱的崔景岳紧密配合，坚持展开斗争，始终英勇不屈，壮烈就义。就义时高呼：“共产党万岁！”。解放后，被追认为革命烈士。

张子华，中卫中宁县恩和人。他的一生具有传奇色彩，青年受共产党人影响，参加学生运动，1930年加入共产党。后又参加和领导华北工人运动。组织在北平的中卫籍学生学习革命理论，介绍参加组织。

受组织派遣参加国共两党关于建立抗日统一战线的谈判。出色完成工作任务，受到毛主席的表扬。此后一直参加中国共产党抗日统一战线工作。1938年，在延安蒙冤隔离审查，1942年病死狱中，年仅28岁。

1983年，中共中央组织部作出结论，充分肯定对革命工作的贡献，恢复名誉，承认党籍。随之，中共宁夏回族自治区党委也做出相应的组织决定。

社会名流与沙坡——冯玉祥

冯玉祥是中国现代历史上，大家熟知的人物，关于他的故事，社会上流传很多。把末代皇上溥仪从紫金城城里赶出去的正是他之所为。

1926年9月17日，冯玉祥率部在内蒙古五原誓师加入国民革命军，并就任国民联军总司令，决定由宁夏入甘援陕，先解西安之围，然后东出潼关和北伐军会师，实现总理遗嘱，继续完成辛亥革命大业。

1926年11月进入宁夏，先抵石嘴山，再进宁夏府城，驻扎停留二十余天后，于12月20日，离开宁夏府城，向南经宁安堡（今中宁县城）、固原等地，向甘肃平凉进发。

当冯玉祥乘车至中卫县所属宁安堡（今中宁县城）小东门外时，由于宁夏引黄灌区农田冬灌刚过，道路低洼处积水尚存，汽车陷入泥坑中。当地群众闻讯，牵来几头黄牛，拴上绳套，牛拉人推，齐心协力将汽车拉出了泥坑。对此，冯玉祥十分感动。

冯玉祥

当晚，冯玉祥留宿宁安堡。因当时此地无旅社，地方士绅便迎冯玉祥至宁安堡正行公号商店的客房住宿，并为冯玉祥设宴接风洗尘。该店经理田鑫坡系天津人，因卧病在床，未能出陪。冯玉祥询知其情，唤人引入田之病室，田起身拱手相迎，二人交谈甚欢。

冯玉祥离去后片刻，忽来一位军医，对田鑫坡说："承冯公嘱，前来为君治病。"田问其姓名，军医说："我，张疯子也。"遂就田之病状，诊脉问情，并连写处方三剂，嘱田连服。

次日早饭后，冯玉祥复来看望田的病情，并手持自书对联一幅、条屏一，赠田以作纪念，田鑫坡感而流涕说："我将何以报答将军？"冯玉祥不答，挥手告别。田展联观之，上书：

英雄未必难成佛，隐士何曾不爱名

条屏系冯玉祥自作小诗一首，诗曰：

同胞苦，同胞之苦如黄连，压力千钧难自便。
厘卡遍地如林立，巡丁司事亿万千。
凶如豺狼毒如蛇，一见财物口流涎。
我拯斯民更兴师，挡荡毒雾见青天。

末署"焕章冯玉祥诗并书"。此诗句通俗清新，书法苍劲有力，爱国爱民之心，跃然纸上。

冯玉祥留宿宁安堡当晚，在晚饭后还接见了宁安堡堡长，走访了几户农民家庭，闲话家常，了解民情。

第二天，召开了民众大会，冯玉祥在会上发表了热情洋溢的讲话，宣传国民革命军的宗旨，称赞群众中益藏着极大的革命积极性，感谢大家对他的支持，就是对北伐战争的支持，因为他现在是北伐战士中的一员。散会后，冯玉祥向宁安堡民众频频招手致意，一直等到民众散尽，才依依不舍地登车启程。

社会名流与沙坡——宣侠父

宣侠父（1889—1938），浙江诸暨县长澜人，是著名的共产党人，社会活动

宣侠父著《西北远征记》

家。早年投入反帝反封建的活动，并热情学习和宣传马克思主义。1925，宣侠父经浙江党组织的介绍，到北方李大钊处工作。李大钊又派遣宣侠父以国民党员的公开身份带领一批共产党员赴张家口冯玉祥将军的西北军进行政治工作。

宣侠父在冯玉祥的西北军工作期间，他以充沛的热情和旺盛的精力进行了大量工作，一方面和冯玉祥基层军官广泛来往；另一方面又利用办俱乐部、图书馆、训练班的形式，上课、演说、教唱歌曲，广泛的接触广大官兵，向他们宣传孙中山的新三民主义和三大政策。为把这支军队改造成国民革命为宗旨的军队，做了大量的启蒙和组织工作。同时，还在西北军的和西北地区秘密宣传马克思主义，创建共产党的地下组织。

宣侠父曾随西北军刘郁芬部远征甘肃跋涉几千里沿途播下革命种子。之后受党的派遣参加了抗日救亡运动，参与抗日同盟军的工作。1935年，党又派宣侠父到香港进行上层统战工作。1937年，受党的派遣到西安从事抗日民族统一战线工作。1938年7月，遭到了敌特的秘密杀害。

1925年，甘肃陆军第一军第一师第一旅旅长李长发自称军长，赶走北洋政府任命的甘肃督办陆洪涛，北洋政府任命冯玉祥为甘肃军务督办前去镇压。冯玉祥又任命刘郁芬为总指挥代行甘肃军务督办西征。刘郁芬是西北军第一军第二师师长。

宣侠父随刘郁芬赴甘肃是从包头进入宁夏的。后来，他把这段经历写成《西北远征记》一书。这本书成为我们了解和研究宁夏在20世纪初，社会政治经济状况难得的历史资料。

西北军首先进入磴口(归宁夏),然后到了下营子。再到平罗。之后,刘的大部队到了宁夏城,也就是今天的银川。宣侠父深入到群众中间散发传单进行演讲,到学校去和青年学生交流。然后宣侠父随部队经过王太堡、广武,然后进入了中卫县。

要知道今天从银川到中卫坐车一个小时就到了,可是那个时候是靠着双脚跋涉的。宣侠父在书中这样写道:

中卫县的成果乐在眼界中。依然先见壮伟的城楼。这些观瞻,使我怀疑黄河上游的文化,完全钟毓在城楼上。从丹垩如新的雉阁和护心雕中更可以看出过去时代的人们崇拜赞美战争的心理。

在南门外扎下了营寨,斜日犹未近西山,中卫县知事出城来谒见刘氏,两名亲兵,都辫发长垂,在车前奔走,内中一个亲兵高捧着长达五尺左右的旱烟杆。另外一个拿着旱烟袋。从这幅稀奇的仪仗里,我们可以推测甘肃一班的政治状况了。

后来杨耀东告诉我,县知事赵某,是旗人,任中卫县的七品正堂已经11年了。他的父亲长庚曾经荣任陕甘总督。

在中卫休息一天,宣侠父随部队即向沙坡头进发。傍晚时分就到了沙坡头。他写道:

这是一个后依沙山的小村,黄河在村前湍急的飞奔着,水深怒吼如雷。当夕阳下山时,混合马嘶声、号角声、人语声,另成一种悲壮的情调。

翌晨,人马出发,部队都爬沙山前进,仅仅司令部的官佐,乘船逆溯急流而进。方头的大船十多个人拉着纤,平均速力每小时不过两里,一步一步沿河前进。北方人真可说是陆地的英雄,有许多军佐,在浪花飞溅中,就惴惴然恐怕葬身鱼腹,动作不知不觉的拘谨起来了。

走了十多里。已经过了沙坡，沿着山沟西进，到达了称为长流水的山村，村在众山之颠，风毫无阻挡吹入我的衣袖，入夜，更觉得寒风袭人。

这是宣侠父笔下的沙坡头。

宣侠父称，沿途所看到的农作物除了小麦以外，只见普遍种植的罂粟。他对此表示了极大的忧虑。

社会名流与沙坡——范长江

20世纪30年代的中国。内忧外患严重。为了了解抗战大后方的西北地区历史与现状。研究红军长征北上抗日对整个政局的影响。1935年7月开始。著名新闻工作者范长江以大公报特约通讯员的身份。对西北地区进行了历时十个月的考察。写成《中国的西北角》一书。

1936年4月28日，范长江搭乘牛皮筏子从兰州顺黄河而下进入宁夏采访旅行，出黑山峡到了中卫县小市镇煤窑湾和水路码头——新墩上岸。范长江这次黄河漂流，十分惊险有趣。29日抵达中卫县城。

5月2日，范长江搭乘长途汽车抵达宁夏。在近一个月的宁夏考察旅行期间，范长江走访各界人士，对当时宁夏社会各方面的状况进行了深入地调查研究，写成《宁夏民生的痛苦》《宁夏的纸币，鸦片与宗教》等文章发表。

范长江

这里介绍范长江经过沙坡头的见闻。他写道：

最后一日的水程，只有20里就到中卫县水路码头的新墩。筏近新墩，即可以看到黄河西北岸互相联络的圆形大碉堡。红色的外表，成排密接的枪窗，使人望而生畏。据记者在西北各省所见碉堡而言之。当宁夏省中卫境者为第一。如登新墩岸上视之，则坚牢之大碉堡群大约以五里之半径环拱中卫。此种碉堡之作用，当在防止红军之渡过黄河。就中卫一地而言之。宜成难攻不落之形势。惟碉堡之修。并有所守。如社会经济日蹙，民生日困，则祸乱起于萧墙，边境之防御工事，无所用之。

新墩距中卫城五里，墩之对岸尚有未灭之火山，夜可见光，日可见烟，闻烟火中有异味，近之则能立刻使人昏倒。

范长江著《中国的西北角》

他对沙坡头也做了生动的描述。

这是兰州到宁夏（今银川）水路交通之枢纽。且东可以过黄河以通固原，平凉、庆阳、环县，西可以过沙漠达永登，再由永登西通青海，北上凉州，故军事与商业皆为要道。

范长江熟悉沙坡头的历史。他说：

唐宋时所谓鸣沙洲即此。因中卫城西有沙山，人如自山上滑下，沙中作雷鸣之声，与敦煌之鸣沙山同其情景。

进入中卫城中，此时城内正在翻修下水道，所以城楼庙宇亦在大事改造之中。遗憾的是记者参观无缘。

但他以记者的职业眼光观察到翻建工程中的问题,发出感叹。他写道:

> 各种苦力。如制土砖,用土砖,砌墙壁……等,皆以士兵为之。只有关于细微技巧之处,始雇工匠,故此等士兵对于土工、木工、石工之中下级工作,皆以熟练,其灵巧者,直以变为纯熟之工人。唯待遇方面似乎甚差,士兵之衣服,表现为千缝百补之穷像。
>
> 黄河到中卫以后,因为山势之开展,故黄河之两岸。冲击成肥沃的平原。自秦汉以来,渠政早兴,引黄河水之灌溉,水旱农作皆甚相宜。惜因对内交通不便,经济文化,皆无甚可言者。
>
> 即以中卫而论,县党部民众书报阅览室中,仅有厚厚的灰尘蒙蒙盖下的几本旧书。除宁夏甘肃省党部的民国日报各有一份外,只有一年前的天津大公报两张。

当年中卫文化之落后,记者寥寥几笔即表现无遗了。

范长江还记述了他和筏工们依依惜别的情景。其中还转引了筏工常用的一个词汇“破翻”。这“破翻”其实是中卫方言,颇具文言词味道的“颇烦”,即十分的烦恼。

社会名流与沙坡——白寿彝

白寿彝是著名的回族历史学家教育家社会活动家。

1937年7月至10月,国民政府组织西北考察团,很多著名的学者和专家参与,白寿彝就是其中之一。考察团从北京出发,对当时的绥远省、宁夏

白寿彝的著作

省、甘肃省、青海省的社会状况、民族宗教、风土人情、经济建设。文化教育、社情民意等多方面进行了考查与访问。

白寿彝一行,在宁夏由北到南进行考察和访问活动,有详细的记述。其中到今中卫地区活动情况是:

看到中卫盛产枸杞,他了解到每年枸杞的产量越好,收购价格变越低。出现谷贱伤农的现象。

他十分关心教育,考察了中宁县的小学。(注:民国二十二年(1933年)12月,从胜金关、山河桥以东析置中宁县)

他察看了中宁(应为宁安堡)城墙,城墙南门写着:“南瞻秦陇”东门写着:“东迎丽水”。不是这位大学者的记述,这一历史的陈迹,已与尘俱灭,我们今天还能看知晓吗?

当时马鸿宾的81军驻中宁,8月7日上午,“谒马子寅(马鸿宾)未遇”

他还记叙,渡黄河到石空大佛寺游览,归途中不慎失足落水,鞋袜俱湿之状。

石空西行至黄羊湾、永兴堡,沿途稻田甚多,蚊子亦多。贺兰山头,长城旧迹时隐时现。黄羊湾、永兴堡间,有渠道,南管贺兰,北临大道,水面平滑如镜,两岸柳枝摇曳,风景幽丽,真不愧塞上江南也。

白寿彝对中卫县长及下属一何姓科长,进行调访。他了解到中卫人民的生活之苦,种鸦片烟太多,老百姓粮食竟然缺乏。由于中卫不产棉花,衣服全靠外运进来。往往会发生困难。还有相当数目的人不喜欢吃大米。但本地的地只能种大米不可。

白寿彝提到了中卫的八景:沙坡鸣钟、炭山夜照、黄河泛舟、羚羊扣风、榆丁早春、牛首齐云、苏武庙桥、香岩对峙。

他对中卫的商业进行了考察:

城内住农家颇多,与别处城之以商民为多者不同,大商者3家,中等者20余家，商业颇萧条。

离开中卫时也是到新墩坐船渡过黄河而沿着古驿道南去兰州。他对新墩是这样记述：

这是一个渡口，从这里可以横渡到黄河南岸。南北盘度的船仅有一只。照例须等风很大的时候。酷热的太阳直晒，在头上，她全身。四周没有一点风。河边简直不能存生。自兰州开往包头的运货船有四五只。靠，在岸边。一捆一捆的待用的编筏子的大牛皮，杂乱的放在岸上。更显得空气郁闷。渡河费是每人一角。

这就是20世纪30年代沙坡头黄河沿岸渡口的情况。白寿彝说：

过河后他们又走了三里路，到了枣林子这个地方。天已经黑了，只好住下。

枣林子以它的枣林得名。随便的看来都是枣树，一眼看不到边。每棵树差不多都有饭碗粗细，枣子生的垂累满枝。但偶尔有几个是旱干了的。

当时的住宿条件是很差的，有蚊子还有臭虫。晚饭是自己煮的挂面，买的馒头和鸡蛋。馒头一角钱两个。鸡蛋一角钱三个。

他们走过了一个叫碎石沟的地方。到处是碎石路很窄，很难走，上下坡很吃力。石梯子是这座山必经的隘口，中卫县政府在这里设有税卡。

梁家园子是群山环保中的一块比较广大的平原村落。这本不是必经之路，因为中卫王县长的推荐，白寿彝一行就来到梁家园子。

这里住着的大户是梁团总，宅院很大，有二道门和客厅，有装饰画，还有写得不错的对联。宅院外长着一排一排整齐的树木，树荫下流着一尺左右深的清澈见底的小流，这小流在梁宅门前，还汇成了一个一亩见方的池塘。清风徐来，柳影凌乱，这是穷山村中难得的盛景，这简直是一个王国的首领呢。

白寿彝还记道：

我们离梁宅南行不远，见有一泉水沿山脚下流出。这就是梁宅前小溪所由来了。

离梁家树园子约十里，到烟筒堡。这是一个山岗，岗上有人家，俱住窑洞。刚下不远，有一口井。缺水的方法也是于汲水后，由驴子负水桶往岗上驮。

窑洞都有一丈四五尺高的样子，深可2丈，宽可1丈，顶做拱形。洞里必有之物，至少是一个炕，炕能生火，有烟筒自洞旁，直透洞外。我们休息的一个洞。有木制的门。门上有一个方形的通气的气眼。这个洞附近的另一个洞，烧水做饭。早上城陈列着的许多用不着的，

有盖的瓦罐。这一代的人似乎特别爱储存这种东西。

作为回族学者，回族的状况和历史备受其关注，在宁夏考察了民族和宗教的情况。

红旗直指沙坡头

解放战争全面开始之后，东北、华北等各大战场捷报频传，取得了伟大胜利。西北战场上，兰州战役取得胜利，解放了西北咽喉重城——兰州。遂拉开了解放宁夏，拉开宁夏战役的序幕。

解放宁夏战役的战斗任务由解放军19兵团担任，19兵团决定兵分三路直攻宁夏省城银川。解放宁夏的右路军是六十三军188师。该师从兰州出发，又兵分两路，直逼中卫。怎么兵分两路的呢？一路是旱路，一路是水路。

旱路是该师536团，要采取隐蔽的方式，穿越人烟稀少的腾格里沙漠，从西面迂回中卫西北，断绝敌人西窜北逃。

另一路水路是该师564团1营，由副团长兼参谋长曹步迟带领，乘船或羊皮筏子，沿黄河顺流而下直捣中卫。

564团1营立即投入了紧张的动员和各种准备工作。部队首长发出了："战胜天险，穷追宁马，打好最后一仗，争立头功"的动员令。战士们情绪高涨，纷纷表示，一定要战胜黄河天险，直插敌人心脏，绝不辜负首长的信任和人民的希望。

他们投入紧张的准备工作，立即找船制筏，侦查黄河水面和、沿岸、周边情

况，寻找动员船工。

这是秋雨中的黄河，在万丈高俊的石壁峡谷中奔腾咆哮，当地老船工说，从黑山峡到中卫，要经过许多暗礁险滩，特别是有许多的险关，比如什么黑虎绝、野猪嘴、狼抱口、七姊妹、十八妯娌等，这里都是弯峡激流，纵横着礁石，十分险要。

至今流传着令人害怕的话语。如"七姊妹，挂一挂，十八船工剩不下"，"虎旋猪嘴紧相连，进去容易出来难"。这里的河段，不知吞噬了多少穷苦船工的的生命，造成多少孤儿寡母。部队沿河找了不少熟悉水性的船老大，说到行船，他们有点谈虎变色，连一句不吉利的话也不敢说。

他们虽有顾虑，但是经过动员，他们明白了，这些解放军战士舍生忘死，是去打万恶的马家军，解放穷苦百姓的，于是答应帮助。

当时找船非常困难，几十个战士沿河找了十来个村庄，只找到了三只破木船，只有一个能用。唯一的办法就是用羊皮筏子了。

所谓的羊皮筏子，就是杀了羊之后把羊皮从头到尾完整的脱下来，把口扎住，充上气，然后把毛去掉，上面用来载人运货，当地人叫浑脱。它体积小，重量轻，浮力大，是我国黄河上游水浅流缓地段的特有的水上短途运输工具。由于吃水浅，不容易掌控驾驭，稍不平衡或者浪高水急时，就前仰后翘，左右摇晃，原地打转，倒走横行，很容易翻了。

战士们说："陆军变水军了"，羊皮筏子当军舰了。这是在万里长征中，都没遇见的事情。

为了能多坐人，行走稳当一些，在船工们的帮助下，把小筏子串结在一起，变成大筏子，可以坐十四五个人，小的也可以坐七八个人。

部队700多人，最少也要有七八十只筏子。现有的筏子没有那么多，就只有临时买羊杀了现做。在船工指导下，战士们做起了羊皮筏子。把吹了气的羊皮包，象串糖葫芦那样串起来，让战士拖下水试验。

筏子解决了，船工又不够，就挑选熟悉水性的战士，由船工指导，突击培训。

十六曰凌晨，天下起了毛毛细雨，70多只"战船"一字摆在黄河边上，筏子上作为联络用的马灯已经点燃，照在水面上流光闪烁，如一条巨龙在滚动，十分壮观。战士们早已整装待发,在河滩对准备工作做最后一次检查。

这次行军,沿途可能会遭遇敌人,筏子下是急流,随时都会发生危险。因此,通信联络是非常重要的,除了靠三部电台和六把军号外,班排和各筏子之间的联络主要用马灯和自制的小红旗,临时规定了“灯号、旗语”,这必现时熟记牢背才行。

五十多个船工已经等候在岸边,他们都是撑大筏子的舵手,是这次行动胜利的关键。部队首长做了简单的动员,对船工说,我们700多个战士的生命就交给你们了,然后向船工们敬了酒,并且和他们逐一握手。船工们接过酒,一饮而尽,一位年长的船工激动的说:“首长,放心,有我们在就有同志们在!豁出命也要送你们到中卫。”另外几个船工也大声应着:“对!生死在一起,首长放心吧!”

沙坡头地区人民和人民军队,同生死共患难,在新生政权将要成立的前夜,并肩战斗。

历史上在这里曾经发生过多次的战争,但唯有这一次是正义的、为劳苦大众的战争。

响亮的军号划破夜空,担前卫任务的一连出发了,一串流星向前飞去,紧接着营部、机枪连、三连……。灯动筏移,节次离岸而去。

雨,不知什么时候停了,天上隐约可见的银河和黄河里灯光船影交相辉映,两岸高山直刺夜空,坐下浪推轻舟,筏子在急拍慢摇中前进,这不同一般的夜景,驱散了人们刚上筏时的恐惧心情,使人忘记了黎明前的黑暗和寒冷。

前面的筏子上传来断续的歌声:风在吼…马在叫…黄河在咆哮……,一呼百应,此起彼伏,飞跃河面,飞荡在山川伴着水激浪打的节拍,雄壮有力动听感人!

天亮日出,朝阳的光辉给雄伟的高山峻岭,披上了盛装,倒映在水中分外妖娆,战士们,一边欣赏着两岸风光,一边议论着。

船队加快了速度,上下颠簸,在水中前进,在波涛中忽上忽下,在漩涡中摇摆打转。当遇到峡谷急流时,简直就像掉进了深渊,浑浊的恶浪一个接着一个,向筏子扑来,战士们,东倒西歪,有的呕吐起来。

随行的师部首长通过电台和旱路走的部队进行联络。知道他们在沙漠中行军遭遇很大困难，酷热干渴，水很缺乏。

因为兰州战役刚结束，从黄河上飘下的敌军的尸体，看到了许多。

岸上三五成群的敌方散兵多了起来，他们看见筏队，还以为是他们退下来的部队，就招手喊叫，当辨明是解放军时，转身就跑。看到敌军这种狼狈情景，战士们笑着，拍手叫着："别跑了，放下武器回家吧！"有几个家伙，还真听话，赶忙扔下枪，连头也不回的跑了。

终于到了最后一个险关柳树峡，有一个说法："柳树峡，鬼门关，十船进去九船翻。"有经验的船手，会提醒大家，进了柳树峡，不能说话乱动，见了漩涡，大家闭上眼睛就过去了。实际上是怕大家看见漩涡惊慌乱动，那是一切就完了。

突然一排恶浪，把一只筏子推进漩涡，筏子立刻打起转来了，一圈两圈，……人们的心一下子揪了起来，八双眼睛一下子盯上了船工，将生存的希望，全部寄托在他的船桨上，只见他一定神，头也不回的大喊了一声："抓紧别动！"看中流向，拼命的猛划几下，终于冲出了漩涡，战士们长长的出了一口气，终于平安的冲出了漩涡。

过了柳树峡，河面逐渐宽起来，水势也平缓下来。

晚上十点左右，天上没有星光，风带着几分寒意，564团1营的战士，终于在沙坡头下的沙滩上登岸，在一片小树林里，隐蔽起来待命。

解放军战士，面对惊涛骇浪，始终保持勇于向前，不怕牺牲的精神值得后人敬佩。524团从景泰出发，此时的景泰已经解放，新成立的临时县政府，发动人民群众准备食物和水，特别是水！以保证部队顺利通过沙漠！

午饭过后部队向沙漠进军。

这些战士多半来自华北平原，没有见过沙漠，他们想象的沙漠是很平的，比较好走。哪能想到沙子，可以深到没胫，还有高低起伏的沙丘，连绵不断！并不是"大漠孤烟直，长河落日圆"的景色。

白天酷热难挡，开饭只有干粮就萝卜，水只能省着。沿途根本看不到有水的迹象。晚上在沙漠中宿营，衣被单薄难于抵挡沙漠里的寒气。

已经在沙漠里头进军三天了，携带的水慢慢越少了。省着用水已经省到极限了。

战士们因为缺水嘴唇干裂,有的因为没喝上水而昏迷倒下去了,大家赶忙凑水,也只能凑一点,喂给昏倒的那个战士。

没水已经成为行军前进最大的困难！中午,沙漠象热锅一样,闷热得透不过气,更是口渴难忍。

这时向导报告说到了“一碗泉”,一听“泉”,肯定有水啊！大家兴奋起来,异口同声喊出“水”!

远处有一座破庙,有一老一少两个和尚迎了出来,首长合掌说:“我们路过此地,多有打扰了。”老和尚合十:“阿弥陀佛,施主辛苦了”。

部队一行几个人随着和尚进了庙的院子,果然名不虚传,院子里有一个大坑,这就是一碗泉了,里面渗出的水,和尚把水舀起来,倒进缸里,已经攒满了八缸。

这八缸水,对和尚来说是生命之水,不仅要靠他维持生命,还要施舍给来往的行人,换取一些必需的生活用品。管理人员马上拿出来100块大洋,向和尚买水,但被老和尚拒绝了。

可以理解这里水贵如油,这里的水是生命之水,首长决定给老和尚多给钱,还留下了粮食,并且留下一缸水。这和尚才答应了。

七缸水,对一个团的战士来说可是杯水车薪呀,只好由首长给大家分水喝,每班分两壶,每个战士分两口。这时战士喝着水,觉得这水比蜜糖还要甜呀!

经过一夜的行军,到达了沙漠的东端长流水,这肯定水长流了,但眼下的实际情况是水并不常流,眼前只有敌人留下的碉堡。好在走不长时间,已经看到滚滚黄河和码头了,战士高呼:我们胜利了!

这红色人群的到来,似乎唤醒了沉睡多年的梦,已经冷落了多年的沙坡头,将要焕发出生命力,并注定改变命运,旧貌变换新颜!

赵知府做铁路梦
共和国修包兰线

人民中国初成立
一圆百世铁路梦
青城思汗哪堪想
兴庆元昊更无吟
牛首山旁越大坝
腾格里南穿沙岭
银川城里搭彩棚
铁路线上行庆功

众所周知，“要想富，先修路”，清朝末年，西方殖民主义者的枪炮打开了天朝的国门，企图掠夺奴役中国，这是“司马懿之心路人皆知”的事，但是国门之开，让国人看到了洋事、洋货、洋车、洋气……不一而足。有一些有识之士首先盯上了铁路。

清朝铁路之开篇

首先得从大家熟悉的林则徐说起。19世纪中叶，林则徐向大清皇帝上书，力主禁烟。同时还上书提出要兴办铁路。他的同事、好友魏源也向皇帝提出了兴办铁路的主张。这些奏章的内容新奇，带有强烈的爱国思想，在朝廷内外，引起共鸣，随之便以手抄报形式在清朝大臣中传阅开来，手抄报使人们了解了铁路强国利民的作用和铁路的有关知识，一些大臣也加入到呼吁修建铁路的行列中。

中国第一条小铁路——1865年，英国商人杜兰德在北京宣武门外沿着护城河修建了一条一里长“展览铁路”德小铁路，这是中国出现最早的一条铁路。不久，清统治者以“观者骇怪”为由，勒令把它拆掉。严格地说，这还不能算作实质意义上的铁路。

中国第一条华侨出资兴办的铁路是1905年修筑的潮（州）汕（头）铁路。

中国第一条营业铁路——1876年，上海怡和洋行英商在未征得清政府同意的情况下，采取欺骗手段在上海擅筑，擅自修建了淞沪铁路（从吴淞到上海），于1876年7月建成通车，全长15千米，经营了一年多时间，这是中国最早办理客货运输业务的第一条铁路。后来清政府用28万两白银将其赎回，全部被清政府拆除了。

中国人自己修筑的铁路——唐胥铁路，1881年开始修建的唐山至胥各庄铁路，是真正成功保存下来加以实际应用的第一条铁路，从而揭开了中国自主修建铁路的序幕。本来清政府对铁路是持反对态度的。但唐胥铁路是修到满清人的家乡了，人们认为向来保守的慈禧太后，这次却对火车发生极大兴趣，决定要在唐胥铁路乘火车来一次体验。当然是专列伺服，这专列是装修一新，老太后的车厢布挂了白色的纱帐，乘坐后露出满意的笑容。看来任何人都难以阻挡现代物质的享受。

詹天佑塑像

此后便有了中国自主设计并建造的第一条铁路干线——京张铁路（丰台柳村——张家口）。

京张铁路总设计师是詹天佑（1861—1919）。他是江西婺源

京张铁路

人。我国杰出的爱国工程师、铁路工程专家。

张家口在居庸关外，地当京师（北京）西北，自古在军事上和商业上均是中国北疆的重镇。连接北京丰台区，经八达岭、居庸关、沙城、宣化等地至河北张家口，全长约200千米，1905年9月开工修建，于1909年建成。是中国首条不使用外国资金及人员，由中国人自行设计，投入营运的铁路。这条铁路工程艰巨。现称为京包铁路，以前的京张段为北京至包头铁路线的首段。

清政府排除了英、俄两国的重重阻挠，决定由詹天佑任总工程师，一切建造及管理完全由中国人掌握。但是，清政府拨款有限，时间紧迫，八达岭一带不但地势险峻，而且坡度很大。这不仅要有精确的计算和正确的指挥，还要有新式的开山机、通风机和抽水机。前者对詹天佑都不成问题，而后者当时中国全都没有，只靠工人的双手，其困难程度可以想见。

詹天佑亲率工程队勘测定线，在技术方面，采取了一系列创造性的措施，施工时间比原定缩短了两年；而建造成本亦比原来预算（729万两白银）节省了20

多万两白银。

宁夏知府铁路梦

清朝光绪时，宁夏知府叫赵惟熙，他生于1859年，卒于1917年，字芝珊，江西省南丰县人，幼随父入蜀，求学于壁山名儒郭兰塘。光绪十六年（1889年）已丑科进士。授翰林院编修，后任会试同考官、国史馆总纂、陕西学政、贵州学政。1900年后，任甘肃省宁夏知府。

光绪二十一年（1895），时任陕西学政的赵惟熙接受刘光蕡提出的“崇实学”

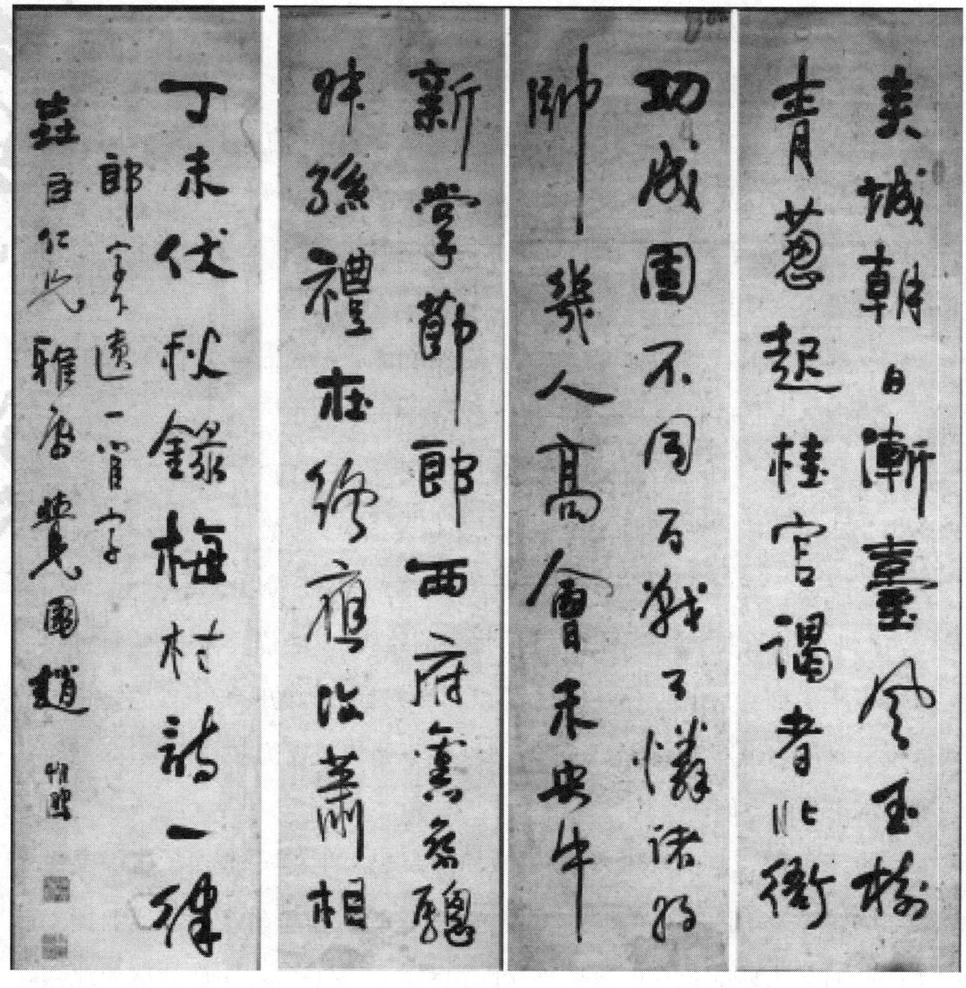

赵惟熙书法

"预教育""习测算""广艺术"的十二字革新教育的建议,于光绪二十三年(1897),支持创办崇实书院,以讲求实学,培养实用人才为宗旨。于右任在此求学时爱其器重。

清光绪三十二年(1906年),在废除科举、举办新学潮流的推动下,时任宁夏知府的赵惟熙,与举人吴复安将原银川书院改为宁夏府中学堂,地址在文庙。赵惟熙还亲任学堂监督,吴复安任副监督。学堂于同年招收了第一期学生共四十人,分甲乙两班,甲班收秀才,乙班收童生,奠定了银川第一中学的最早基础。

他在宁夏知府任上,颇有新意识。大概受了当时开办铁路的影响,他大胆向清政府提出在宁夏办路之主张。

赵惟熙奏请修建两条西北铁路,其中一条由张家口至绥远城(呼和浩特),逾蒙古,过凉州(武威),出关至伊犁。并且强调"尤亟之亟"的大事。

由张家口到今呼和浩特市,就是当今之京包铁路,此时由京城(北京)已修通了京张线,由绥远至凉州(武威),从哪儿过,不就从呼市西延,经过银川,南北向竖贯宁夏吗?这是其一。

那么到了中卫一带,如果过黄河南下,就和凉州反向而行之了,只能沿黄河北岸的沙坡头古驿道前行再折向西进,再达凉州。这是其二。

1909年2月24日,邮传部在复议奏折中认为,该走向"中经荒漠,长途旷野……拟仍定由洛阳、潼关、西安出兰州以至伊犁,籍收脉络贯通之效"。同时认为:"由西安达兰、凉以出新疆,路线过长,需款太巨,兴工尚属有待。"

清政府邮传部批复中,指出赵惟熙提出的路线"中经荒漠,长途旷野"语,倒也符合事实。批复指出的另一线,大体上是今横贯中国的陇海大铁路是也。清政府没有批准赵惟熙的提案,不完全是昏庸,而是当时财力和技术都达不到,是一种实事求是的态度。

这也不可以说赵的提案没有依据。中国铁路的发展,特别是新中国成立后修成包兰铁路,证明了赵惟熙当年提案的正确性和超前意识。他的提案反映了那个时代大西北数百万人民群众的铁路梦。现在沙坡头已建成西北铁路的枢纽,东南西北,一列列火车奔向远方的时候,你是否想到赵惟熙这位百年

孙中山

前作铁路梦的封建官员呢！

1910年，北京到包头的铁路完工后，陕甘总督长庚又提出修建西北铁路的主张，主张的内容是修建东起呼和浩特，经过宁夏到兰州的铁路。

这基本就是现在的包兰铁路。长庚虽然也属于政治上保守的前清遗老型人物，但能继赵惟熙后提出在西北，特别是在宁夏兴办铁路的主张是难能可贵的，同样也应予以肯定。

一代伟人孙中山，领导中国民众进行了辛亥革命，推翻了封建帝制，他以自己制定的三民主义为指导，推出了中华民国的《建国方略》，其中对中国的，特别是包括宁夏在内的西北铁路建设十分重视。他说“中国西北之铁路系统，由政治上经济上言之，皆于中国今日之必要，刻不容缓者也”针对铁路企业家、资本家认为往起点—终点人口稠密的地方投资铁路，必然获利的认识，又指出“然由人口众多之处至人口稀少之处之铁路，其利又大。”

中山先生还规划“第三线，以干线向西北，转正西又转西南，沿沙漠北境，以至国境西端之迪化（乌鲁木齐）长约一千六百咪（公里）”，他大致勾划出包兰铁路的走向。

孙中山虽有高瞻远瞩的宏愿，但是在贫穷动乱的时代，在西北，特别是修连接华北，贯穿宁夏南北的铁路，只能是梦想而已。

1918年，国民政府的铁路部门派遣了一个勘测小组，对此方案中的线路进行粗勘，从兰州出发，先骑马，后乘骆驼，来到腾格里沙漠南端，即沙坡头走了一圈，只能望沙兴叹后作罢，怅然而归。

1925年，民国政府最早对包兰铁路进行过几年的实地勘测，计划打通包兰铁路宁夏段铁路线。事过20多年后，民国宁夏省政府又给中华民国政府打报告，请示修建包兰铁路，并进行复测勘探设计。由于受当时地理环境、技术条件、资金对接等诸多因素的影响，计划最终也没有在中华民国政府实施，宁夏人民盼望通火车的意愿化为梦想。

1946年，宝鸡——天水铁路开始修建。这是抗日战争胜利后，国民党政府修建的第一条铁路，实际是陇海铁路的向西延续，本来已在规划之中，因为抗日战争开始，而未能开工。

在宝天铁路设有工程处。工程处有一位梅姓工程师，颇有报负，有为国家的铁路做贡献的理想。作为当时的一名铁路工程人员，知悉规划中的包兰铁路，也

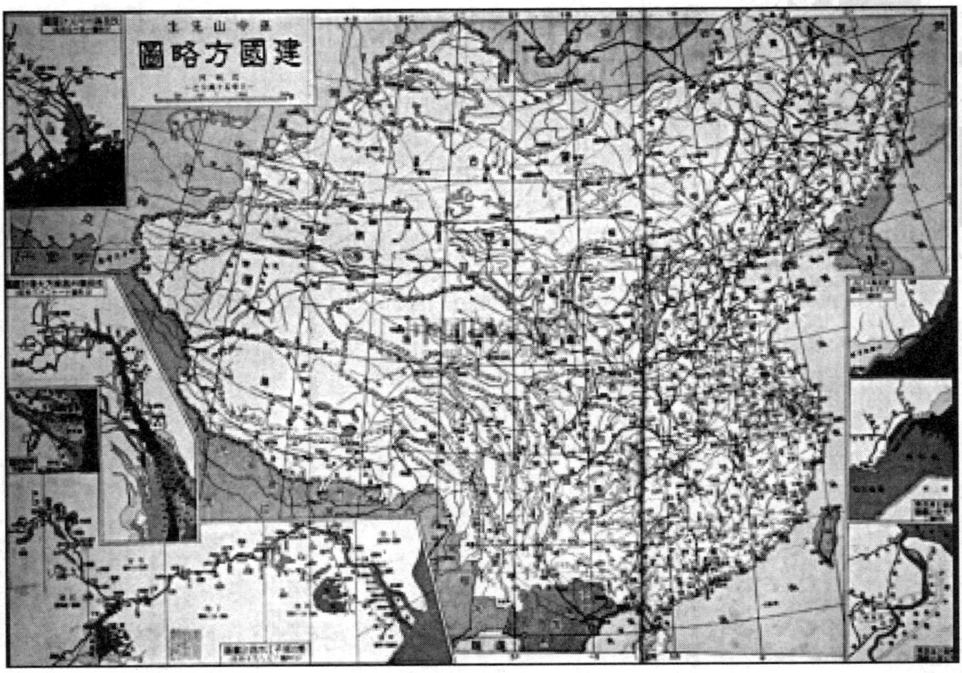

孙中山建国方略图

了解此铁路的重要作用，于是，自告奋勇要承担包兰铁路的初勘任务。几经准备，带领几名工程技术人员，首先来到沙坡头。

一看大漠如海，遍地流沙滚动，沙丘连片，沙山矗立，陡峭难攀，边临黄河，河岸峭壁绝崖，寸草不生，没有水源，霎时就会飞沙成暴。在沙漠勘线，会有很多困难，这梅工程师早有了解，但是面前的现实击破了他初有的美好愿望，几经踌躇，便作出打道回府的决定。真可谓 “兴冲冲而来，气衰衰而去。”

从此，沙坡头无人问津，让铁路穿越沙坡头已是不再提出的议题，虽然没有人正式宣布沙坡头是修铁路的禁区，但在人们思想中已成定规。

1949年10月1日，第一面五星红旗在天安门升起，毛泽东主席向全世界庄严宣布：中华人民共和国成立了！从此，中国人民站起来了，西北人民包括宁夏人民获得解放，在中国共产党的领导下，走向建设繁荣富强的新中国的康庄之路。

可谓是百废俱兴！修建西北铁路，成为国家一项战略性任务，包兰铁路列在了国家的计划之中，各相关部门积极开始前期准备工作。

1952年，经国务院批准，铁道部开始对包兰铁路进行实地勘测设计。圆西北人民、宁夏人民铁路之梦。

将军临阵群情奋 遍地炊烟多英雄

学者专家辞京城

铁道官兵远征程

包兰铁路修建示意图

项目九选千年计

线路三堪百代评

坠道横穿牛首山

大桥飞架三盛公

草格遍铺锁沙龙

防护工程天下闻

共和国之决策

大自然中，沙漠占据着地球陆地总面积的三分之一，中国960万平方千米的国土上，沙漠呈现一弧形带分布于西北、华北和东北的土地上，连同戈壁在内，总面积约为140万平方千米。

新中国修建的铁路之中，仅西北地区就有兰新、干武、青藏(西宁至格尔木段)等铁路线。南疆、北疆等线穿越沙漠的路段共达1000多千米，而包兰线则是众多沙漠铁路的开路先锋。

包兰铁路东起包头，经五原、巴彦高勒、乌达，出内蒙古自治区，过宁夏回族自治区的石嘴山、银川、中卫、入甘肃，经狄家台到兰州，全长989.78千米，其中有140千米要穿越腾格里沙漠和鄂尔多斯高原西部沙漠，银川以北有90千米，银川以南有45千米，最严重的是迎水桥至沙坡头的16千米，完全要建在活动沙丘上。

沙坡头现在已成了有名的旅游景点，它位于腾格里沙漠的东南缘，是座100米高的沙山，地面沙层厚达二三十米。这里又是一大风口，平均每年有200个风沙天。狂风大作之时，黄沙遮天蔽日，沙丘随风移动，吞没一切。据中卫地方志记载，明代以来300多年间，沙丘向前推移了20多千米，埋没了数万亩农田，逼得大批农牧民弃家搬迁。

宁夏解放后，中央人民政府非常关心宁夏的社会经济发展和人民群众生活。1952年经国务院批准，铁道部开始对包兰铁路进行实地勘探设计，两年多的勘测、调研、论证、分析，特别是对火车穿越腾格里沙漠的工程，在没有可借鉴经验的困难条件下，做了许多艰苦卓越的工作。

吕正操将军

提到包兰铁路首先不能不说一下，包兰铁路从立项到实施，运筹帷幄，指挥于千里之外的吕正操将军。

吕正操将军何许人也，大家最熟悉不过了，早年他曾是张学良东北军的军官，向往进步和革命。抗日战争时期积极投身革命工作，加入了中国共产党。后来受党的委派，领导了冀中军民的抗日斗争，平原游击队和铁道游击队革命故事，就是在他的领导下展开的。

人们往往把吕正操和铁道游击队相联系，认为他是一位神通广大、战无不胜的铁道抗日游击队英雄。

共和国的成立，又把他和新中国的铁路事业连接在了一起。党中央任命他为铁道部副部长，中央军委军事运输司令员，中国人民解放军总参谋军事交通部部长。同是铁道部部长的滕代远同志，由于健康方面的原因，经中央同意，授权吕正操全面主持铁道部工作。

包兰铁路究竟能否通过沙坡头这样的地区，之前国务院曾邀请了许多修建和管理过铁路的外国专家实地考察，然而他们的答案是不确定的。在国外，中亚铁路经过的是自然植被较好的固定、半固定沙漠丘陵地带。尽管如此，由于沙漠的侵害，常使火车行驶中断，而沙坡头高大的流动沙岭、特大沙尘暴并不罕见，沙坡头地段的这条铁路，其成功的概率是显而易见的。

将军面对包兰铁路沙坡头地段工程，深感责任重大，不得不权衡再三，慎之又慎。

他多次亲临铁道科学院调查研究，确定拍板国内一系列沙漠铁路修筑的课题研究。委派国内铁路专家现场主持实验工作。集中精兵强将，全力攻关。中国第一个沙漠铁路观测实验站在宁夏中卫沙坡头建立，提供了大量珍贵的第一手科学资料,为论证沙坡头铁路工程建设的可行性,提供了可靠的依据。

经国务院协调,同年铁道部勘测设计院、中科院地理研究所,各派两名专家和设计人员成立一个行动小组,由地理学博士吴传钧领队,他们骑着马匹,风尘仆仆,奔波于宁夏中卫等地进行选线踏勘。重点是沙坡头地段。

吴传钧(1918年4月2日—2009年3月13日),出生于江苏苏州。我国经济地理学、人文地理学家。1941年毕业于中央大学地理系,1943年获该校硕士学位。1945年,进入英国利物浦大学研究生院深造。1948年7月获得哲学博士学位,并毅然返回到正处于动乱之中的祖国。

20世纪50年代,任中国科学院地理研究所研究员。此时的他,承担铁道部包头—银川—兰州的经济选线调查和黄河流域规划。

吴博士主要从事综合经济地理(包括国土开发整治)和农业地理(包括土地利用)研究。提出经济地理学是与自然科学及技术科学密切交错的具有自然——技术——经济三结合特点的边缘科学。提出一系列有实用价值的科学见解。吴传均的研究在经济地理学上不断创新,开拓了国土整治研究新领域。他在研究中不只局限于农业地理,而是顺应国家经济发展各个阶段的形势和任务,来确定各个阶段的研究方向,面向整个经济地理学。

他参与了国家许多重大建设项目的研究和规划工作。还参与国际间的许多重要学术交流活动。一生科学著作甚为丰富。1991年当选为中国科学院院士(学部委员)。

包兰线勘测设计之初,面对沙坡头高大的流动沙丘,和恶劣的气候环境,专家们几经周折反复权衡提出了避绕沙坡头的两个南线方案。两个方案分别是:

第一条,兰州—靖远—银川线方案。这条线要先在靖远,再在中宁,分别跨越黄河才可以进入银川平原,这样可以避绕沙坡头。1952年,在这里进行踏勘,来年复勘时却发现存在很大的问题。原来这条线路要经过1920年震惊中外的海原大地震遗存的裂缝。

这条裂缝长20多千米,宽20~60厘米。海原地震,震级8.5度,地震烈度11~12度,造成近乎毁灭性的损害,给甘、宁两省人的阴影还未消解,20世纪50

年代初，一些侥幸活过来的人还有深刻记忆。约请苏联专家和国内专家论证，结论是经过这里修筑铁路是不适宜的。这个选线方案，理所当然被否定。

第二条，从兰州北上经过宁夏境内的甘塘、长流水后，沿山岭和沙漠边缘东进，在香山北两次跨越黄河，避过沙漠。

但是问题是：线路到达中卫多绕行10多千米，还要修架两座黄河大桥，这无疑要增加更多的经费，会超出这条线路的预算资金很多。当时是建国初期，国家面临经济困难，难以承受超出预算的资金。

而另一方面，这一选线要经过下河沿，此地产煤，是中卫的老矿区，地下有很大面积的采空区，存在塌陷的风险，因此也只能放弃。以上两条选线，都在实际勘测中不得不予以否定而放弃。

沙坡头果真是修铁路的禁区吗？共产党领导下的铁路人，硬是不信这个邪，他们目光又盯上了沙坡头，脚步又踏到了这里。吴博士一行在这里顶风冒沙，最后勘定了包兰铁路经过的腾格里沙漠南端，即沙坡头的选线。

“包兰”第一功

1954年，铁道部在包兰铁路动工之前，为了探索沙漠筑路的经验，于腾格尔沙漠深处的百年古刹——茶房庙，成立起我国第一个沙漠铁路测试试验站。委派著名的铁路建筑设计专家翁元庆，主持进行沙丘铁路建筑和防治沙害的研究试验。

翁元庆何许人也？翁元庆的曾叔祖，便是大名鼎鼎的翁同龢——光绪皇帝的老师。翁同龢利用自己特殊的身份，不遗余力的支持百日维新，触怒了慈禧太后，被革职回乡。

青少年时代的翁元庆不忘祖训，抱着科技救国的志向，发愤读书。1931年，他以优异成绩考入美国密歇根大学，在这所世界著名的高等学府攻读铁道工程，他完全有条件长期居留美国继续深造，但知悉国内急需要铁路人才，他只读3年，获取硕士学位后，立刻回国。

他有抱负，决心在修筑中国人自己的铁路中显露身手，但当时的中国，时局衰败，并没有给他实现抱负的机遇。抗日战争中，他来往南北，疲于奔命，干的全

翁元庆等专家在沙坡头调查

是抢修破旧铁路、桥梁的工作。1949年，国民党政府溃退时，铁路当局曾动员他去台湾，他严辞拒绝。新中国成立，翁元庆真正才有了报效祖国的机会。1950年，翁庆主持修建了新中国成立后的第一条铁路，从天水到兰州的天兰铁路，是他以总工程师之衔，修筑的第一条完整的铁路干线。

1954年年初，时任铁道部副部长的吕正操将军在办公室约见他。将军告诉他："国家决定即将修建包兰铁路。西北勘测分局在宁夏中卫遇到沙漠，沙坡头地风沙非常厉害。有没有解决的方法?"

翁元庆以一个科学家实事求是的精神回答将军"这是一个世界性难题。从现有历史资料看，沙坡头自然条件恶劣，沙尘暴频发，风沙灾害严重。在这种类型的沙漠修筑铁路，中国是第一次，国外少有！"吕将军当即说道"这个世界性难题由我们中国人自己解决，任务就交给你了。"

信任让他产生信心，任务给他压力。同年夏季，铁道部科学研究院铁道建筑研究所副所长翁元庆、西北勘察设计分局工程师赵性存，、技术员赵铭球、朱海所等一行5人，骑着骆驼，带着观测仪器到了沙坡头的古刹——茶坊庙。在这里建立了"沙坡头沙漠铁路观测试验站"。

茶坊庙坐落在沙坡头西侧的大沙岭下,门前是西通兰州、凉州的沙漠古道——南梁古道。南缘就是形势险要的悬崖绝壁——阎王砭。悬崖下是奔腾不息的黄河。

根据当地的老人讲,晚清以来,这里先后住过好几个和尚,他们除了看庙诵经以外,还立了一个代代相传的规矩:向过往大山岭里的人施舍茶水。水都是从阎王砭下的黄河里,一桶一桶背上来的。

很少有人知道这些和尚的来历和去向。他们日复一日的背水,使无数路过这里的人,在绝望中得到了救助。

翁元庆他们依次在古庙的东侧建立了气象站观测站、植树造林实验基地和沙漠路基实验基地。现在这座破旧的百年古刹,是科技工作者唯一栖息和工作的地方。

古庙坐北向南,三间正里,塑着笑容可掬的佛祖释迦牟尼旁边还有奇形怪状的罗汉。正殿的东西两侧,各有几间斋房。院落南端是一座别致的亭子,里面供奉着观音菩萨。这座神圣的佛像并没有挡住流沙的难移,庙宇却在无数次风沙侵袭中斑驳陆离,东西厢房已被吹进的流沙堆满。

当年的科技工作者就是在这样的险恶的环境中进行工作。这里几乎与世隔绝、交通闭塞、十分困难,所有生活用品,都得靠人背驴驮,从二十几里外的中卫县城转运。有时会断粮断水陷入困境。然而这一切并没有磨灭他们为铁路而献身的精神。

到沙坡头的第二天,他们就冒着风沙,架起了风向标,风速仪和百叶箱。并且设置了测试温度、湿度、降雨量、蒸发量的气象仪器。

相关测试工作从此艰难的展开,他们日复一日,开始记下了腾格里沙漠和沙坡头地区有史以来一个又一个珍贵的气象等方面的科学数据。为后来的防沙治沙打下坚实基础。

他们在这座小庙里住了下来,思考了一个最为朴实的问题:这里既然有庙,当时周围肯定会有好多的村落,因为流沙,这些村落逐渐消失。这座小庙能存在这么久至少说明茶坊庙的沙尘要比周围地区的小,这里的地质情况,可以承受铁

三道坎黄河大桥修建现场

路路基的压力。

能否在这里试验铺设铁轨呢？最后的结论来自于科学试验，由科学实验得出的扎扎实实的数据。

他们冒着风沙，在酷暑严寒中，在流动沙丘地段修筑了450米长的路基。他们平沙丘，填沙丘，又筑起一万多立方米的沙漠路基，但到了第二年春天，被狂风吹得无影无踪。他们没有被困难吓倒而止步，又从黄河滩上运来大量黏土和卵石，与沙混合，终于使沙漠路基修筑成功。

翁元庆和他的同事们，按照设定的实验项目，反复不断的观察和实验，取得了一系列的重要的科学数据，结论是从地质构造和沙子的物理性能上看，在沙漠修筑路基是可能的；从沙子移动的特点和地形地貌上看，沙丘越高，其整体移动的速度越慢，沙坡头高大的格状沙丘并不是铁路建筑的最大障碍；在这里修筑铁路最大的障碍是风沙，风沙不治，铁路难以畅行。

说白了，专家们的实验确切的证明，在沙漠地修筑路基不会有坍陷出现，而这个问题是人们会首先想到而最担心的问题，如果这个问题得不到验证，那么修筑路基和铺设轨就无从谈起。1954年9月，翁元庆、赵存性联名向国家铁道部提交了《中卫沙漠地区修筑铁路的第一次报告》。1954年的10月，北京，铁道部副部长吕正操仔细的审视着第一勘测设计院提交的《包兰铁路建筑施工方案》。

这期间，将军两次听取翁先生的工作汇报，从汇报结论来看，在沙坡头高大的流动沙丘修筑铁路路基的难题是可以攻克的。从翁先生带来的本地的几种沙生植物标本来看，在铁道两侧种植防沙植被又是有希望的。

吕正操将军指挥过千军万马，面对无数次战阵，作过多少次的决断，但这次他感觉重担千钧。在听取了各方面专家的意见和相关部门的报告后决定拍板。冲破沙漠禁区，干前人没有干过的事情，把铁路修到沙坡头去！

同年12月，翁元庆再次向铁道部提交了由他最后审定的报告《中卫沙漠地区修筑铁路的报告》

1956年1月，翁元庆、赵性存根据中卫沙漠铁路观测站取得的第一手资料，会同铁道部西北设计局总工程师叶圣淳，完成了包兰线沙坡头地段沙漠铁路工程的全套设计，经铁道部鉴定委员会审核批准，形成设计文件，交付施工。

圆梦银川

几经磨难，经过半个世纪的等待，宁夏各族人民圆铁路之梦的时日终于盼到了。包兰铁路——中国第一条沙漠铁路，是列入我国国民经济建设第一个五年计划规划修建的一级铁路干线。

从内蒙古自治区包头东站起，经由包头东—包头—乌拉特前旗—五原—临河—巴彦高勒(磴口)—乌海—乌海西—惠农—石嘴山—银川—青铜峡—中宁—中卫—景泰—白银西—兰州东—兰州，全长990千米。

分东西两段施工。包头至银川为东段，长527千米，包头至公庙子90千米，1955年10月由铁道部第三工程局开始动工修建，公庙子至银川437千米由铁道兵第一军率二、七、九师和独立桥梁团修建。

银川至兰州为西段，长463千米。分别由铁道部华北、西北设计分局勘测设计。由铁道部第一工程局从兰州起开始施工。

1957年3月，部分主体工程开工，5月全面展开施工。三盛公和三道坎黄

包兰铁路顺利接轨

河大桥，是控制工期的关键工程，尤其是三盛公黄河大桥最为艰巨，它由12孔55米下承式钢桁梁组成，全长682.5米，桥梁基础施工采用蒸汽打桩机射水沉桩法，入土深度30至50米。全桥需要36米左右的钢筋混凝土管桩408根，总长近15千米。

独立桥梁团于1957年3月1日开工，1958年6月15日建成。

三道坎黄河大桥，全长340.6米，由3孔55米下承钢桁梁和6孔28米钢板梁组成，桥墩为混凝土沉井基础。由铁二师承建，1957年7月1日开工，1958年9月9日建成。

在两座大桥施工中，1958年春，为了战胜黄河冰汛的破坏，铁道兵指战员们冒着风寒，坚守在工地上游两岸，不断地爬冰堆，放炸药，奋战7昼夜，炸碎冰凌30多万立方米，化险为夷，保住了大桥的安全。

在伊克昭盟西部鄂尔多斯大沙漠修路的部队，要经常与风沙作斗争。有时十级左右的大风突然袭来，顿时黄沙弥漫，天昏地暗，刚修建的路基，有时被流动的沙丘覆盖，有时被风刮得无影无踪。部队施工和生活用水要靠汽车到十几乃至几十里以外去拉。在十分艰苦的生活条件下，广大指战员以苦为荣，满怀“今日吞风饮黄沙，明天彩虹草原挂”的豪情，忘我劳动，保证了许多工程项目提前竣工。

沙坡头活动沙丘地段铁路于1957年年初开建，由铁路部第一工程局承建。他们对沙漠路基采取铺填石子、并用黏土包坡等措施，进行固化。从绿洲边缘到沙漠腹地，人马车辆络绎不绝，漠野上卷起无数尘柱，马达声、机械声、摩擦声、骆驼嘶叫声和人的呐喊声，汇成一支威武雄壮的“大漠进行曲”。仅迎水桥至孟家湾16千米地段，共铺设卵石黏土坡12万立方米，设置高立式栅栏43000平方米。

1957年4月开始从公庙子铺轨，11月至三盛公黄河大桥。铺轨进入银川平原后，纪录天天刷新，由人工日铺轨6.15千米提高到7.3千米，最高达10.45千米，1958年7月25日铺到银川古城，30日与铁道部第一工程局铺轨队胜利会师。

1958年7月30日，东西两段在银川接轨，宣告了包兰铁路的正式通车，实现了宁夏铁路里程零的突破。书写了中国铁路史上沙漠修筑铁路的新篇章。

包兰铁路连接了宁夏回族自治区自治区和西北、华北各省，使自治区丰富的资源运往全国各地，对支援国家工业建设和国防建设，促进经济发展和商品流通，构建工业体系都起到了巨大作用，为自治区成立后在第二个五年计划时期飞跃发展煤炭工业、钢铁工业、石油工业，实现农业机械化、农村电气化，都奠定了良好的基础。

1958年8月1日，在自治区成立前夕还有一件喜庆大事，就是由毛泽东亲自题名的《宁夏日报》正式创刊。创刊后的《宁夏日报》在第二天，就在头版头条报道了包兰铁路全线通车的盛况，银川街头，人们奔走相告。作为《宁夏日报》的摄影记者，朱康洛为包兰铁路全线通车拍摄了大量照片，留下了很多宝贵的历史资料。

1958年8月1日上午10时，老银川新城火车站人头攒动，锣鼓喧天，彩旗飘扬，没有见过火车的老银川人得知在新城火车站举行隆重的通车典礼仪式的消息后，扶老携幼，清早从老城步行到新城，好奇地看火车这个“庞然大物”，都想先睹为快。

在新城老火车站已经铺设好的对开铁轨上，停放着南北两辆对开的火车，一辆是开往兰州方向的，一辆是开往包头方向的。两辆火车头前悬挂着毛泽东头像和五星红旗，车身披挂着红绸，远远望去，两辆火车在一望无边的银川平原上就像两条巨龙。

通车典礼仪式在铁路路基上举行，路基上用长排桌子摆了一个简易主席台，主席台周围彩旗招展，鲜花绽放，气氛热烈。

自治区筹委会主任刘格平，自治区工委书记处书记李景林、甘春雷，内蒙古自治区副主席哈丰阿等出席了通车典礼，刘格平为通车仪式剪彩并致辞，银川市数百名中小学生手持鲜花，兴高采烈地祝贺包兰铁路胜利建成通车。

通车典礼结束后，两辆南北对开的火车载着旅客在一片欢呼和汽笛声中驶向各自的方向。

先民畏沙作神幻
人民征沙凭精神

铁路畅行锁黄沙
世人关注沙坡岭
工人农民上路坡
学者专家下基层
科学试验来引路

中卫保安寺

群众践行写真经

中央领导有谋略

地方紧跟鼓干劲

面对沙害的沙坡人

翁元庆所长在沙坡头观测站观测试验取得了重要的成果。首先是实验路基试验成功,在沙丘中可以铺设铁路。但是沙坡头高大的沙丘并不是铁路建筑最大障碍,要害是这里频发而又剧烈的风沙,它是这条铁路建成后能否顺畅运行的关键之所在！流沙不治,后患无穷。

从元朝以来,风沙已经威胁到沙坡头古驿道交通的畅行,“人马惮行,浮沙没胫”。之后,沙进人退的局面越演越烈,到了清代,流沙已经越过了长城,堵塞了“暗门”,甚至已经移到中卫城的西门,流沙还掩埋了无数良田,沙尘暴频发,不仅影响了农业生产,而且严重威胁到人们的日常生活。

当时的人们对流沙、沙尘无法合理解释,更不可能去治去防,对于沙产生了一种敬畏,如同对待其它自然现象一样,尊为神,更具体形象化,就像“龙”,发生水灾了,就是“水龙王”作祟,赶紧祭拜,希望“龙王”出面消灾,那么面对破坏力大的沙灾,人们自然把它和“龙”相联系,神化。

中卫人亦不能例外,对于沙害,无力抗御,不仅把"沙"看作是神,是“龙”,而且之外还有更大力量和更大权威的神,足以镇住“沙神”“沙龙”,他们把全部希望寄托在这里,以万分的虔诚祈祷膜拜神灵。

明朝永乐年间,中卫不论穷富,不分地位,有钱出钱,有力出力,在城北修建了一座规模宏大、精巧无比的寺庙,取名“保安寺”,庙名倾注了人们消除灾难、平安度日的善念。保安寺耗费了不少来自民间的钱财,百姓不时进庙烧香祈拜,逢年过节,络绎不绝,更是热闹。

人们如此之巨的善心并没有换来期待的结果,沙害更是变本加厉,更为横行,沙进人退的局面没有改变。

中华民族是龙的传人,自然和沙害相联系,是不是沙就是“沙龙”,不过这“沙龙”是代表“恶”的龙。至今中卫民间还有这样的神话传奇。据说西海龙王触犯了天条，玉帝下令扒去鳞甲，由龙变成了一条巨蟒。沙坡头以北有几个天然湖泊，由于沙尘总是来自西北，便认为和湖泊有关，湖泊里有龙，这真龙一定能管住那只受罚的恶龙——被扒鳞甲的巨蟒。这湖很神奇是“龙宫”，于是民众又募资捐款，盖起一座“龙宫庙”，于是这里也有香火供奉。

虽然人们的善行有加，但沙害仍然不减。于是另一则神话应用而生。中卫城中心有一眼泉水，是中卫的风脉之所在，有道家高人指明，那条妖蟒为了重返天庭，从地下河向泉水潜行，它的头部已悄悄接近县城，一旦整个身躯占据泉水，中卫县就会被流沙掩埋而毁掉。

明崇祯二年(1629年)，人们又各方齐动员筹资集款，大兴土木，在“泉眼”的地方盖起了另一座高大气派的建筑——鼓楼，其目的很明确，就是镇住恶龙，防止沙害来袭。鼓楼修建别具匠心，楼有三层，楼台呈正方形，设有十字通道，可通东西南北，通道中心为拱式园顶，上面镌刻四个大字“神镇沙龙”，西门的楹额上还镌刻着“爽挹沙山”。这中卫县城西门正面对的就是沙坡头的沙山。鼓楼的建成，也没有实现人们的期待。

清朝乾隆年间的知县黄恩锡勤政为民，但面对日益严重的流沙侵袭，也只能望沙兴叹，拈须作吟。

到清末时，流沙已进到县城西门，到20世纪20、30年代，城郊充满荒凉，城也一片萧然之状，可谓：遍地流沙尽是哀，不见春色喜气生。

沙坡人的觉醒——治沙

面对自然灾害，共产党人从不求佛拜神，而是积极组织动员民众积极应对，“人定胜天”就是这种观念的集中体现。

人民政权诞生后，党中央对国家发展、民生问题做了积极谋划，制定应对各种自然灾害，包括防治风沙之害的方案、措施。治沙防沙、植树造林列入中央人民政府建设的大政之中，林业科技工作者积极响应政府号，投身治沙植树的事业中去。

各地方政府积极响应落实中央布署，从实际出发，努力开展各项基础性工作。治理沙害，植树造林，排在了宁夏省人民政府和中卫县人民政府刻不容缓的议事日程。

新中国成立后的第二个秋天，在风沙最为严重的腾格里沙漠前沿，沙坡头建立起以固沙造林为主的“卫宁防沙林场”，“向沙漠开战！”这是中卫政府和人民群众的响亮口号。

1951年秋，宁夏省建设厅，首派人员对腾格里沙漠进行科学考察。一行5人，打理好特有的行装，特有的“行头”“道具”，一看不是普通商旅。他们的驼队在沙漠中行进，他们边走边考察，椭园形，半月形，金字塔形各种各样的沙丘就在脚下，远处隐现着湖泊，他们还不时发现沙生植物，他们走走停停，不时记录，不时照相，……这引起巡防的解放军战士的怀疑。因为解放初期，沙漠还有国民党残余兵丁出现，巡防战士便将他们依例扣押。三天后，他们才知晓科考队的身份，赶忙放人道歉，并对科学考察给予尽可能的支持。

张宗朗是新中国成立后培养的第一代林业科技工作者，他是陕西咸阳人。步入这个行业时年仅18岁。张宗朗在北京农业大学速成班毕业，连家都没回就带着行李赶赴宁夏中卫，到刚成立不久的“卫宁防沙林场”报到，做了一名林业技术员。这一干就是一生，可谓毕其功于一生。

随着林场造林范围的扩大，治沙造林工程极需适应性极强的旱生树种，张宗朗奋勇当先，担当起这个任务。

此时正是1954年的秋天，张宗朗和老炊事员王秀川一起徒步走进了沙漠寻找耐旱植物。他们边走边观察，边寻找，他们顶着烈日，嘴唇干裂，但功夫不负有心人，终于发现了一种叫做"花棒”的多年生灌木，这树正是他们要寻找的耐旱易活的树种，喜悦驱赶了一天的疲劳，此时已是黄昏，他们正要选择宿营地，听到远处有时隐时现的狼嚎声，似乎狼发现目标，不一会狼就围上来，不是一只，而是两只，三只……一群啊！生死的挑战来临，在这群凶恶的野兽面前进退无据，只能艰难相持。

老炊员提醒，狼最怕火，于是他们动作利索，赶忙收集干枯的草和树枝点起了沟火，这招很灵，群狼停止前进，人狼相持的局面还在持续，积极的进攻就是最好的防御，张宗朗举着火吼叫着向狼群做冲击之状，狼被人突如其来的举动吓住了，渐渐的后退，最终散去。张宗朗和老炊事员可谓狼口逃生。

张宗朗还有一则另一故事。

在前几次考察中，在通湖山下他发现了一片灌木林，是青一色的柠条，教书上叫"锦鸡儿”。他决定上通湖山找那片灌木林子，采回树种，来年培育。1955年夏，正是柠条果实成熟的季节，时间是七月，骆驼脱毛，不宜乘骑，他就找匹骡子，进沙漠，怕妻子阻挡，就没有告诉。

他骑着骡子向通湖山走去。沙丘陡峭，骡子又不适合在沙漠行走，一蹄踏下便深陷沙子，再提起放下，是何等的吃力，虽是动物，但此情景和人相通，大半天下来只走了不足30里路，骡子便罢工不肯前行，找空扔下主人，临阵脱逃。

张宗朗平时出去考察会有同事相随，还会有炊事员专门做饭，有时还会有武警战士护送，而这次是真正的“千里走单骑”了。然而一切不是他初想的。入夜，只好合衣而卧，此时此地什么危险都可能发生。

清晨他抖掉身上的沙子，定了定神，辨认了方向继续前进，然而太阳快落了，还是不见通湖山，张宗朗着急起来，意识到已经迷路，他忍着饥渴，仍然辨别方向，企图走向目的地，但是又没有可能，

缺水难忍，再后来什么都不知道了，醒来时已在一座破庙里躺着，旁边的老和尚告诉了他事情的原委。

治沙——国家行动

为了探索植物固沙的途径，1953年铁道部、林业部曾联合进行过一次飞播试验，结果以失败而告终。

1954年1月，翁元庆带着青年技术人员司连山来到茶坊庙沙漠铁路试验站。这个国家试验站，已把防沙造林列入试验内容。

司连山，新中国成立前毕业于四川大学，学的是林业。

司连山他们知道中卫已有防沙林场，并且已有三四年固沙造林的经验时，就步行20多里路主动和他们联系，并向他们求援，希望提供当地耐旱的树苗。首开了中央和地方，专业科技人员和地方人民群众结合会战沙漠的组织和队伍的

中卫钟鼓楼

先例。

张宗朗把中卫固沙林场的一批树苗送到了试验站，他们联合在古庙和沙漠试验路基之间的一片沙丘上开辟了试验场地，种上了林场送来的小叶扬、旱柳、沙枣刺槐等乔木和沙蒿、红柳等草木植物和灌木。试验没有成功，成活率极低，但却打开了通向成功的路。

1955年冬天的一个下午，沈阳的中国科学院土壤研究所，召开着一次不同寻常的会议，与会的有植物学家，林业专家，铁路专家。所长朱济凡宣读一份由国家计委委托中国科学院、铁道部、林业部三个单位的联合发送的文件。文件要求中国科学院土壤研究所承担包兰铁路宁夏境内迎水桥到孟家湾一段铁路两侧的流沙治理研究任务。而且要求1958年提出治理方案。

会场寂静得有点沉闷，大家在思索，有的人脸上露出几分迷惑。会场的沉寂被著名的植物学家、土壤研究所副所长——刘慎锷的表态发言所打破。他的发言，有这样一段："这是任务带学科，可以在工作中为国家培养出一批人才，我愿送他们去现场。”这里没有豪言壮语，有的是一个饱经忧患的科学家，时时处处拳拳报效祖国的心，他知道此时的共和国人才是缺乏的，自己作为学有专长的老一辈科学家，为国家培养人才，是应有的责任。会上决定在东北章台研究治沙的防护林组为基本成员，由李鸣冈教授负责组队。

一场中国科学家和沙漠的较量，在宁夏平原西端的腾格里沙漠南缘的沙坡头展开。

1956年春节刚过，铁道科学院铁道科学研究所所长翁元庆，要去迎接一批从首都北京来的客人。这就是中国科学院林业土壤研究所抽调的科学人员，其中有刘慎谔等知名专家。李鸣冈一行七八人和先期已在这里主持观测试验的翁元庆合作，开始流动沙丘的固定和沙丘造林试验，完成沈阳会议上一院两部联合下达的，为将要建成的包兰铁路研究提供防范流沙掩埋铁路的任务。

由刘慎谔教授和李鸣冈主持研究工作。后来刘教授走后，由李鸣冈主持这里的工作。

此次带队的就是李鸣冈教授。他们在兰州休整了一天，便乘坐汽车前往中卫县。

当时，兰州往中卫的的公路状况很差，汽车又常抛锚，200多千米的路，现在三小时的路程，他们一直走了三天，才到中卫县城。

包兰线由迎水桥到孟家湾的流沙长16千米，是沿线六段流沙中最严重的地段。沙坡头位于腾格里沙漠东南缘，属于干旱的草原化荒漠带。流动沙丘起伏高大、密集，一望无际。春天刮起大风，风沙弥漫，数日不见天日。

流沙背风坡下偶有几株植物，但整个流沙区植被总覆盖率不到1%。多年平均降水量不到200毫米，湿沙层含水量只有3%左右。流沙覆盖在红色沙岩上。前面虽有黄河流过，但沙丘到黄河水面垂直高度达90米到300米。

黄河岸边，在沙漠包围之中，有20余家农户聚居，叫童家园子。站在沙丘上向童家园子望去，似有天上人间的感觉。

过去，这里交通工具靠羊皮筏子在黄河中行驶。偶尔有人走旱路，要爬上那段大沙坡，坡陡沙厚，走三步退两步，真像《中卫县志》所载：“流沙没胫，人马惮行。”他们就选定沙坡头这段流动沙丘作为试验地。这里虽然自然条件艰苦，但它既有代表性，又有说服力。

李鸣冈一行到中卫稍作停留，也顾不得洗尘，遂顾上骆驼，带着干粮，径直往沙坡头茶房庙走去

到了茶坊庙，李鸣冈对这里艰苦的环境、工作的困难早有预料，但眼前如此的荒凉和酷热，却有点出乎意料。让他震惊的是，他随身携带的温度计显示，眼下这里沙漠的表面温度，已达七十四摄氏度。

拉骆驼的老乡告诉他们：这个时候就是干热，没有一丝风，骆驼都受不了，但热天一过，就是风沙天，这里一年刮风的天数有200多天。

李鸣冈走到最高的沙丘上，环视四周，看到茶坊庙南边虽有黄河流过，但沙丘到黄河水边，呈现出垂直高度达90米到300米的沙山。拉骆驼的老乡指着沙山告诉李教授：我家就住在沙山脚下的黄河边，名叫童家园子，村子里总共有20多户人家，大人小孩都是看着黄河，被风沙吹大的。

那天傍晚，李鸣冈就带着他的团队，住进了童家园子，也就是说从这一刻起，他们的单位——“中卫固沙林场”也随之搬进了这个村子，他们的研究试验工作在这里开始。

李鸣冈是这个团队的组织者。他是江西华县人，此时的他已近花甲。1926年毕业于南京大学，他学的是林业专业，但在那个时代，学无运武之地。只好回到家乡教书。后来，东北大学聘请他到林学系任教，专业对口，他毅然应允，千里迢迢到了关外，“九一八”事变，日本发动了侵略战争，李鸣冈的绿色梦毁灭了。

新中国成立后，李鸣冈在中国科学院沈阳林业土壤研究所从事科研工作。圆了他以绿色报效祖国的梦想。

1956年秋，中国科学院兰州冰川沙漠研究所在宁夏中卫正式建立了“沙坡头治沙站”。

李鸣冈是第一任站长。他带领科技人员从理论上对沙坡头铁路治沙工作进行了系统总结。对沙丘的密度及其对植物的影响、草方格内的“沙结皮”、固沙植物的选择及其密度配置、沙漠人工生态系统的建立、植被形成中的水分平衡等新

的课题，进行了卓有成效的研究和探索。

1956年10月，国家铁道部与林业部商定以原县属“卫宁防沙林场”为依托筹建国营中卫固沙林场，依靠当地人民群众同中卫铁路防沙研究站的科技人员一起奋力攻关营造固沙林带，确保未来沙漠铁路畅通无阻。

次年3月，宁夏农林部门“国营中卫固沙林场”正式建立，首任场长刘安邦。

刘安邦和翁元庆、李鸣冈等专家学者紧密配合，带领治沙队伍努力探索治服流沙的方法措施。

当时，科学家们分散住在童家园子各个老乡家里。他们和群众一样睡土炕，点煤油灯。夏季里，骄阳似火，十分酷热，穿着鞋袜在沙丘上行走都十分烫脚，如果只穿短袖衫，胳膊上先是起泡，后来就会层层脱皮。最难忍受的是蚊子的叮咬。所需要的粮食，和蔬菜，都是从中卫县城用毛驴驮来，因为毛驴驮着东西下不了山坡，他们自己就从山坡往回扛。头发即使天天洗，脸盆底总有一层细沙，饭菜不能细嚼，只能粗吞下咽。一天两次，顶风爬沙坡，观测点观测、取样。由于风大，调查一不小心，记录本就被风卷走，什么都可以抛弃，但这是辛勤工作的结果，来之不易，有的数据不可重得，小小记录本，关系工作大局，遇到这种情况，在场的所有人都会奔跑追寻，有人甚至跑着跑着，栽倒了，起来后继续，简直是和风赛跑！时间长了受风沙的吹打，他们都落下眼边发红，见风流泪的毛病。

那时，由于严重缺少仪器，加上没电，为求得沙地含水量的数据，他们用锅炒沙子，然后用烘箱核对锅炒沙的数据。

赤子之心——情注沙坡

当时这里聚集了国内著名的学者、教授、专家。有先期到达这里工作的翁元庆，后到来的刘慎谔、李鸣冈等人都是我国林业、土壤、铁路方面的领军人物。他们共同的特点：有丰富的专业知识，也有较多的实践经验，他们历经世事，饱经忧患，都有一颗报效祖国的赤子之心。

刘慎谔（1897.8.26—1975.11.23），男，山东省牟平县人，植物分类学家、地植物学家和林学家，中国植物学科研究的开拓者和奠基人之一。早年建立北平研究院植物学研究所，曾赴西北进行植物、森林考察，并只身由新疆赴西藏、印度进行植物地理考察。在学术理论方面,结合中国的植物分布状况和特点,以及在林业生产方面存在的问题,编著了有中国特点的《动态地植物学》和《历史植物地理学》,指导了东北森林采伐更新和西北铁路沿线治沙的研究,取得重要成果。

当时,刘慎谔就把治沙做为重点,经常到东北西部风沙地区对沙生植物的生态特性、分布规律和演替规律进行调查研究,特别注意差不嘎蒿和小黄柳的固沙作用,同时进行沙障和草方格等机械固沙试验。

1954年,他在草方格内进行栽植樟子松试验获得成功。后来章古台地区大面积发展樟子松,变成了茫茫的樟子松林海,引起了国内外有关方面的注意。

1956年,中国科学院林业土壤研究所接受了铁道部在西北腾格里大沙漠修建包兰铁路的固沙任务。刘慎谔担任了中国科学院治沙队副队长。

参加这项任务的专家们面对宁夏中卫县沙坡头地区无边无际的流动沙丘,考虑到当地的风沙大,降水量又很少,都担心用植物固沙能否成功?刘慎谔就带领大家站在大沙丘上遥望黄河南岸一片由油蒿固定的沙丘说:“这片固定沙丘就是我们的样板,将来铁路沿线要能达到这种程度,通车就没有问题了。我们看了这个样板就要有信心,一定能做到。”他的这些话使大家增加了植物固沙的信心。

刘教授在当年离开沙坡头时,他又把自己的女儿刘英心从沈阳也调来沙坡头继续从事植物固沙研究工作。

刘英心时年37岁,已是三个孩子的母亲,是第一个扎根沙坡头从事沙漠研究的女科技工作者,一干就是十余年。她为了固沙造林的事业,把美好的年华和个人幸福置之一边,全身心投入到了沙漠之中。为了便于工作,她把家从沈阳搬到了兰州。1968年正是文化大革命的高潮之时,因工作需要,她被调回兰州沙漠研究所。她又随之把自己心爱的女儿送到了沙坡头,在中卫固沙林场锻炼,和员工们一起同甘共苦,继承老一辈的绿色事业。绝对的一门三代,绿色世家!

1987年,已是研究员的刘英心主编了《中国沙漠植物志》100万字,是我国第一部系统的、关于沙漠植物研究的专著。

梁希,新中国第一位林业部长。浙江吴兴县人。早年留学日本、德国。参加过辛亥革命。倾向和支持中国共产党人领导的新民主主义革命。1945年,毛泽东参加在重庆谈判时，会见了梁希。

任林业部长之初，他首倡在北京农业大学开办林业干部专修班，亲自任教讲学，为国家培养急需的林业治沙技术人才。

梁希把绿化全中国的愿望和科学道理，用形象感人的词句表达出来。他在《让绿荫护夏，红叶迎秋》一文中，歌颂祖国的明天，歌唱为之献身的事业："绿化，这个词太美了，山青了，水也会绿；水绿了，百川汇流的黄河也有可能渐渐地变成碧海，这样，青山绿水在祖国国土上织成一幅翡翠色的图案。……林业工作是做不完的，绿化要做到栽培农艺化，抚育园艺化；要做到工厂如花园，城市如公园，乡村如林园；绿化，要做到绿荫护夏，红叶迎秋。……这样，中国九百六十万平方公里的国土，全部都成一个大公园，大家都在自己建设的大公园里工作、学习、锻炼、休息、快乐地生活"。这是多么令人神往的美妙境界。

他深知，要想实现这个远大目标，不是几个人、几十个人能完成的，必须唤起民众共同奋斗。因此，要广泛地宣传林业的重要性，要发动人民群众参加植树造林运动。他利用各种场合、机会做林业的宣传普及工作。

1950年春，全国开展春季造林运动，他满怀喜悦的心情挥笔撰文："用造林来迎接新中国的春天。……春，替我们带来了活泼的生活，使万象由旧而新，由死而生，由黄而青，表示着无限的前程。"

1954年，中国第一部介绍森林的纪录片《白山黑水话森林》拍摄发行。梁希在《大众电影》上发表文章，介绍这部描写大森林的纪录片。梁希在兼任中华全国科学技术普及协会主席期间，还亲自执笔编写了一本图文并茂的科普小册子：《森林在国民经济建设中的作用》，对森林、森林主副产品在中国经济建设中的作用深入浅出地作了介绍。青年是未来的主人。青年应该是植树造林的主力军。梁希非常热爱青年人，重视青年在绿化祖国中的作用。

1956年3月，中央要在延安召开5省区青年造林大会，他情不自禁地用生花妙笔赞颂青年，为《中国青年》杂志撰文，号召青年实现绿化全中国的美好理想。是年，他还给高中应届毕业生写信，向中学生介绍林业和林学，热情地号召学生们"勇敢地、果断地、愉快地"加入林业队伍，学会绿化荒山、征服黄河，替祖国改造大自然。可见梁希的宣传工作做得多么深入细致,想得多么久远。这一年梁希还为《旅行家》杂志写了《绿化黄土高原,根治黄河水害》一文,又写了《把科学技术交给人民》《人民的林业》和《林业工作的重大任务》等文章。梁希写下的诗文中,有许多为林业界工作的人们传诵为佳句,如“无山不绿、有水皆清、四时花香、万壑鸟鸣,替河山装成锦绣,把国土绘成丹青,新中国的林人,同时也是新中国的艺人。”这一佳句永远激励人们为祖国的绿化事业努力奋斗!

1952年,辽宁省章古台沙区人民创造出“平铺式带状沙障固沙”的科学方法,甘肃民勤、安西,宁夏中卫、盐池等地掀起群众性的治沙造林运动。1953年3月,毛主席在中南海会见梁希,就中国林业的发展、全国植树造林工作亲切交谈。

进入古稀之年的梁部长心中唯有“绿化祖国”,再无它念。对于祖国的林业,鞠躬尽瘁,死而后已!

1956年7月,梁希踏上了沙坡头之旅。同行还邀请了苏联国家林业总局长等人。梁希一行乘火车到兰州然后又改乘汽车到达中卫。年事已高的梁希经不住几天乘车的疲劳,出现呕吐、眩晕。但第二天径直奔往沙坡头考察。

梁希手提拐杖和一行人爬上60度的沙坡,几次摔到但仍然坚持前进。

他和苏联朋友考察了中卫防风固沙造林工程的建设规模、树种配置、防护效益和远景规划等方面的情况。他对陪同的当地干部和科技人员说”在旧中国,治沙只是写在书本上、讲在口头上。现在前人的梦想正在你们手里变为现实,我们老一辈人没有实现的夙愿,在你们这一代开始实现了!中卫人民的实践说明,沙漠是能够治理的。”

梁希作为新中国第一任林业部长还不时对沙坡头的治沙绿化工作提出要求和希望。

梁希在返京一年多后逝世。这次沙坡头视察竟然是他林业部长职位上,最后一次工作指导。

竺可祯(1890—1974),中国著名科学家,早年留学美国。“知天识地”,是中国近代气象学家、近代地理学家,是中国这两个学科的奠基人。竺可祯也是著名的现代教育家和社会活动家。曾担任中国科学院副院长,中国科协主席。

在20世纪中期，经济建设的狂热中，有的地方大肆伐林铲草，过度垦殖换取农业生产的高效益，竺可桢对此不以为然，却对沙坡头的固沙造林工作，独有情钟，予以高度关注和支持。带领学者专家到西北各地调查研究，著文立说，申述维护生态环境的重要，提出：到沙漠去！对沙漠宣战！

刚跨入1959年，西北地区还是酷冬景象，竺可桢已是花甲之年，着手创建了一支数百名科技工作者组成的治沙队伍奔赴东北，华北、西北各大沙漠进行科学调查，为全国治沙事业掌握第一手资料。

1959年7月，竺可祯率领中国科学院和北京大学的一批植被、土壤、地理、气象学专家从内蒙古高原辗转来到沙坡头，进行实地考察。

看到沙坡头仅三年时间就取得明显成效，十分高兴，对于"麦草方格”的固沙作用予以充分肯定。

竺可祯一行翻过几座高大沙丘，来到沙坡头火车站北侧的草障植物林带，实地考察。他高兴地说：“治沙是一门新兴的综合科学。”“我们一定要让更多的沙漠变为绿洲”，并特别号召：“沙坡头的治沙方法，完全可以在全国各沙区推广。”

竺可祯还饶有兴趣的体验了“沙坡鸣钟”，面对脚下滚滚的黄河，了解到流沙多年来泻入黄河，使黄河水变得更为混浊时，竺可祯对陪同的中卫县林业局长、中卫固沙林场副场长张宗朗说：这里生态脆弱，植被一旦遭到破坏，就会引起水土流失和风沙灾害。要科学利用黄河水，在沙漠里造出一个绿洲是有可能的。干旱沙漠地区经济发展的前景是广阔的。在沙坡头治沙站负责人李鸣岗的带领下，竺可祯详细地了解了沙坡头治沙的情况，尤其是看到这里利用草方格治沙的成效后，他对治沙更是充满了信心。他说：“干旱地区的雨量虽然少，但是要造林种草还是完全可能的，有的地方还有丰富的地下水可以利用。”。

他知道沙坡头虽然年降水量仅170毫米，风大且频繁，但有的地方下面蕴藏着丰富的地下水。

治沙站的技术人员在不到3年的时间里，不仅采用麦草方格沙障等工程固沙措施，同时利用沙丘湿沙层中的2%～3%的含水量，试种成功柠条、花棒、沙拐、沙蒿等12种植物，展现在竺可祯眼前的，不再是漫漫黄沙中没有任何生机的景象，而是一方方麦草方格把铁路线北面7千米长的沙丘初步固定下来，一株株从外地移植来的沙生植物开始顽强地生长在这里。

此前，沙坡头试验站的建立及其研究工作的开展，就是在他的热心倡导、大力支持下进行的。他担任中国科学院副院长并主持中国科学院的一些事务时，就一直没有中断过对沙坡头治沙站的关注、支持、指导，沙坡头研究站试验成功了一整套治沙防沙的系统经验和理论，成为联合国在全球范围内推广、培训的典型，受到联合国环境规划署的最高嘉奖，并荣获国家科技进步特等奖。这一切均与当年竺可祯的指导、扶持密不可分。

在沙坡头考察时，竺可祯对这里流传很久的"沙坡鸣钟"现象表现出了极大的兴趣，已近古稀之年的他，还兴致勃勃地和随行专家一起，走到数十米高的丘顶上，再慢慢滑下来，听隆隆之声。

针对民间流传的"这是沙漠中的幽灵鬼魂在作怪"的说法，竺可桢指出，2000年以前，我国劳动人民早已通过实践道破了"鸣沙"的秘密。

为此他还专门写了一篇科普短文《沙漠里的奇怪现象》(载于《人民日报》1961年2月19日)，宣讲"鸣沙""海市蜃楼"等现象的科学道理。

1959年7月3日晚，在沙坡头听取了李鸣岗的汇报后，竺可桢对沙坡头的风沙治理给予了很高的评价。随后，他结束了在宁夏平原的考察，离开了宁夏。

但此后对这里的关注并没有停止。一年后，1960年7月18日，一份《治沙报告》放在时任中国科学院副院长竺可祯的书桌上，这份报告中涉及到宁夏中卫沙坡头的风沙治理，牵引着他的思绪不时从北京飞向宁夏平原西端的中卫沙坡头。

3天后，竺可祯在北京香山饭店负责召开了中国治沙汇报会，下午2点半，沙坡头治理站的负责人李鸣岗开始向与会者介绍经过摸索后得出的方草格治沙情况，竺可桢祯认真地听完后，在当晚的日记中这样写道："方草格治沙，初二年有效，但今年草格失效，沙又移动，侵入火车轨道，所以主张黄河灌溉铁道两旁400米至100米地带，以防流沙。"

1963年秋，竺可祯又带领一大批科家，来到了沙坡头。其中有地理研究所李炳枢、黄炳维、林业土壤研究所朱济凡、刘慎谔等知名专家。

大家所知，刘慎谔曾是沙坡头从研究工作的老专家，面对沙坡头的巨变，感慨良多！

竺可祯在这里主持召开了“中国科学院沙坡头治沙现场会议”。与会专家仔细考察治沙科研工作，认真听取了基层治沙林业人员的意见。明确了今后必须把“无灌溉条件下的固沙”作治沙研究的主攻方向。

在这次会议上，科学家明确指出，沙漠治理涉及地理、气象、土壤、植物等，是一门“边缘科学”。中国要创造自己的“沙漠学”。沙坡头作为一个“定位站”利用自己的优势，把沙漠研究长期搞下去。鼓励科技人员利用新理论，新的实验手段，开辟沙漠研究的新路子。

沙坡头这个名字，已经响彻祖国大地，沙坡头承载了祖国、人民和众多科学家把“沙漠变绿洲”的期望。

1959 年 12 月，宁夏回族自治区林业局和兰州铁路局商定，将铁路两侧以外的防风固沙林带移交中卫县管理，另外组建县属林场。袁伟来到龙宫湖畔，成为新建的中卫县林场的首任场长。开始了中央、自治区和中卫市三级参与治沙造林的新体制。

麦草网格出靓彩
精英沙漠显其能

沙坡头里摆战场
各路群贤齐上阵
柴障平铺难挡沙
麦草成距易防风
东西南北都受力
前后左右皆成盾
耐旱草木种其中
五带一体成系统

刘慎谔教授在50年代初的研究工作，就把治沙做为重点，经常到东北西部风沙地区对沙生植物的生态特性、分布规律和演替规律进行调查研究，特别注意叉杆尕蒿和小黄柳的固沙作用，同时进行沙障和草方格等机械固沙试验。

1954年，他在草方格内进行栽植樟子松试验获得成功。后来章古台地区大面积发展樟子松，变成了茫茫的樟子松林海，引起了国内外有关方面的注意。

这里刘教授主要采用平铺草人工沙障，也开始试验草格人工沙障。

平铺式沙障。是我国民间一种传统的防沙方法。早在1952年，辽宁省章古台地区的人民群众在植树造林中，实验出了平铺草人工沙障。材料是本地的树木枝条和茅草，有带状和平铺式两种。在没使用“麦草方格”前，算是较好的固沙方法。当时也获专家肯定，苏联专家彼得诺夫也认为，就地取材不失为好方法。

沙坡头早期的实验性或实际施工基本都是采用这种方法。1957年秋，李鸣冈负责的中科院防沙工作站，把平铺式沙障作为一项设计提交由中卫固沙林场在路基两侧进行固沙造林实验。在1958年的报告《包兰线中卫段沙漠地区铁路固沙造林的研究》(1957年度总结报告)中，仍然把平铺式沙障列入了固沙造林设计规划。1958年固沙造林初步方案，栽树后在林地上全面铺草一层，每公顷需要稻草或麦草7500公斤。在沙梁的东、西面和南面，浮沙很厚而不能裁植的地方压成草墙。使浮沙被风吹走，地势变为平坦后，可做第二期的栽植面积。

麦草方格之诞生

草方格人工沙障是一种防风固沙、涵养水分的物理治沙方法。在沙坡头制作年岁太久的草方格，它已被被沙土和植被遮挡，坐在飞机或火车上欣赏“绿带”的人们，很容易忽略这种粗糙的防沙结构。不过就算我们靠近了仔细研究，还是会觉得它毫不起眼，可能你不会认为它是什么精妙的设计。

当地最普通的农民都可以轻易地告诉你如何制作麦草方格。把庄稼人家里随处可见的麦草在沙地上扎成一个方形，再用铁锹把麦草的大半段埋进沙里，只露出十几厘米的头来，就完成了一个麦草方格。但事实上，就是靠着麦草方格，靠着这些农民们并不精妙的劳作，才成就了沙坡头的奇迹。

巨大的沙漠前，治沙队的力量显得那么单薄，当年植的树木，第二年在沙尘暴中几乎全军覆灭。大家在春天里继续的栽植树木，也栽植每个人的希望。

1957年，秋天科技人员领着工人，采用传统的平铺式沙障，防风拒沙。但大家辛辛苦苦铺好的沙障，一夜之间就被沙子掩埋了。更麻烦的是刚刚压上去的湿沙，眨眼就干了，沙子大多会顺着空隙钻到麦草底下，遇上大风，麦草便被刮得四处乱飞，如果纱帐的四周封不严实，只要有一两处被风撕开了口子，整片纱障就被流沙毁掉。

麦草方格在沙坡头固沙试验站的试验运用有着一定的戏剧性和故事性。

工作休息的间隙时间里，一些好动的年轻人，用麦草在沙丘上扎着玩，有的扎“天”字，有的扎“地”字，有的扎自己单位的名字：“中卫固沙林场”。连着几天的大风过后，不少平铺式沙障，被风掩埋了。但令人感到惊讶的是，那些在沙丘上由麦草扎出的字，却完好无损，大家在惊讶之余，同时受到了很大启发。必须重开思路，另辟蹊径。他们抛开眼下正在做的平铺式沙障，在年轻人玩着扎过的那些样式的基础上，摸索制作新的沙障。他们发挥专家科技人员的优势，一边制作，一边观察验证，反复不断进行。

首先要解决扎成什么形状的问题，他们扎成各种形状：三角形、圆形、梯形、长方形、S形、矩形。最后选定矩形，矩形结构方正，沙坡头地区风向多变，然而无论从哪个方向吹来的风，四面中的任何一面皆可有效阻挡风沙。麦草固定住了地面的沙，也挡住了外来的风，在格子中间，气流通过时形成漩涡，使格子内的沙面形成沙漏式的凹面，沙子不容易被风吹走。并且这些草格可以接连成网格形状，长宽可以任意延续，方便施工，当然也可以节省一半的材料。

更为重要的是，可以在方格中种上沙生植物，做到了机械防沙和植物防沙相结合。

中卫当地有种小麦的传统，也大量种植水稻，因而麦草或稻草的来源有可靠保障，而人力则由当地政府和铁道部的铁路局发动。那个时代，正是我们国家的整体精神状态高涨的时代。

科学技术工作者在这里通过反复观察测量和试验验证，他们发现流沙流动起来的时候，流沙扬起的高度一般不超过20厘米，那么也就是说，在流沙流动的前方如果设置高度超过20厘米的障碍，就可以阻挡流沙的前进，这并不是我们想象中设置的障碍越高越好，高了，浪费材料而且效果也并不好。起码在这里高栅栏式的沙障并不适用。沙障的高度可以此为据。

他们又观测到每一波流沙，从被风吹扬起落下的距离会在一米左右。且在一米见方的麦草格中心部分，被风卷起的漩涡掏蚀的深度仅在0.1米以下。沙丘的前进并不是整体移动的。当风速达到每秒5米以上的时候，沙丘迎风面的沙粒就成批地随风移动，从沙丘的底部移到顶部，过了顶部，由于风速减弱，就在背风面的坡上落下。所以部分沙粒的移动速度虽然相当快，每天可以移动几米到

几十米，可是整个沙丘波浪式地前进，移动速度并不快，每年不过5米到10米。几个沙丘常常联在一起，成为沙丘链。沙丘的移动虽然慢，可是所到之处，森林全被摧毁，田园全被埋葬，城郭变成丘墟。

这样麦草方格的规格便确定下来：1米乘1米再乘0.15米，施工中连接成网格状，网格长短、宽窄根据现场情况而定。

如何去施工，简单的说就是把麦草一束束呈方格状铺在沙上，再用铁锹轧进沙中，留麦草的1/3或一半自然竖立在四边， 然后将方格中心的沙子拨向四周麦草根部，使麦草牢牢地竖立在沙地上。

关键的程序是扎格子。在沙丘上扎起草格子，麦草薄了，挡不住风沙，工人们就把麦草拧成麻花的样子，一把一把的去栽；麦草厚了，扎不下去，他们就开沟去栽；起伏不平的山坡上不容易把握方向，扎着扎着就偏斜到了一边；最棘手的是背风处的落沙坡，扎的时候人和麦草会随着沙子一起往下溜，他们反反复复摸索了好几天，渐渐有了门道，便在沙丘上划定的方格子里，稳稳的扎下了麦草。

一个一个的小方格，整整齐齐连成了网格，站远一看，十分的美丽壮观，他们

1963年9月中旬，中国科学院部分科学技术人员到宁夏中卫县召开治沙研究工作会议，讨论治理腾格里沙漠和有关铁路固沙等问题。图为中国科学院副院长竺可桢（前排左）、沙坡头沙漠试验站首任站长李鸣冈（前排中）、当时的科学院副秘书长谢鑫鹤（前排右）等在野外考察，他们正在观察适宜在沙漠里生长的植物

摄影/王新

望着自己的杰作,忘记了一天的疲劳,心里充满喜悦。

翁元庆、李鸣冈等专家和其他科技工作人员、工人一起栽植了第一批麦草方格。

一个秋天下来,500多亩的沙丘上,留下了一个个麦草方格。

但是人们还是心里惴惴不安,他们付出了劳动,多少双眼睛在期待。以后的日子里,每当大风过后,他们便去扎了草格的沙丘去看,第一次,完好无损;第二次,完好无损;第三次仍然完好无损……在一次特大风沙后,麦草方格基本保持原样。他们的心逐渐踏实下来。

第二年春天,他们对这500亩的麦草方格网进行了观察和比对分析:和其它沙障比较保持度高出很多,冬天控制雪的效能高达100%。更令人惊喜的是发现,在方格小天地里种植的植物,成活率也很高。这是一次治沙防沙的创造,是一项突破性的工作,草方格的发明为人类战胜沙漠提供了新的治沙模式。工人们在施工中积累了经验,功效也在不断提高。工序不断规范和固定。扎麦草格一般的要求和做法是:

清理麦草。拿住一把干稻草并顺风进行拍打,将其中较碎或较烂的劣质麦草拍落,只留下优质的长麦草。

码放麦草。将清理完毕的麦草整齐码放在沙地上事先画好的正方形边线上。码放的时候,应注意保持麦草的厚度适中。码放的时候,应注意保持麦草的厚度,不能太厚也不能太薄。太厚,由于自身重力,导致麦草很容易倒下,不易站立;而太薄会导致草方格的抗沙能力不够。

踩压成型。将铁锹沿正方形边线用力踩压,麦草中部受力后,两端会自然竖立形成天然屏障。踩压后将麦草两侧的沙土拨向四周麦草根部,使麦草牢牢地坚立在沙地上。

检查验收。合格后交付种植耐旱植物。

大面积施工,需要很多劳力和大量的麦草(稻草),这就为当地农村的季节性闲散劳力和闲置废弃的麦草(稻草)找到了出路。每到农闲,当地农民搬运大量的麦草或稻草来到治沙工地,形成浩浩荡荡的送草大军。

随着麦草方格逐渐蔓延，沙丘被部分地固定下来。随后，在被固定住的沙丘之上，麦草方格开始为一个新的自然过程提供庇护。这个自然过程就是治沙工作者俗称的“沙结皮”，即在沙土表层形成了类似土壤的结皮。

沙结皮的主要编结者是沙土中的微生物，它们在沙土上生长、繁殖，在其新陈代谢的过程中，遗留的残体与分泌物引起沙土理化性质的改变。它们分泌的一些胶状物质，如多肽、多糖等加上真菌、放线菌、藻类的丝状菌丝体以及植物的根系根毛等，都会与沙土表面的沙粒粘结，形成足以稳定地面的沙结皮。

流沙贫瘠，环境恶劣，各种生物在此都无法生存，想要生物在流沙上定居，必须设法改变环境，创造有利于生物生存的条件。于是麦草方格开始发挥作用，它降低了风速，阻止了流沙的移动，改善了沙土中微生物的“居住环境”，一个个小小的“格子间”就变成了微生物的“避难所”。

另外，在麦草方格扎下四五年后，麦草会在流沙中渐渐腐烂，这就给流沙中注入了丰富的有机物质和营养元素。

根据1957年至1985年的不完全统计，在沙坡头地段共扎麦草方格1.8万亩，用去麦草3306.2万公斤，平均每亩沙地上就铺设过0.18万公斤的麦草，这样多的有机物质加入流沙中，改善了流沙的土壤结构，增加了营养物质，从而促进了微生物的生长繁殖。而微生物的增加，又可以加速有机物的腐烂分解，为沙生植物和藻类提供更多可利用的营养物质。如此往复，形成了良性循环。

然后在这个基础上，先是地衣、蕨类，然后是草本植物、灌木、半灌木开始更替。在埋下麦草方格的土地上，自然慢慢铺展开了绿色的画卷。营造固沙林带，确保未来沙漠铁路畅通无阻。

1958年3月，林业部设计四中队、北京林学院、东北林学院、西北农学院、农蒙古林学院、南京林学院以及西北、华北、东北地区部分省(市)的科研、教学人员共50余人，组成阵容强大的造林调查设计队伍，开进沙坡头。苏联专家安康、阿弗宁和潘连柯应邀充当顾问。

在中卫固沙林场场长刘安邦的陪同下，林业部造林调查设计局处长敖匡之和苏联专家仔细考察了这个林场1957年秋季的草方格实验地。专家们看到，经过一个风季的考验,用麦草扎设方格沙障和栽植的沙生植物幼苗完好无损,流沙被牢牢地固住,铁路上没有积沙,而普通的试地却相形见绌。

1958年8月,各有关方面专家、学者和工程技术人员参加的联席会在中卫固沙林场召开。会议通过了敖匡之主持制定的一份20余万字的《中卫固沙林场铁路固沙造林技术设计方案》。这个总体设计方案,没有照抄照搬国外的经验,取消了国外"高立式”防沙栏的应用,通过考察和鉴别,淘汰了有诸多弊端“平铺式沙障”固沙法。归纳总结了我国丰富的群众固沙造林经验,根据沙坡头地区的风沙物理和植物生理特点,制定了适合我国情况的治沙科学原则。

工程措施和生物措施相结合;即以“麦草方格”为基础工程措施固定流沙,选定沙蒿、花棒、柠条、沙枣以及棱梭、黄柳等树种和外来树种为固沙植物;

1958年,中国第一条沙漠铁路包兰铁路,在宁夏沙坡头地区穿越腾格里沙漠胜利通车。但铁路的通车并不意味着最后的成功,世界曾有一些沙漠铁路在通车以后,因为流沙侵袭,无力抗拒,最后被迫改道。为了解决这一问题,麦草方格固沙法在这里得到了广泛应用。在科技工作者和当地群众的共同努力下,麦草方格变成的巨网最终成功缚住了“沙龙”。 摄影/刘海峰以"麦草方格"为依托，因地制宜种草植树，逐步形成一个稳固、可靠的绿色防护工程，保证铁路安全畅通。

用"麦草方格"治沙无疑是一次治沙防沙的创造，是一项突破性的工作。关于草方格防沙的出现，究竟是专家创造的还是群众创造的呢？有种种的说法。

据说在民间早就有这种方法，用来防沙治沙，有记者采访民勤的群众，民勤人早就采用这种方法来治沙了，是用当地的笈笈草来扎的，笈笈草硬，后来就学习宁夏用稻草来编。

也有学者指出在前苏联，中亚地区苏联早就采取这种方法了，不过他们的草方格比我们现在1米见方的大一些，甚至有人说在沙俄时候就采取这种方法。是苏联专家带过来的。

现在已经过了半个世纪了，我们可以不受干扰冷静的来看待草方格的问题了，笔者认为，"麦草方格"是在广大的人民群众不断实践的基础上创造出来的，又经过我国专家学者的总结提高更加完善起来，也不乏借鉴了前苏联的经验，在50年前的时代背景中，前苏联参与了我国经济建设的各个方面，包括修筑铁路及伴生的防沙治治沙工作。他们派来的专家，多数对中国人民友好，作了一些有益的工作，带来一些有益的经验。所以可以说，中卫沙坡头的治沙防沙工作，也借鉴了国外防沙治沙的经验。

"麦草方格"的发明为人类战胜沙漠提供了新的治沙模式，有人提出，草方格应列为与指南针、纸张、火药、印刷术并列的第五大发明，这个发明与前四大发明都具有同等重要的实用价值，具有深远的意义，因为它为人类战胜沙漠化提供了最有力的武器。试想，人类没有了土地，人类就没有了生存的空间，自然没有发达文明的存在。

耐旱植物之寻找

耐旱植物的选择，培育和种植是治沙的基本课题。

从形态特征上看，沙蒿是一种在流动沙丘地带防风固沙、恢复植被的先锋木植物种。花棒是一种荒漠和半荒漠耐旱植物，具有较高经济价值。要建立治沙基地，必须先在沙丘上大面积栽植或者点播这种植物，尽快地增加铁路两侧沙丘的植被覆盖率，减缓风沙的侵蚀程度，使流动沙丘向半固定沙丘转化。然后，再解决植树造林问题。

刘慎谔教授在几年调查中，对选择主要的固沙植物的蒿子做了深入的研究和科学的分析。他说：

蒿籽在这里我们把它当做‘草’。实际上它是非草非木。冬季时它的上部枯死，下半截却不死，但木质化程度不高，叫做半灌木。由于大气候不同，蒿子的种类也不同。在东北西部及小腾格里沙地东部有差不嘎蒿；在内蒙古伊克昭盟、巴彦淖尔盟一直到甘肃河西走廊有油蒿和籽蒿。这几种蒿子都有一个共同的特性——固沙。因此在固沙开始时期我们就需要它。蒿籽的枝条是直立的，我把它比做筷子，它不能覆盖地面，也很少积沙；而油蒿却能形成一个堆，枝条密而平铺，能够抓沙。所以在沙坡头固沙必须把蒿子配合进去，而且一定要用油蒿而不是蒿籽。但是在固沙方面蒿子只能起草的作用，还必须和灌木（柠条、花棒等）配合起来才行；而灌木也需要草本植物的帮助才能起到治沙的作用。如在科尔沁沙地小黄柳的根系虽然发达，但因为容易被风刮出来，所以也不能单独固定流沙，必须有蒿子配合护住沙面，小黄柳的根系就不容易被风暴露出来。所以必须草、灌结合才能达到治沙的目的，才能加快改造自然的速度。

他进一步指出："这里治沙，油蒿是主力军。油蒿丛生，枝条柔软，能形成群落，能抓住沙子。蒿籽虽高大，木质化强，像筷子，但它形不成群落，固沙不如油蒿。"

刘教授的说法，饱含了他的科学理论和实践经验。给沙坡头站的科研指出正确的方向。沙坡头治沙站的科研人员顶风迎沙，冒着夏季的酷暑和冬季的严寒，寻觅着沙地里富有生命力的植物，高的、矮的、灌木、乔木和草本。

刘教授带大家沿着流沙调查天然沙地植被，指着黄河对岸大沙丘上的油蒿群落，告诉科技人员，那就是治理流沙的样板蒿！由于当年没有油蒿苗木，人们就挖野生油蒿苗进行栽植试验。油蒿到现在也是主要固沙植物种。

刺槐、沙枣、柠条、紫穗槐等一批树木也被选中栽植。1958年，中卫沙漠铁路观测试验站一位工程师到新疆精河县出差，在戈壁滩上看到沙拐枣，报告单位，派人员历经千辛万苦，采集了3000斤种子。他们还从前苏联的中亚地区引进两种'沙拐枣"，在沙坡头种植成活率很高，固沙作用好，而且寿命也长。在这片试验区出现了国内外植物一起生长的情况。

无灌溉之试验

他们对治沙科研高标准、严要求，他们认为，耐旱植物经人工灌溉种植不好比对它们的耐旱，只有在无灌溉的条件下，才算真正的耐旱。

在沙丘上栽种植物，不灌溉能否成活？哪些植物耐旱？怎样保护植物不被风蚀沙埋？怎样栽种植物才会成活率高、生长好？这在国内找不到成功的经验，世界其他沙区也找不到类似的治理样板。

有人认为这样高大的沙丘，不灌溉，植物是不能成活的。黄河就在眼前，有水为什么不灌？刘慎谔教授一再开导大家："自然界沙地植物就是人工固沙的样板。我们应向大自然学习治沙规律。灌溉工程浩大，耗费人力、物力和水资源。植物能自然成活生长，就要节约用水，何况远离黄河的沙丘还多着呢。应当作出不灌溉固定流沙的示范区。"

专家的眼光是远的，无灌溉栽培会有更普遍的意义。为了解决植物不灌水能否成活的争论，1956年春干旱季节3月—6月，他们也进行了灌水试验，每日雇用10峰骆驼，驮黄河水轮流灌溉10个栽植区。

秋季调查结果，灌水区大多数植物成活率有所提高，但也有些植物成活率反而降低。究其原因，是灌水操作不当。同时，在当年降水量235毫米条件下，不灌溉的一些植物成活率也有60%～77%，可见不灌溉的植物固沙有希望成功。

1957年他们停止了灌水试验。这一年，却是30年来降水量最低的一年，只有88.8毫米。栽植的16种植物中，刺槐、叉把尕蒿当年成活率只有0.1%～2.7%，油蒿、籽蒿成活率还在20%以上。

这时，领导和国内外专家来试验站。他们说："干旱年是个很好的考验，那些成活率很低的植物，表明他们不适应这里的环境，这是一次很好的筛选和鉴别机会。"

1958年，科技工作者淘汰了那些不耐旱的种类。这一年降水量304.2毫米，像花棒等植物成活率在70%以上。经过两年的试验，他们按时提出了流沙治理的初步方案。

58沙坡大决战

1958年4月,包兰铁路施工铺轨作业进入沙坡头地段。

由敖匡之提交的沙坡头铁路防沙工程的总设计完成并通过后,国家林业部和铁路部立即决定在沙坡头进行一场大规模会战,迅速将总体方案付诸实施,以确保这条连接中国华北和西北地区的交通大动脉的畅通。

林业部把同沙漠作战的主力兵团——中卫固沙林场纳入直接指挥之下。铁道部作为甲方代表,更是积极作为,派出科技人员会同作战。中科院林土研究所的科技人员,针对工程固沙和生物治沙结合的一系列问题,在沙坡头继续进行新的理论研究和探索。

宁夏回族自治刚成立,其党政领导对在宁夏境内的沙坡头固沙造林高度重视,从各方面予以配合支持,并且也派出了得力的干部和科技人员参与其中。

中卫县党政机关向全县人民发动员令,号召行动起来,全力以赴,参加治沙大会战。还抽调大批机关工作人员深入农村收购稻草和麦草。

稻草,麦草虽然在农村遍地皆是,但也是群众喂牲畜,当燃料的重要原料,当国家收购,用来压沙护铁路时,便主动奉献,牲口驮,小车运,甚至人背送到收集地点,由固沙林场装上火车,运进沙漠。

按照指挥部的统一布署,分作沙坡头、孟家湾、一碗泉三段分别进行施工。被称作三大战役。

来自中卫各公社(乡镇)大队(村)的数千名民工编成团、营、连、排的军事组织形式,分配在各段铁路的两侧的风沙线上。当时可谓男女老少,工农商学兵一齐上阵,形成千军万马,不分白昼抢修治沙工程的局面。免不了热火的劳动竞赛,"放卫星"高指标,豪言壮语等现象层出不穷。当时还有群众性的诗歌创作运动,也要"放卫星"的。

诸葛沙坡摆大阵

羽扇一挥十万军

包兰铁路通车典礼

八十老翁似黄忠
十五少年塞罗成
巾帼妇女穆桂英
须眉男儿赵子龙
上得阵来喊三声
流沙黄龙拜下风

年轻的场长刘安邦不仅担负着繁重的指挥调度工作，更是一马当先和他的班子战斗在最前线。经过日以继夜的奋战，艰苦卓绝的努力，中卫人的这场“人民战争"，取得辉煌战绩。两年中，他们收集，输送稻草1000万斤，在迎水桥到干塘50千米的铁路两侧厚达80米至100米的活动沙丘上，扎设方格草障32.8万亩，造林420万株。沙丘扎设麦草方格11.6亩，种植沙生植物、封沙育草38.5万亩，筑起一条麦草方格的绿色长城。林业部下达的沙坡头早期施工计划提前峻工。

引黄灌溉之试验

十多年前进行无灌溉植苗植树试验，是面对沙漠缺水的严酷现实出发的一种大无畏精神。如果无灌溉种植试验成功，那么有水的条件下再来种草植树，那不就事半功倍了吗？

植树造林

为了扩大乔灌林木的种植，1967年5月，第一期引黄治沙工程破土动工，修成水渠5376.5米。共平沙造田2075亩，栽植刺槐、沙枣、柠条、紫穗槐等400多万株。他们还建起了4级扬水站，将流经沙坡头的黄河水引到沙丘上，提高了林木的成活率。到20世纪末，经过一代又一代的科技人员和工人们的的努力，已在高大裸露的沙丘上，扎设方格草障82.6万亩，栽种沙生和抗旱乔灌木5512万多株。由卵石防火带、灌溉造林带、草障植物带、前沿阻沙带、封沙育草带组成的“五带一体”的治沙防护体系，在沙漠铁路的两侧递次展开，一条护卫着铁路的绿色长廊出现在腾格里沙漠上，包兰铁路得以安全运行。同时，科技人员和工人们还开垦出2000多公顷沙地，引黄河水栽种了苹果、梨、桃、葡萄等果树，在铁路边建起了一座沙漠果园。沙坡头治沙工程逼退了沙漠，使16万公顷被沙漠吞噬的土地变成了绿洲，极大地改变了这里的生态环境

五带一体之形成

1984年，沙坡头地段15.4千米的卵石防火带、灌溉造林带、草障植物带、前沿阻沙带、封沙育草带“五带一体”治沙防护体系建成，单一的“旱路固沙”变为“水旱并举”的综合治沙体系，有效阻止了风沙对铁路的侵袭，提高了线路质量，确保了包兰铁路的安全畅通，还改变了当地的生态环境。科研与生产相结合、生

物与工程相结合、水路与旱路相结合，因地制宜、就地取材，科学创立的防治铁路沙害的有效模式。从铁路线轨向主导风向一侧依次为：

第一，固沙防火带。在铁轨上主风侧20米（次风侧10米），设置卵石面台，形成固沙防火带。

第二，灌溉造林带。紧邻固沙防火带40～60米范围内，削平高低起伏的沙丘，设置麦草方格沙障固沙后，修建灌溉设施，就近引黄河水浇灌，营造乔灌木混交林。

第三，草障植物带。灌溉造林带外侧160～240米范围内，先扎设麦草方格沙障固定流沙，然后在无灌溉条件下种植沙生植物形成草障植物带。该地带是铁路防风固沙的主体，作用与效果十分显着。

第四，前沿阻沙带。沿草障植物带设置1米高的枝栅栏1道，起阻挡流沙入侵作用。

第五，封沙育草带。进行封沙育草，禁止放牧、樵采，以促使天然植被恢复。

“五带一体”铁路防风固沙体系，投资少，成本低，经济、社会及生态效益巨大。

从“麦草方格”到“五带一体”是一个治沙防护逐渐发展完善的过程。沙坡头防沙造林工作，接受了时间、实践、理论的考验。

治沙绿化铸辉煌
一鸣惊人入史册

西凉古驿今安有
包兰一线火车开
绿廊连绵百余里
铁路畅行五十载
春华秋实结丰果

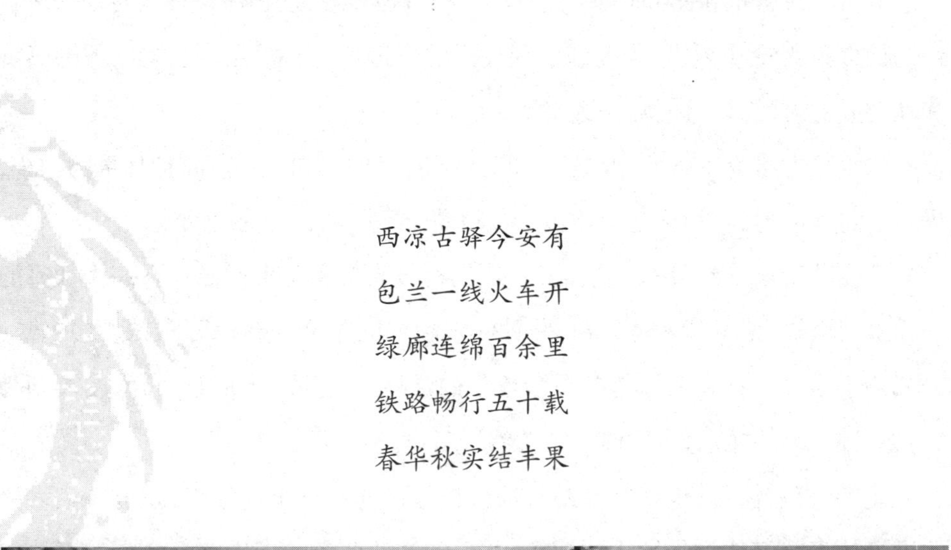

草格网络治沙

花红叶绿传世代

沙坡之名天下闻

联合国里授奖牌

时间之考验

五十年过去了,在当时的条件下,沙坡头铁路防沙造林体系在国内外尚属首创。该体系无论从规模、难度和治理技术的先进性、完整性、以及所取得的经济和社会效益方面,均具国际先进水平。

以麦草方格为基础的"五带一体"治沙防护体系,和"三北"防护林带的结合,提高了防沙能力,当初设定的让包兰铁路安全畅行的目标完全实现。

扎麦草网格。50年来,一代又一代的科技人员和工人们已在在高大裸露的沙丘上,扎设方格草障82.6万亩,栽种沙生和抗旱乔灌木5512万多株。1959年,著名科学家竺可桢在实地考察了沙坡头的治沙后,曾在《人民日报》上发表题为《向沙漠进军》的文章,盛赞沙坡头的治沙工作。

设"五带一体"。也就是围绕着治沙核心区通过五个治沙带,形成一个立体的防护体系。具体在沙坡头表现为:在包兰铁路两侧的近铁路一侧的卵石防护带,这是第一带;第二带就是沙坡头最著名的麦草方格治沙带,通过轧制麦草方格,来固定流动的沙丘,形成了沙坡头独特的治沙模式之一,这叫做麦草方格治沙带;除此之外还有育林带,还有沙墙形成的拦沙带等等。这种'五带一体'的治沙模式成为最环保,最生态的治沙体系。这种由卵石防火带、灌溉造林带、草障植物带、前沿阻沙带、封沙育草带组成的"五带一体"的治沙防护体系,在沙漠铁路的两侧递次展开,一条50余千米的绿色长廊护卫着铁路。50年来,火车畅行在腾格里沙漠上。

营造防风固沙林。1978~1994年,启动"三北"防护林建设,动员全社会力量广泛开展植树造林活动,大规模开展了沙地综合治理。

90年代在北部沙区封山(沙)育林50.58万亩,在北部沙漠边缘地区建起了60千米的防风固沙林带。北部沙区造纸原料林基地建设20余万亩。

竺可桢到沙坡头调研

沙漠中修建铁路,不只建造难度大,保护的难度也更大。其间一个世界性难题是怎么避免铁轨被沙漠埋葬。包兰铁路需穿越中卫境内从迎水桥至甘塘55千米的沙漠地段,可以说是世界级的难题。当时,世界上已有一些沙漠铁路在通车以后,因不堪沙害侵袭,最后被迫停运、改道。

笔者了解到,铁路沙害分三级:一级埋钢轨(严峻),二级埋扣件(中等),三级埋轨枕(细微)。一级、二级沙害铁路就中止通行了。三级有必要及时进行清沙。

2006年4月9日,一场罕见的沙尘暴袭击了我国新疆北部地区,从乌鲁木齐开往北京的T70次列车,遭受罕见沙尘暴袭击,列车车厢全部被狂风掀翻,每节车厢迎风一面的车窗玻璃,被狂风卷起的砂石全部击碎,700多位旅客和乘务人员和风沙展开了殊死搏斗,所幸无一伤亡。

请看一段中卫固沙林场技术室主任黄儒信的亲身经历,他说:

"4月27日中午12时许,乘401次列车去兰州出差,下午14时许,这次车行至沙坡头地段的一碗泉,沙尘暴突然袭来,风沙流猛烈的冲击车厢,天地一片浑沌,看不见信号，火车被迫站外停车，旅客十分恐慌，以为这是地震的前兆，担心发生什么不幸。沙尘暴高峰过后，列车才重新开通。奇怪的是火车一直正常行驶，后来得知那一天腾格里沙漠前沿50公里长的流沙地段安全畅通，各种设施大都完好无损。”

这就是沙坡头绿色防护林体系的奇迹！

1958年，包兰铁路的建设者以超凡的勇气和智慧，让这条铁路横贯腾格里沙漠边缘。并且在兰州铁路局干部职工的精心养护维修之下，包兰铁路创造了安全畅通50年，没有出现任何一级铁路沙害的奇迹。这一成绩是几代治沙人拼搏努力的心血结晶。

中科院沙坡头沙漠试验研究国家站负责人说，包兰铁路得以50年安全运行，畅通无阻。包兰铁路通车以来，火车在沙漠上行驶，从来没有因为风沙的侵袭而发生事故。沙坡头治沙防护体系保证了包兰铁路畅通无阻50载，为国家直接间接创造经济效益数百亿元。

沙坡头景区

绿色之效应

沙坡头治沙工程逼退了沙漠，使16万公顷被沙漠吞噬的土地变成了绿洲，创造了人类逼退腾格里沙漠20千米的奇迹，科技人员和工人们夷平了上千座沙丘，开垦出2000多公顷沙地，引黄河水栽种了苹果、梨、桃、葡萄等果树，在铁路边建起了一座沙漠果园。

1967年5月，第一期引黄治沙工程破土动工，共平沙造田2075亩，栽植刺槐、沙枣、柠条、紫穗槐等400多万株，修成水渠5376.5米，还建起了4级扬水站。在西风口边缘地带建起了两处大型的一二级扬水泵站，引黄河水进入沙漠，大搞平沙造田，计20多万亩。将流经沙坡头的黄河水引到沙丘上，提高了林木成活率。

沙坡头每年风速每秒5米以上的的风沙日由40年前的330天减至122天。

天然植物种类，由过去的25种旱生植物发展到现在的453种，以前这里难见野生动物，如今已有140多种。

植被覆盖率由过去不足1%上升到42.4%。已治理的沙地植被覆盖率，由过去不足1%提高到30%。

国家环保总局在沙坡头建立了中国第一个具有荒漠生态特征的自然保护区，铁道部也在沙坡头建起了中国第一个沙生植物园。

沙坡头治沙工程的意义已大大超过了保护铁路本身，它在人类与沙漠的斗争中发挥了良好的科技示范作用，在治沙、环保、农业、水利、交通等领域均产生了积极的影响。

中卫市沙坡头区对南山台子沙区、北干渠系沙区、西风口沙区、葡萄墩塘沙区、赛金塘沙区、长流水沙区、马场湖沙区、碱碱湖沙区等八大沙区进行了综合开发治理，完成治理总面积60多万亩，防沙治沙及生态防护林面积累计达30万亩；在南山台子及西北部沙漠边缘区建设经济林基地近30万亩，全市林地面积160多万亩。

兴建沙漠果园。在南山台沙区及碱碱湖、赛金塘等北部沙区建起了28万多亩的经果林基地；赛金塘治沙林场在沙漠上建立了万亩果园，在吊坡梁、碱碱湖沙区建立了优质葡萄示范点、在南山台子和碱碱湖沙区建立了优质苹果种植示范区。

发展沙漠温棚产业。在沙漠边缘建起了塑料温棚1200座，利用沙漠地区丰富的光热资源，生产大棚新鲜蔬菜。中卫市计划5年内建设1.6万亩的沙漠高科技农业科技示范园区，建设沙漠日光温室7100座。

种植压砂瓜套种枣树。开发6万亩枣瓜间作节水项目，在种植西瓜的压砂地上套种枣树，西瓜当年见效、枣树的盛果期可达10年至20年。

建设沙漠奶牛场。何滩村在沙漠中建设奶牛养殖场——中卫市沐沙畜牧科技有限公司，总占地面积5000亩，现存栏奶牛4600头，日产鲜奶31吨。打算用三到五年时间建成奶牛标准化养殖示范区4个，总饲养规模达到1万头。

沙漠养鱼。夹道村在腾格里沙漠南缘围湖养鱼，养鱼水面1553亩，鲜鱼产量1350吨，夹道村养鱼基地被自治区授予了“宁夏养鱼第一村”。

沙漠造湖。中卫在腾格里沙漠建设沙漠湿地保护工程1.5万亩，沙漠造湖是治沙“绝招”。

工业化治沙。中卫在北部荒山荒漠上建设集工业发展、生态绿化为一体的省级大型综合性工业园区。占地100平方千米。园区入驻企业93家（含特色园、沙漠光伏产业园）。

建设沙漠光伏产业园。中卫市沙漠光伏产业园规划面积6.5万亩，每年可新增上网电量27.93亿度，实现产值71亿元，每年可节约标准煤111.7万吨，减排二氧化碳278.5万吨、二氧化硫8.4万吨、氮氧化合物4.2万吨。

建设沙漠墓地。中卫沙漠中有一万多座葬墓、一座沙漠公墓，固定了大面积沙漠。沙漠建墓地，黄沙成黄金。墓地可植树造林，实行树葬，提高治沙效果。

汗水智慧铸辉煌

中国创造的奇迹，引起世界的关注，被认为解决了世界性的科学难题。世界50多个国家和地区的数百名专家、学者前来参观考察，称赞这是“人类治沙史上的奇迹”“世界上首位的沙漠治理工程”。

1977年8月，全球沙漠化会议在肯尼亚首都内罗毕召开，中国代表被请上讲

枸杞丰收

坛介绍经验。当听完中方代表的“麦草方格”固沙法后，会场长时间报以热烈掌声。尤其是看到照片展现的治沙成果，外国专家们不无赞叹：这么大面积的流沙被固定，世界上还没有过，中国人了不起！

1978年，联合国环境规划署组织的第一期国际沙漠化治理讲习班在我国举办。来自秘鲁、阿根廷、巴基斯坦、印度、埃及、尼日利亚、索马里等国的17位专家学者和科技人员对沙坡头治沙工程进行了实地考察。

1981年，叙利亚最高理事会秘书长穆罕默德·阿德兰理发依主持联合国环境规划暑在我国举办的第二期防治沙漠化讲习班。来自塞内加尔、索马里、土尔其、肯尼亚等国的学者专家、科技工作者，来到沙坡头考察学习。

联合国各有关组织多次在沙坡头举办国际沙漠化讲习班，先后有60多个国家的首脑、驻华使节、专家学者来参观考察。

1997年3月26日，联合国环境规划署治沙立项评估组一行10人来到沙坡头进行参观考察，充分肯定了治沙成果。

1994年6月5日，中卫固沙林场被联合国授予“全球环境保护500佳先进单位”光荣称号。

1992年，国家环保局在宁夏召开全国环境保护宣传工作会议；期间，与会代表在国家环境保护局副局长金建明和宣教司司长王耀先，自治区环保局局长孙章的陪同下，视察了中卫固沙林场。中卫固沙林场治沙防护体系的效果，林场职工艰苦奉献的精神，使代表为之感动。

1994年5月的一天，中卫固沙林场场长张克智收到北京国家环保局转来的联合国环境规划署来电，打开一看是一份联合国副秘书长、环境规划署执行主任伊丽莎白·多德斯维尔签署的电文，电文写道；

“作为人类环境的护士，中卫固沙林场在城市环境保护的艰苦斗争中，虽然总是默默无闻，不图回报，但你们的功绩举世公认。”

另一份是给张克智的，电文中写道：

草格治沙

“中卫固沙林场被评为1994年度联合国全球环境保护500佳先进单位”

并要求张克智先生参加于1994年6月5日由联合国在英国伦敦召开的全球500佳表彰大会。

消息传开，中卫固沙林场的职工奔走相告，沉浸在欢乐的海洋之中。

6月5日在伦敦英国女王会议大厅举表彰大会，张克智一行七人一步入会场，就引起新闻媒体高度关注。

伊丽莎白·多德斯维尔做了简短讲话后，随即宣布获奖者名单，当伊丽莎白宣布中华人民共和国张克智先生上台领奖，张克智站起身来的一刹间，会场上的外国人投来友好的眼光和热烈的掌声。张克智从容不迫，走上领奖台，伊丽莎白握住张克智的手，用生硬的汉语说：“祝贺您张克智先生！”并将金质奖章戴在了

今日沙坡头美景

他的胸前，双手递过了荣誉证书。

固沙林场治沙的成果得到了国际社会的认可，迎来世界各国人民的掌声。这是由于党和国家高度重视和长期支持的结果，是宁夏各族人民以及中卫固沙林场全体职工几代人艰苦奉献的结果，这是祖国的骄傲！中华民族的骄傲！

后来张克智在林场大门上写上了“为国争光，为民造福”八个大字，以永远提示和激励后人。

沙坡头治沙成果引起了世界各国的广泛关注。

1992年，沙坡头治沙成果被国务院授予“科技进步特别奖”。1994年，沙坡头被联合国评为“全球环保500佳”，沙坡头也成为“联合国教科文组织人与生物圈和世界实验室的研究点”“国际沙漠化治理研究培训中心培训基地”。1997年，被联合国开发计划署增强中国执行联合国防治荒漠化公约能力建设项目列为技术试验示范基地。有50多个国家和地区的数百名专家、学者先后前来参观考察，称赞这是“人类治沙史上的奇迹”。沙坡头的治沙经验，则被称为“沙坡头模式”，不仅被运用到国内铁路兰新线、青藏线、甘武线的建设之中，而且被50多个沙害严重的国家和地区所借鉴。

水电枢纽建沙坡
利国富民百世业

共工怒触天地倾
大坝平湖垣千秋
沙岭南北飞铁龙
大河上下翻黄流
灌溉渠道遍地通

沙坡头水利枢纽

输电线路悬空有
不周山下苍桑变
子孙万代福祉留

从青铜峡大坝说开

新中国成立后，党和政府十分重视黄河上游的开发利用，为西北人民造福。曾规划了要在从青海到内蒙古修建多座水利水电综合枢纽工程，青铜峡水电枢纽工程规划其中。

该工程是1954年编制的《黄河综合利用规划技术经济报告》选定的第一期开发项目。这是宁夏境内黄河上第一座水电枢纽工程，是黄河上游以灌溉为主，结合发电、防凌、工业用水等的综合水电枢纽工程。

该工程位于宁夏回族自治区青铜峡市境内黄河上游的青铜峡峡谷出口处，距银川80千米。青铜峡灌区是古老的灌区，有“自古黄河富宁夏”之说。青铜峡峡谷出口处，距银川80千米，保证扩灌面积最终达550万亩，由此可见青铜峡枢纽工程建设的主要现实意义与深远战略意义。

1955年，着手实施青铜峡灌溉工程的勘测设计研究的前期工作。

1956年3月，水利部批准《青铜峡灌溉工程第一期工程初步设计计划任务书》；

1958年8月，提出《青铜峡水利枢纽工程初步设计报告》。

1958年8月，工程开工，1960年2月工程截流，实现设计任务规定的灌溉工程的“控制水量，减少泥沙，达到经济用水和减少岁修费用的要求”。

1967年12月，水电站第一台机组投产发电，土建基本竣工，以后随着宁夏地区电力负荷的增长，逐年安装机组。

1976年，8台机组投产并网发电。

1993年增加1台机组。

青铜峡水利枢纽工程作用是保证其灌区正常取水、水电站正常发电的核心工程项目，水电站、溢流坝、闸墩等岸边挡水坝组成青铜峡水利枢纽的主体部分。

机组安装

水电站总装机容量30万千瓦，年发电13.5亿千瓦时。

青铜峡水枢纽的输水工程三大灌溉渠道，由秦汉渠、唐徕渠、东高干渠组成，灌溉面积36.67万公顷。枢纽的兴建结束了宁夏灌区两千多年无坝引水的历史。

灌溉渠首，分设左、右两岸。

左岸河西渠首引入河西总干渠，即清代开建的唐徕渠，引水高程1136米，引水流量400立方米/秒。

右岸河东渠首引入河东总干渠，即有名的秦渠和汉渠，引水高程1136米，引水流量100立方米/秒。

上游有高干渠，底坎高程1151米，引水流量24立方米/秒。

青铜峡枢纽工程的建成，结束了青铜峡灌区无坝引水的历史，大大提高渠道供水保证率，扩大了灌溉面积。

综合效益。青铜峡水利水电站枢纽工程自投入运行以来，充分发挥了拦河

渠首闸门

挡水、灌溉、防洪和发电综合效益作用。

1968年水库蓄水运行初期，宁夏回族自治区粮食总产量仅4.78亿千克。青铜峡水库建成后，灌溉面积不断扩大，到1984年，粮食总产量已达到11.3亿千克，净增1.36倍。

沙坡人之期盼

国内水利专家曾经讨论过在青铜峡建高坝的问题。如果在青铜峡建高坝，那么宁夏境内的中宁、中卫将全被淹没，这一提议遭到宁夏本地的一些水利专家的极力反对。随后经苏联专家来现场鉴定，青铜峡的地质条件只能建不高于15米高的坝。这样一来，宁卫平原基本不能受益，由此提出了在黑山峡的大柳树建一级高坝的意见，这就是黑山峡开发的一级方案。

黑山峡工程涉及到甘肃境内沿河村庄被淹没的问题。甘肃方面认为淹没损失在自已，而发电受益在宁夏，而引起许多争议，黑山峡的“开发之梦”开始搁浅。

1959年，全国水利会议在天津召开，时任水利部副部长钱正英英召集甘肃、宁夏、北京设计院讨论大柳树一级开发方案。因勘测资料太粗略,决定继续深入进行地质工作。

1978年,李先念对宁夏革委会副主任杨一木关于修建大柳树水利工程的报告批示说:“如果在西北高原蓄上130亿到到160亿立方米的水,对于改变西北干旱区的面貌,促进工业和农林牧业的大力发展具有重要意义,这是多么好的事…总之要多快好省地建成这个项目。”

1981年秋,黄河上游发大水,所幸龙羊峡围堰,削减了洪峰,兰州、宁夏免受灾害。时任水利电力部副部长李鹏乘直升飞机到宁夏,同来的有西北设计院石瑞芳院长等。宁夏水利专家吴尚贤极力向李鹏呈述大柳树工程的益处,这和甘肃的专家一直想说服中央政府同意小观音工程开工的观点不同,再次掀起争执。

1986年,水利水电规划总院院长罗西北率黄河上游水电经济开发考察团数十人至西北考察,考察团中持有小观音优先开工言论者占上风,到宁夏看过大柳树坝址及灌区后,考察团中有人首先提出推荐大柳树,否定小观音,罗西北也转向支持大柳树一级开发方案。

黄河水利委员会资深望重的王化云主任明确指出,黄河黑山峡的开发方案以大柳树一级开发为重,但开工时间应在黄河小浪底水利工程之后。

就像一个提前赶到的排队者,却被一个个插队者往后挤着,黑山峡里蕴藏的宁夏人的水利梦,再次排在了小浪底水利工程的后面。

圆梦沙坡头

沙坡头水利枢纽位于宁夏回族自治区中卫市境内的黄河干流上,其上游12.1千米为拟建的大柳树水利枢纽,下游122千米为已建的青铜峡水利枢纽。工程区距自治区首府银川市200千米,距中卫市20千米。枢纽的北侧3千米便是沙坡头火车站,下游12千米就是迎水桥火车站。

沙坡头水利枢纽,是以灌溉、发电为主要目的的低水头水利枢纽。1958年以来,曾先后多次进行过规划设计。

1981年后,宁夏水勘察院提出《黄河沙坡头水利枢纽与灌区规划报告》,前期已有相当基础。

1999年，沙坡头水利枢纽工程被国务院批准立项并列为"十五"期间的重点工程和西部大开发的十大工程之一。是宁夏回族自治区"十五"期间开工建设、建成并发挥效益的一项重点水利工程。

该工程于1999年9月国务院批准可行性报告，2001年5月水利部批准初步设计。2000年临时工程开工建设，2001年年底实现截流，2002年主体工程开工，2004年9月底工程竣工，建设总工期45个月，工程总投资11.97亿元。

沙坡头枢纽工程主要以灌溉、发电为主，水库总库容26000万立方米，电站总装机12.04万千瓦，最大坝高37.8米，坝顶长867.65米，坝顶高程1242.6米。主要建筑物由河床电站、泄洪闸、渠首电站和副坝组成。

枢纽建筑物从左到右依次为土石副坝、北干渠及渠首电站、河床式电站、隔离墩泄洪闸和南干渠及渠首电站。河床主坝长338.45米，长529.20秒，主副坝总长867.65米。河床电站坝段总长102.8米。设4个机组，安装4台灯泡贯流式水发电机组，单机容量2.9万千瓦，水轮机转轮直径7米左右。泄洪闸布置6孔，单

支渠

孔15秒，工作门采用弧形闸门。

工程布置与主要建筑物。枢纽大型工程主要建筑物为三级。设计洪水标准为50年一遇，相应洪峰流量为7480立方米/秒。

灌溉。控制灌溉面积为87.7万亩，宁夏卫宁灌区将由无坝引水变为有坝引水，提高灌区的灌溉保证率，年减少引用黄河水量5.0万立方米，减少进水量1.6万立方米，使灌溉保证率由50%提高到80%以上。除改善现有灌溉66万亩农田外，还可扩59万庙。为灌区节水创造必要的条件。宁卫平原结束了无坝灌溉的历史。

主坝发电机组与南北干渠渠道电站为扬水转灌区提供廉价电力。设计水头8.9米电站装机12.48千瓦平平均发电量6.71亿度。总投资约2.7亿元。

同时，沙坡头电站还可为宁夏电网提供电力，年发电量6亿千瓦时。

枢纽工程对合理开发利用黄河水资源，改善区域生态环境，促进当地经济和社会可持续发展具有重大意义。

站在已经建成的沙坡头水利枢纽大坝上，看着昔日流经这里浩浩荡荡的大河之躯变得灵巧而温顺，距离大坝向东不远处的沙坡古渡，早已不见了昔已古渡的模样。

想当年，宁夏知府赵惟熙曾突发奇想，作修筑铁路，火车奔驰穿越沙坡头之梦，他哪能想到，20世纪不仅圆了他的铁路梦，而且21世纪，在沙坡头下，能看到横截黄河，河上出平湖的宏伟景象。

沙坡头水利枢纽工程的建成，使黄河流到这里放慢了节奏，河上出平湖，使沙坡头黄河段的地理面貌有了改观。

如果以枢纽工程为圆中心，向四下展望，方圆20千米的地域集中了腾格里沙漠、黑山峡峡谷、香山山脉和贺兰山南端余脉、宁卫平原绿洲等不同地貌，谱写了一曲融合大自然瑰丽和人文文化灿烂于一体的交响曲。

加上融入了历代的文化积淀、底蕴深厚的人文景观、享誉世界的治沙成果，形成了不可复制的绝世奇观，一幅沙水共谋的美妙画卷展开在宁夏平原。

“那是黄龙和青龙大战，但谁也干不过谁，就闹出了一个一直大战、一直没个分晓的结局。”当地农民这样向解释黄河流出黑山峡后的一个地理奇观：在黑山峡峡谷里积聚的水力使黄河流经当年科学家们治理沙漠时入住的童家院子以西几公里的大湾处，从南向北而来，不停冲刷着十几米高的沙坡，却没出现河逼沙退的悄形；风沙下的腾格里沙漠，每年都有大量流沙进入黄河，却没有出现沙淹黄河的景象。

黄河和黄沙在这里互相显示威力，但又似乎相让，保持了千万年间的这种沙河对峙的情形。这是自然力的对抗和平衡。而沙坡头水利枢纽工程把这种对抗和平衡发挥到极致。如果说伏羲发明的八卦为现代计算机提供了基础，那么沙坡头枢纽工程的意义，就像传说中伏羲将瓠之一半，从香山抛下，造出沙坡黄河相容的阴阳太极图一样，改变了地貌。

宁夏回族自治区政府想利用沙坡头水利枢纽工程，在地势较高的宁夏平原西部，将黄河水送到干旱的贺兰山东麓，用于整个贺兰山东麓的生态开发，并由此带动宁夏的生态移民。这就标志着传统的宁卫平原开始“变大”了。

治沙续出旅游篇
改革谱就新篇章

春风化雨润沙岭
点沙成金沐春风
思想解放有新政
措施落实重行动
调查研究讲实际
出门访问取真经
挖掘潜力析现状
放眼世界勇攀登

沙坡头全貌

沙坡头处于宁、蒙、甘三省(区)的交接点,是黄河第一入川口,是欧亚大通道、古丝绸之路的必经之地。中国第四大沙漠腾格里沙漠和黄河在这里交融碰撞,一水中分,绘就了一幅天然“太极图”。

这里南靠山峦叠嶂、巍峨雄奇的祁连山余脉香山,北连沙峰林立、绵延不绝的腾格里大沙漠;中间被奔腾千里、一泻而下的的黄河横穿而过;在沙与河之间,是一片郁郁葱葱、滴翠流红的古朴园林——童家园子。黄河与沙漠、沙漠与绿洲、人类与自然在此交相辉映,成为塞上一处胜景。

作为国家首批AAAAA级旅游景区之一,作为老少妇孺无人不知的中国最佳旅行目的地之一,谁会想到沙坡头的开发建设却是从治沙防沙开始的。

从民间做起

沙坡头治沙的初衷是保障包兰铁路在沙坡头段不受流沙侵害,能够畅行,没有更多的奢望。哪想到这一干,就不可收拾,依着治沙人倔强、要强的脾气,硬是干出了名堂,而且名堂越来越大。

火车在沙海、沙暴中安全行驶50年!这是一个世界铁路建设史上的奇迹!一时之间,全国各行各业尤其是铁路、林业部门都纷纷派人来到这里学习防沙治沙的经验与做法。各种现场观摩和经验交流,使得沙坡头成为当年媒体宣传的焦点,人气越来越旺。不仅是外边的人慕名而来看沙坡头,而且是沙坡头本地群众也好奇地围观外地人,尤其是金发碧眼、黑里透红的各种“洋人”。

“民以食为天”,这外地人到沙坡头也得吃饭。于是有些脑瓜子灵的沙坡头人,闻声先动,试着先开起了参观路上的饭馆。后来发现生意还不错,就把“生意经”扩大为在好看的地方给参观者照相,卖东西。再后来,开蹦蹦车的,开旅馆的,卖餐饮的如雨后春笋越来越多,于是胆子大的人干脆圈出一些风景地专门供外地人花钱欣赏。沙坡头的旅游就是这样自然产生的。到后来,政府主导,引进投资,大规模的开发和建设,沙坡头成为全民全域的旅游区。

从最初只想治沙一条路,到最终成就旅游大产业,真是“有心栽树树不活,无心插柳柳成荫”。正如当时一篇报道的题目所说的“治沙治出旅游业!” 毋庸置疑,沙坡头地区在自然、地理、历史、科学、文化、风士人情等方面风格独特。有发

沙丘远眺

展旅游事业的人文地理优势。

雄宏瑰丽的大漠风光，驼铃声声；奔腾流急的黄河风情，筏子颠簸。现在的中外游人把沙坡头奇特的自然景观和治沙成果形象生动地概括为“三条龙的搏斗”，在黄龙、沙龙之上又加了铁龙（铁路），铁龙无比厉害，不仅战胜沙龙，穿越沙漠，还可以跨越黄龙。

要说最早来中卫沙坡头“旅游”的外国人是意大利的马可波罗。大约800年前，马可波罗由中亚进入中国，再穿过腾格里沙漠过沙坡头，到兴庆府最后到大都。1844年，法国传教士格尤可从北京出发到包头，沿着古驿道进入宁夏再穿沙坡头抵兰州，最后进藏。1871年，俄国旅行家普尔斯基也是沿着着这条路线去西藏的。

在新时代，治沙和改革开放给予沙坡头人以千载难逢的创业机遇。要说这旅游业还是从民间做起的。

1978年开始，陆续有一批批外国专家到沙坡头参观考察，工作之余对沙坡头奇特的自然景观和风土人情产生了浓厚的兴趣。他们滑沙坡，骑骆驼，还想在黄河上体验坐羊皮筏子漂流的滋味。

童家园子的群众非常好客，高兴地扛来筏子，牵来骆驼供国外朋友玩，纯朴的庄稼人不好意思收费，认为外国人来家门参观是件好事儿，收了客人的钱显得小家子气，后来游人逐渐增多，需要人专门接待，他们觉得这也是一种劳动，也就不那么容气了，收了小费。这小费积多了，数目也不小啊。逐渐的沙坡头附近的人也加入到这个行业中来。参观者不只是洋人了，周边老百姓也来看了。

实际这就是旅游业的雏形，旅游业从民间做起，旅游业在这里起步。有谁能想到，十年后、二十年后，沙坡头竟然一夜走红，成为载入史册的、天下闻名的AAAAA级旅游景区呢！

政府促进发展

沙坡头旅游，最早是由香港同胞向世界传出去的。1983年10月，香港《中国旅游》杂志社记者唐志光、柴英子等一行数人慕名来沙坡头考察采访。之后，该刊总第46期即以显著位置和版面向世界各地介绍了沙坡头的治沙成就和独持的自然风光。一位记者撰文说：这个旅游手册上近于空白的地方，最近才宣布向旅游者开放，我却是捷足先登……我去宁夏，为的是到黄河——这炎黄子孙日夜思念的地方，去畅舒胸怀，观赏塞上江南奇迹，凭吊可歌可泣的古战场和神秘的历史古迹。这个开放的旅游处女地，不单有田园相望的江南景色，还有截然不同的黄沙万里的大漠风光。

1984年，经国务院批准，中卫市成为全国率先对外开放的城市。当年3月，县人大，县政协的几位有识之士提出了开发建设沙坡头旅游区的建议，就此中卫县人民政府组织外事、宣传，文化等部门和单位的有关人员，对沙坡头地区的旅游资源进行详细调查。

考察结果是令人欣喜的。文物管理部门提供的资料表明，在全县境内有非常丰富的文物古迹：沙坡头、一碗泉新石器时代造址久已闻名，小湖岗子等地曾出土春秋代的青铜兵器等文物，长流水地区发现多处汉、唐遗游迹，在沙坡头地区有汉代古渠、西夏古渡、清代水车和年代久远的古长城等文物古迹、在县城街心区域有风格独特的明代高庙和鼓楼。最值得称道的是，沙坡头铁路治沙工程驰名中外，到这里考察参观的外国专家、学者络外不绝，慕名而来的中外游人日益增多，这一切，为旅游区的发展提供了非常有利的条件。

“要把握住改革开放这个契机、把沙坡头作为宣传中卫、振兴中卫的一个窗口，将宁夏旅游史上的一大空白填补起来！”县委、县政府“关于开发建设沙坡头旅游游区”的计划得到了自治区人民政府的支持。时任黑伯理主席亲临中卫沙坡头考察后，自治区计经委和外事旅游门立即投入运作。宾馆、道路、公园等旅游基础设施和服务项目的建设很快付诸实施。

在自治区人民政府的支持下，中卫人仅用了一年多时间，就完成了一期旅游开发项目的建设，向国内外游人敞开了沙坡头旅游区的大门。

1984年7月，宁夏回族自治区批准建立沙坡头自然保护区。1986年3月，在香港“特殊旅游展销会”上，沙坡头旅游区代表宁夏首次向世界推出了具有中国大西北地区特色的旅游项目。1986年6月，《中国旅游报》在头版显著位置，发布了沙坡头旅游区正式开放的消息。同年11月，中卫县参加了中国国际旅行社举办的全国旅游展销会。有350名客商当场预订了特殊旅游项目。

就在这个月，美国、加拿大“丝绸之路旅游考察团“第一次到宁夏，多国考察团团长美国李氏旅行总社总裁胡顺先先生及其成员们，对沙坡头倍感兴趣，他们看到这里有黄河、沙漠；高山、长城；有铁路、公路和闻名遐迩的治沙工程；还有能发出声响的沙坡鸣钟、认为这是很难得的人文景观。

1987年7中旬，原旅游总局局长韩克华和自治区主席黑伯理对沙坡头旅游区进行了考察，指出：旅游事业作为经济建设的一个方面，大有发展前途，沙坡头还要开发一批新的富有地方特色的旅游项目。

为了尽快把沙坡头建成一个独具特色的旅游圣地，时任县长戴万忠同外事旅游部门的干部和工作人员一起乘坐羊皮筏子在惊涛骇浪中，进行水路源头探察，然后组织人力、物力反复实验，根据一些外国人喜欢冒险和好奇的心理特征在保证安全的情况下，新辟了两个探验旅游项目：乘骆驼深入沙漠腹地探秘，坐羊皮筏子长距离漂流黄河。初秋，一对荷兰夫妇和一对比利时夫妇，率先领略了沙坡头风光。

沙坡头旅游区1986成立管理所，正式运行以来，一度存在认识不到位，缺乏管理经验，管理体制不顺，投入不足等问题。针对这些问题，他们提出了许多措施。比如：

加强旅游团队的建设，委派有事业心，改革开放意识强的干部组成领导班子；提高对旅游业的认识，改变一些职工认为旅游管理就是收门票，打扫卫生的肤浅认识，而是一种全方位的服务，服务工作是旅游业的基础；将原事业建制的旅游管理所改变为企业性质的沙坡头旅游有限公司，引进社会力量参与投资和建设，银川东方运输设备有限公司就是第一家参与投资的民营公司；设岗定责，建立奖惩制度，调动职工的积极性。

1994年，经国务院批准沙坡头晋升为国家级自然保护区。这是景区建设的一个新阶段，从此良好的生态保护成为景区可持续发展的核心理念。

共同铸就辉煌

浩瀚无垠的腾格里大沙漠、蕴灵孕秀的黄河、横亘南岸的香山与世界文化遗产战国秦长城、秦代窑场遗址、新石器遗址、滴翠流红的河湾园林，沙坡头50千米的固沙防护林工程，这些都是不可再造的世界级品位的绝世奇观。它们综合性的构成今天沙坡头景区。

为了加快实现沙坡头旅游区的跨越式发展，高屋建瓴地确立了将中卫打造成“生态旅游文化城市”的目标。并围绕自治区党委、政府提出的打造黄河金岸，培育新的经济增长极的重大战略决策，决策者开始在更高层次、更深层面谋划沙坡头的旅游事业。制定了一系列发展旅游产业的政策和战略规划。

2004年起，中卫的历史翻开了新的篇章，本着“高起点规划，高标准建设，高质量要求，高效率行动”的理念，围绕旅游景区“吃、住、行、游、购、娱”六要素，重点在“三个中心”（即黄河漂流中心、人地关系教育中心、沙漠生态示范中心）和“五个一流”（即一流的基础设施，一流的旅游环境，一流的服务质量，一流的管理机制，一流的品牌形象上大做文章，做大文章。建设了腾格里沙漠湿地公园、黄河湿地生态公园、香山公园、黄河景观带等一批重点旅游项目。总投资3.7亿元的中卫香山机场也于2008年12月26日正式通航。这一系列基础设施和旅游项目的建设,为中卫市旅游业的发展起到不可估量的推动作用,初步形成了中卫大旅游的发展格局。沙坡头旅游区还通过争取国家和自治区拨款、银行融资贷款以及自筹资金等方式,先后投入1.5亿元用于景区基础设施建设、景观保护、游客服务、安全管理等方面的打造与提升。建设了迎宾门、迎宾大道、景区主大门、烟雨黄河楼、民族演艺餐厅、游客中心、生态停车场、鸣沙渡码头、海市蜃楼、观海楼、沙漠酒店和沙漠博物馆。修筑了中央大道、彩虹大道、平安大道、迎宾大道等城市道路。

创建了全区第一家景区导游演艺公司,开发了沙漠越野、户外拓展、激情飞跃等"冒险型"休闲产品和"渡假型"旅游产品。成功策划举办了全国首届沙漠体育运动会、欧洲丝路长跑、黄河漂流节、中国西部花儿节、横渡黄河铁人三项耐力赛等节事活动,创造了"万人徒步穿越腾格里沙漠""千人羊皮筏黄河漂流"两项吉尼斯世界记录。

沙坡头景区旅游品质接待、休闲度假、旅游咨询、文化交流的四大功能,不断得以完善和提升。

2006年12月,国家旅游局经验收评估,公布沙坡头为AAAA旅游景区。2007年1月沙坡头被评为"2006中国西部亿万读者喜爱的旅游景点"。2007年3月7日,国家旅游局对首批66国家AAAAA级旅游景区试点单位进行公示,沙坡头旅游景区榜上有名。同年5月正式挂牌。

为了谋求得更大发展,充分发挥市场化运作,2012年宁夏沙坡头旅游景区有限公司暨宁夏沙坡头索道有限责任公司正式揭牌,自治区、中卫市主要领导出席仪式。

沙坡头景区分南北两区,南区20世纪80年代开发建设隶属国有,为沙坡头旅游有限公司。北区2004年由民营企业银川东方运输设备有限公司开发经营。这次挂牌意味着沙坡头景区长期以来挂一块牌子,两套经营管理体制的局面得以改变,南北景区分开管理的状况结束。

这次新成立的合资公司,可以享受政府的优惠政策。合资公司的协议确定新公司享受宁夏出台的各项招商引资优惠政策。合资公司成立后,有关沙坡头景区的政府及国家旅游专项拨款归合资公司所有。

沙坡头旅游结束"南北分制"的管理题体制，快速形成品牌效应，实现了跨越式发展，成为沙坡头旅游景区走向国内大市场的名片和标志。打造和建设沙漠城市，成为他们的定位和进一步要实现的目标。

2014年2月，中国港中旅集团公司与中卫市政府在银川签署旅游资源开发合作协议。

港中旅集团高度重视并落实与中卫市签订的战略合作协议，已把沙坡头旅游项目开发定位为集团推进西北地区旅游市场开发最重要的支撑项目，下一步将全力加快推进。

同时，积极全面启动实施"东延、南跨、北拓"规划，2014年完成投资7亿元以上，向东建成旅游新镇游客中心，第二停车场；向西整合开发九龙湾景区，建设茶坊庙渡口、黄河景观平台；向南开发沙坡头南岸丝路半岛度假村；向北拓展打造沙漠休闲度假区域，建设沙漠玫瑰酒湖体闲板块。

港中旅随后组建专业管理团队进驻沙坡头景区，引入先进管理理念和营销

黄河农家

手段实施经营管理，利用港中旅芒果网、国内外旅行社网络系统资源、旅游演艺创作专业团队，全面丰富和提升沙坡头旅游品牌效益，投资合作完成后的3年内，确保景区游客数量、收入年均增长15%以上。

通过与港中旅集团公司的合资合作，全面引进港中旅集团公司全新的管理理念和管理模式，这有利于进一步优化中卫旅游产业结构，促进旅游产业转型升级，激发市场活力，提升中卫旅游品牌形象，发展大旅游，构筑大产业，力争5年时间把中卫打造成国际化沙漠旅游目的地和西北独具特色的旅游休闲度假城市

经过近五年的深度开发建设，沙坡头旅游区打造出了多文化交汇的沙坡鸣钟核心区、体验黄河文化景观的黄河漂流区和中国大漠休闲体育运动旅游区等三个独具特色，功能齐全的自然文化核心区域。

独特的地理构造，厚重的文化内涵，丰富的旅游资源，领先世界的治沙成果，新颖刺激的游乐项目，沙坡头品牌的知名度、美誉度与日俱增。中外游客发出了“游遍中国万里路，长忆宁夏沙坡头”“黄山游完不望岳，宁夏归来不看沙”的由衷赞叹。

大漠奇特有雄浑
西风古道创新篇

沙坡鸣钟早有闻
今响一声天下听
桂王沙城觅旧迹
古道西风闻驼铃
滑板一落黄河畔
钢索直攀沙山顶
更有沙车峭壁飞
大漠风光一揽胜

沙坡头的景色奇在集大漠、黄河、高山、绿洲于一体，既有西北的雄奇，又兼江南的秀美。游客在这里可以乘坐羊皮筏子、体验中国最大的天然滑沙场、横跨黄河的“天下黄河第一索”，古老水车吱悠悠的转，说不定还能见到沙漠中的海市蜃楼。

有沙皆成文章

沙坡头历史上处于农耕文化和游牧文化的过渡地带，当两种文化发生矛盾和冲突的时候，平日里和平吉祥的黄河沙岸有时也会成为兵戈铁马的沙场。

历史上的沙坡头也是自然灾害的频发地。黄沙滚滚、黑沙蔽日、沙进人退都是常见的情形。新中国建立后，特别是改革开放以来，经过几十年趋利避害的治理改造,开发建设,这里才彻底改头又换面,塞北变江南。

如今,沙坡头已是AAAAA级的旅游胜景,有着“游遍中国万里路,长忆宁夏沙坡头”“黄山游完不望岳,宁夏归来不看沙”的美誉,吸引着世界各地的游客不断到来。

“有沙皆是美胜景,有沙皆可作文章。”昔日的黄沙地已经变为今天的金沙岛。首先是治沙成果世界闻名。这里以草方格治沙奇迹而被联合国授予“全球环保500佳”单位的荣誉称号,被世人称为“沙都”。

其次是沙漠景观独一无二。这里有中国最大的天然滑沙场——“沙坡鸣钟”;有总长820米、横跨黄河的“天下黄河第一索”——沙坡头黄河滑索;有世界第一条成功横穿沙漠的铁路——包兰铁路。

第三是沙漠旅游享誉全国。这里是“中国沙漠旅游基地”,沙漠旅游产业示范区,被国家体育总局授予“中国全民健身著名景观”;被中央电视台评为“中国十大最好玩的地方”;被《中国国家地理》杂志评为“中国最美的五大沙漠”之一。有沙漠运动场,沙漠体育博物馆,曾举办过全国沙漠运动会,计划打造宁夏最大、全国最有影响的大漠体育公园。

在这里,可以骑骆驼遨游沙海,体验驼铃声声;可以徒步或自驾穿越腾格里沙漠到达沙漠中的伊甸园——通湖草原,体验挑战生命禁区的快感,还可以乘坐沙海冲浪车,咫尺之间领略大漠孤烟、长河落日的奇观。

沙坡鸣钟

沙坡鸣钟是沙坡头的旅游特色之一。中国最大的滑沙场就在这里,100多米的沙坡,倾斜60°,好像蓄势欲扑的猛兽,突兀挺拔。人们从沙坡顶部200多米长的坡道随着松软干净的黄沙自然滑下,大有沙海冲浪的感觉。这时一种似钟似瓮的“嗡嗡”声轰然而起。伴随着滑动的节奏,“嗡”声越来越大,仿佛细腰楚女在演绎编钟,抑扬顿挫的韵律,使人的情绪升腾到沸点。这便是著名的“沙鸣鸣钟”。

与全国其他鸣沙相比,“沙坡鸣钟”最为奇特,历史也比较悠久。北魏曾在这里设立鸣沙镇,后世历有沿革而鸣沙之名从未有变。顾祖禹《读史方舆纪要》称

"《元(地理)志》鸣沙河,即宁夏中卫鸣沙山南黄河也。"

对中卫鸣沙,古代典籍多有记载,并以此为州县命名,甚至把黄河流经沙坡头的这一段"大环曲"也称之为"鸣沙河"。唐人李吉甫的《元和郡县图》:"人马行经此沙,随路有声异于余沙,故名鸣沙。"《读史方舆纪要》载"自兰州而东,过北卜渡,至鸣沙河,过应理州,正东行至宁夏路。鸣沙河,即宁夏中卫鸣沙山南黄河也"。

唐代朔方节度使辖的丰安(今中卫)、定远及三受降城称"五城",著名边塞诗人李益在他的《五城道中》有关于"鸣沙"的吟咏。

金饶随玉节,落日河边路。
沙鸣后骑来,雁起前军渡。

李益是姑臧(今武威)人,曾在朔方节度使李怀光及灵州大都督杜全幕下担任从事等职。长期巡行边寨,戎马倥偬,对今中卫一带是熟悉的。这首诗形象地

滑沙旅游项目

描绘了落日之时，大唐军队在鸣沙一带行军渡河，雁起沙鸣的盛况。《五城道中》是一篇直接描写“沙坡鸣沙”的难得诗作。宋代李舫《太平广记》引《国史异算》载：“灵州鸣沙县有沙，人马践之辄有声，持到他处，信宿之后，无复有声。”

元明以来，沙坡头的“鸣沙”成为宇内异景，史不绝书。明《弘治宁夏新志》说“沙坡钟鸣，城西四十里，沙关朝暮有声如钟，天雨时益盛。”《明史·地理志》载，中卫"西有沙山，一名万斛堆。大河在南"。《读史方舆纪要》载，中卫“西五十里，因积沙而成，或云即万斛堆”。

沙坡头这座大沙山，历来名声显赫。在历史上，它有一个十分响亮的美名，叫鸣沙山。这里所说的“鸣沙山”，即今之沙坡头。有趣的是，古人将“沙关鸣钟”这一自然景观归在“样异”一类，说明古人已经从神秘文化的角度给予这个军事关口以另一种意义，增添了这里的沙漠文化内涵，沙漠文化和军事文化就构成了这里的两道奇异风景。

现今，沙坡头已成为全国著名的滑沙场，络绎不绝的游人从高陡的沙坡之颠滑将下去，一面享受刺激的快感，一面倾听沙丘发出的神秘“钟声”，已成为当地闻名遐迩的旅游项目。沙坡头还是一个景色别致的地方，站在沙坡下，抬头仰望，但见沙山悬若飞瀑；人乘沙流，如从天降，无染尘之忧，有钟鸣之乐。

黄河、大漠、沙山，胜景如画，加之40多年来，治沙专家和当地民众为使铁路安全通畅，锁沙龙，开绿洲，造就治沙奇迹，造福一方民众，更使沙坡头驰名中外。

以科学观而论，沙坡头的“沙坡鸣钟”，是典型的“鸣沙”现象。在自然界里，鸣沙现象是普遍存在的，在美国的长岛马萨诸塞湾、威尔斯西岸、丹麦的波恩贺尔姆岛，波兰的科尔堡以及巴西、智利和亚洲与中东的一些沙滩，沙漠都会发出奇妙的声响。

在我国也有三大鸣沙之地，第一处是甘肃敦煌月牙泉畔的鸣沙山，第二处便是中卫沙坡头黄河边的沙山，第三处是内蒙古达拉特库布齐沙漠罕台川（黄河支流）两岸的向沙湾。

鸣沙现象不仅遍布很广，而且沙子发出的声音也是多种多样。然而，沙子为什么会鸣响？这个问题使人困惑，也引起人们对它进行研究和探索的兴趣，多年来,人们对鸣沙的原因也有各种各样的解释。

一些学者认为,沙粒涂上了一层薄薄的钙化合物,在大量的沙子相互摩擦时,便会产生类似提琴拉出的乐曲一样的声音。也有研究认为,鸣沙的基本原理在于空气在沙粒之间的运动,当沙子在滑的时候,它们之间的空隙,便会一会儿扩大,一会儿缩小,空气也因此一会儿钻进这些空隙,一会儿又被挤出这些空隙,因此便产生震动而发声。

还有另一种解释,鸣沙的原因是因为沙子带电而发声,持这种种观点的学者认为:由于相撞,沙丘的沙子不断地充上不同的电荷,接者开始一个一个排斥,这就像放电情况一样引起了声音。前苏联学音雷日科顺地制造了人造的发声沙。他取来普通的河沙,清洗沙中尘土,再从河沙中清除杂质,然后在起电盘的帮助下充电,接着沙开始响起来,再用手挤压这些带电的沙子时,发出拉提琴的声音。

1957年夏天,原中国科学院副院长竺可祯以古稀之年,兴勃勃地亲自爬上沙丘,体验了沙坡头“鸣沙”的有趣现象,回去后写了《沙漠里的奇怪现象》的科普文章。他认为这种自然现象是可以被我们认识的。

50年代以来,中国科技工作者曾对鸣沙山鸣响之谜作了种种探索,并提用了几种不同的推测和假说。一为孔隙说;二为摩擦静电说;三为压电效应说,四为共鸣放大说;五为大环境回声震荡说等。

中国的专家马玉明提出自己的见解:响沙的“共鸣箱”不在地下,而在地面上的空气里。他认为,响沙的发生需具备三个条件:一是沙丘大且陡;二是背风向阳,背风坡沙面呈月牙形,三是沙丘底下有水渗出(形成泉潭)或有大的干河槽。他还提出,由于空气温度和风的速度经常在变化,不断影响着沙粒响声的频率和“共鸣箱”的结构,再加上策动力和沙子固有率的变化,鸣沙声音也经常变化。有时下雨天去看鸣沙,发现鸣沙响,这正是由于温度和湿度的改变,破坏了鸣沙“共鸣箱”结构的缘故。

这个说法也有存疑,国外一些海滨的鸣沙沙滩是相当平坦的,不存在高而陡的月牙丘,而且它们往往只会在雨后不久,表面层刚刚干燥的时候发出响声,这又难用上边的理论解释。尽管各种说法还难以达成共识,但更多的专家学者还

沙漠驼铃

是认为鸣沙的形成与当地特殊的地理环境有关。

驼铃声声

提到骆驼，论起它高大的身躯，应是六畜之首了，被称作“沙漠之舟”。“叮铛……叮铛……”，听到节奏缓慢而又悦耳的驼铃，人们一定会想到电影、电视剧中驼队和大漠的雄壮场景。

骆驼的四肢很长，走路姿态奇特，它的一侧前腿和后腿同时迈步，初看到这种奇异的步伐，很逗人笑。它的蹄子扁平，形状像盘子，脚底有厚厚的内垫，好像安装了一层弹簧，行走穿行不会陷进沙地里，十分平稳。骆驼行走的速度也很快，而且善于夜行，能识别方向和沙漠中的道路。

每当狂风发作，黄沙滚滚，遮天蔽日。许多牲畜都受不了，唯有骆驼不惧风沙。因为骆驼有抵御风沙的特殊眼睛和鼻子，骆驼有一对双眼皮，眼毛也是双重的，当风起沙扬的时候双重眼毛好像一幅沙帘，可以遮挡风沙。

骆驼的鼻孔里有一个“瓣膜”，当猛烈的风沙吹来时，它只要把“膜”关闭，便可以阻挡沙灌入鼻孔、气管。骆驼的鼻子还有一个特殊的功能——能够嗅出远处或埋在沙之下的水味。有人做过试验，证明骆驼够嗅出三里之外的水源。

骆驼和其它动物不一样，特别耐饥渴，人们只能骑着骆驼横穿沙漠，所以骆驼有着“沙漠之舟”的美称。骆驼的驼峰里贮存着脂肪，这些脂肪，在骆驼得不到食物的时候，能够分解成骆驼生存所需要的养分，供骆驼生存需要。骆驼能连续四五天不进食，就是靠驼峰里的脂肪。

另外，路驼的胃里有许多瓶子形状的小泡泡，那是存水的地方，这些“瓶子”里的水使路驼即使几天不喝水也不会有生命危险。当骆驼得不到食物时，或者长途跋涉，体力消耗过大的时候，便将贮存的脂肪分解，转化成它所需要的养分，输送到体内各部分。这时驼峰也明显地变小，如果驼峰软软地向一侧下垂，这是它向主人表示“储备粮”快要用光了。

骆驼能吃其他动物不吃的多刺植物、木枝叶和干草，当然有更好的食物，它们也乐意取食。食物丰富时，骆驼将脂肪储存在驼峰里，条件恶劣时，即利用这种储备。

冬季，骆驼生长出蓬松的粗毛，到春天粗毛脱落身体几乎裸露，直到长出新

驼队

毛。骆驼的寿命为30至40年。经过训练的骆驼,如果管理恰当,一般性格温顺。

正是因为骆驼的这些特点,20世纪以前,我国有沙漠或靠近沙漠的省份都饲养骆驼,成为主要的、甚至是唯一的交通运输工具。被人们称作“沙漠之舟”再恰当不过了。

在历史的岁月里,沙漠即是战场。从秦汉到明清,不知发生了多少次大小战争。远的地方不说,就说咱这沙坡头曾发现战国时的青铜制造的兵器,和汉代的铁制造的兵器。有兵器遗留,一定是这里发生过战争。就是到了近代,人们解放军大兵压境还在许多沙漠发生了剿匪的战争。腾格里大沙漠包括沙坡头的沙山沙丘也无例外。

谈论起古代战争时,人们首先想到是“金戈铁马”,披坚执锐的士兵们骑着高头大马驰骋疆场的壮观场面,早已被许多战争题材的影视剧着力表现过。

尽管马匹的驯化和使用曾经对世界军事史发生过极为深远的影响,中国古代甚至把马匹数量的多寡作为衡量一个王朝军事力量强弱的重要依据。

但是在沙漠隔壁的环境下,骆驼比马匹更具有优势。骆驼的身材较马匹高大,身上还会分泌出令马匹焦躁不安的气味。虽然奔跑速度不如马快,骆驼依然凭借己身独有的优势成为沙漠地带游牧部族骑兵的坐骑之一。

最先将它们驯化出来的也是草原民族,由于速度上的短板,所以定居文明或游牧民族军队一般情况下只把骆驼编入后勤队伍中。

北宋时候的太宗赵光义,试图收复幽州的军事行动中,就有专门负责运输粮米甚至鲜鱼的骆驼队,起了马队运输不可替代的作用。当年蒙古铁骑精锐,打下大半个欧亚大陆,就有一支特殊部队,——“却薛军”。士兵们骑着背驮两面大鼓的双峰驼,充当着传递信号的通信兵。也是军中的仪仗队。

进入20世纪之后,由于现代科学技术的发展,使得坦克等装甲车辆成为陆地战场上的新主角,在这个大背景下,骆驼和战马最终全面退出了战争的舞台。不过在世界上某些气候恶劣、交通设施不能为现代车辆载具提供支持的落后边远地区,骆驼依然是不可替代的士兵之友,继续兢兢业业地发挥着它们的作用。

沙坡头在当年是宁夏通向兰州,西凉的古道,也是人们嘶鸣的古战场,今日

当你来到这里骑乘“沙漠之舟”，可以大发思古之幽情，穿越时空，让情绪在古战场上任意驰骋。

也可以打开想象的闸门，加入到驼铃声声的马帮驼队中，体验商旅行程。浩瀚无际的大沙漠，乘着“沙漠之舟”骆驼，穿行在起伏的如同浪一般的流动沙丘之间，会感到一种从未有过的新奇和兴奋。

骑在“沙漠之舟”骆驼背上，在晴朗的早晨，远跳无垠的大漠，你会看到打磨有如海水，其形如鱼鳞密织，时而沙浪翻滚、汹通澎拜，时而静如秋波荡漾。

沙海蜃楼

在天地相接之处，滔滔海水之上，一片迷幻雾气中，奇山异水、高楼大厦亭台楼阁映入眼帘，五光十色的光柱里，甚至还有烟柱冲天的工厂。麦浪翻滚的乡村，牛羊如云的草原和热闹繁华的城市。

大漠中的海市蜃楼，若隐若现，被映在奇光异彩的沙幕之中。它稍纵即逝、瞬息万变令人惊叹，令人神往。在无垠的戈壁、沙漠之中，有着无数个大小小的湖泊，如同一颗珍珠嵌镶在沙海上。

当然不是你每去必逢海市蜃楼，要看当时天气是否具备产生海市蜃楼的条件。也就说有缘分没有。

沙暴奇观

“沙漠里的天，娃娃的脸”，沙漠里的天气就像娃娃的脸一样说变就变，反复无常。由于地理环境十分特殊，在沙坡头地区，5米 / 秒的风沙，一年多达200余次，平均每10个小时就有一次风沙现象。

如今，在防风固沙林带以外的沙漠深处，每到5月前后会经常出现沙暴天气。特大沙暴来临之前，广袤的沙海一片宁静，没有一丝风尘，天蓝日红，地无声息。忽然，遥远的天边挂起一道巨大的黄色帷幕，顿时沙云滚滚，遮天蔽日，金波起伏的沙海变成了天昏地暗的混沌世界。黑幕四合，黑暗在白昼里降临。人们睁不开眼，甚至被风沙憋得透不过气来。只听得耳边风声呼啸，飞沙扑面，好像魔鬼作怪，让大地换了一个世界。

沙暴是可怕的，但对未曾经历过的游客来说，也是难遇难求的。因为在宁夏

4～10月的旅游季节里，游客们难得遇上这样一次天地换位、宇宙倒旋的经历。

当地旅游部门对这种恶劣的天气有准备，他们既给客人们准备了遮挡风沙的眼镜，也有御寒的衣物和足够的饮水、食粮。遇上沙暴，经过训练的骆驼便会密切配合，围起一圈驼墙，让游客在里面避风。待风沙稍小，游客们从驼墙里钻出身来，拍拍沙尘，整整衣冠，又在导游的吆喝声中，重新骑驼上路。

到了沙漠营地，早有点起的灯火，蒙古包里滚烫的油茶正冒着热气，为游客接风压惊，香喷喷的手抓肉使人顿时味蕾愉悦，大快朵颐。

沙海晨夕

沙坡头的早晚是迷人的，富有诗意。最有意思的是沙海日出和沙海落日。

黎明前的沙海里静悄悄的，没有一丝动静。人们站在高大的沙丘上举目四望，除了黑黝黝的沙山沙丘，没有任何东西。须臾，东边天际渐渐泛出鱼肚白，越

沙中起舞

来越白，越来越亮，接着是万千道金色的光束从一个地方呈放射状向地平线上喷射，直刺夜幕深处。一个硕大的银盘从光束根部露出地面，慢慢托起，渐渐升高，越来越红，越来越亮。当这个巨大的光球即将脱离地平线的时候，给人的感觉是天地合一，万物皆空。此时，大地恢复了光明，有了阵阵暖意，周围大大小小远远近近的沙丘恢复了金黄的颜色，新月形沙丘的西坡下投射出一个个越来越大的阴影，与明亮的沙丘东坡形成鲜明的对照。

沙海落日最有诗意。傍晚，沙海上的天特别的高，宽广无垠的天空简直是一幅色彩丰富的水彩画：东边的蓝天白云明亮高远，西边则是霞光万道，金色一片。夕阳的余晖把厚重的云层变成绛红色的花朵，霞光尽头的天空，则是一边泛白，一边泛黄。彩云重重，气象万千，不断变换的各种云彩图案，引发人的无限遐想，夕阳越来越大，渐渐变成绛红的火球，徐徐往沙海西方的地平线下沉。此时，东边的白云蓝天已经难以分辨，刚刚还是色彩斑斓的西天变成了杏黄的锦缎，逐逐渐泛黑起来，夜幕渐渐低沉，笼罩沙海，天地一色，浑然沉寂，白天滚烫的沙地里开始透出阵阵凉意。

现代沙项目

以现有“沙坡鸣钟”滑沙场为基础拓宽滑沙场，增加滑道，开发单人滑、双人滑、多人滑、滑草、滑水等项目，以堪称中国第一的大沙坡和沙、河、山、园荟萃一处的绝世奇观，打造国际滑沙中心。

“沙漠中的伊甸园”的通湖草原，在这里受到最为热烈的欢迎。高亢的歌声、独特的舞步、遍布的蒙古包以及圣洁的哈达将游客带入充满异域风情的国度，当地热情友好的服务给游客们带来宾至如归的感觉。别开生面的篝火晚会，伴星而眠的露天帐篷，热情似火、温馨浪漫，洗尽一路风尘，让人安然入睡。

与通湖的宁静不同，沙坡头给游客们更多惊险与刺激。沙海冲浪、黄河飞索、高坡滑沙……这些惊险刺激的项目让游客们嗨翻了天。

爱玩沙是孩子的天性，玩沙子不一定要去海边。在沙坡头，有大片的沙子可供孩子游玩。沙坡头景区设计出“爬沙”项目，在天然沙山下比赛爬沙。爬沙可以锻炼孩子的耐性：沙滩上，沙子又白又细，可以让孩子尽情奔跑，柔软的细沙是最好的保护垫；或是给孩子涂好防晒霜，带上塑料小桶和铲子，来一场砌沙游戏。如果你有兴致和水平，带着孩子堆出一个沙雕，让其他小朋友羡慕下吧。在沙湖做个沙滩浴，既满足孩子的天性，又释放家长的童心。

炽日下，辽阔的沙滩上，柔软的细沙如缎子般柔滑，踏上去热乎乎地，极为舒服。游人可尽情畅泳，也可悠闲享受日光浴和沙滩浴。

沙漠中的天然湖，是最好的水上乐园，景区在水面上添置了各类水上娱乐设施，洗完沙滩浴，就可以到水上乐园尽情戏水、游乐。

还有徒步穿越沙漠，骑骆驼重走宁蒙古盐道，在沙漠中自驾坦克车、卡丁车等娱乐项目。

沙漠探险旅游路：

线路之一，从沙坡头旅游区"五带一体"治沙工程沙漠腹地到沙漠营地的一日游。活动内容是在旅游区滑沙、游泳、乘羊皮筏子短漂，尝试在沙漠营地开展

沙坡头滑沙场

沙上游乐活动，观沙海落日。夜宿沙漠营地蒙古包或帐篷，篝火晚会，次日晨观沙海日出。

参观沙生植物园和“五带一体”治沙工程，可以亲身体验麦草方格的扎制。导游先做示范，在沙地里画好方格。两人协作，一个人手上拿着稻草，另一个拿着铁锹使劲插进沙里，就这样，沿着画好的线，一撮一撮放草，扎草……没干几下，你可能累得满头大汗了，可是心里会很快乐。

线路之二，沙坡头一日游，从中卫高庙出发，经沙坡头，最后到腾格里沙漠营地。活动内容为参观高庙，沙坡头游览，乘羊皮筏子游黄河。

午餐后，参观沙生植物园和治沙成就展。

在腾格里沙漠营地骑马、骑骆驼、放风筝，还可进行球类活动。蒙古族风味晚餐后，观大漠草原风光，赏月夜金沙刺眼的光亮，观沙海落日及夜景，参与热烈的篝火晚会。夜宿蒙古包或沙漠帐篷。次日晨观沙海日出，早餐后返程。

线路之三：二至四至日游，这是多地点，多角度深层次的体验塞上美丽的田园景色，独特的黄河风情，宏伟的大漠风光。从高墩湖——出发，经吊坡梁子、碱滩门、通湖草原、水稍子、小井子和骆驼山等多处景点后，终返中卫。

高墩湖，面积为30公顷的沙漠高地湖泊，产鲤鱼，湖内生活有野鸭、天鹅等沙坡头旅游30多种鸟。湖的北面接连着大沙漠，东西、南三面为格状鱼塘。

吊玻梁，地形地貌复杂，多为链状新月形沙丘。沙海边为东北—西南走向的沙珑，中部隆起，形为鱼脊。也有的沙丘呈方格状，称格状新月形沙丘。站在高丘上四望，众多沙丘彼此相连，如如大海波涛，起伏不平，因其色呈金黄，故有金海扬波之称。吊坡梁沙丘的高度一般在30米以上。吊，中卫土语，长的意思。吊坡即很高很长的沙坡。

碱滩门，又称南碱滩门，因在阿拉善左旗所属腾格里苏木的南边，故称此地为南碱滩门。这里林木稀疏，遍地碱渍，一条大路直通通湖草原和林场，是迎(水)阎(吉拉图)公路与迎水至通湖硝厂的交汇处。

通湖草原，在通湖硝厂西方。地势低洼，原为一沙漠深处的内陆湖，周围草场片片，碱地团团，骆驼很多，且均为双峰驼，为我国双峰驼最集中的产地。通湖

沙漠宿营

以北有千余亩草原，是典型的沙漠绿洲，芳草萋萋，绿茵如毯，周围的黄沙给它镶了金边。

草原上牛羊悠闲，各种鸟禽此起彼落。腾格里沙漠营地就在草原旁边，白色的蒙古包，古拙的木栅栏，大门前牧民们的骆驼、马匹等候着游客的光临。

水梢子，是沙漠深处的牧民居住点，也是一个沙漠绿洲，水草丰盛，古木参天。这里的苹果和小鸭梨品质特好，果汁丰富，吃后满口清香。

小井子，在水稍子和骆驼山之间。虽在沙漠腹地，但地下水位很高，掘地一米即有水。一向为牧民放牧的饮水点，也是游客掘沙取水的游乐点。

骆驼山，是沙海深处的一条断断续续的石山，高达数十米至百米，状如骆驼，故名。山崖上有古若岩画，与内蒙古阴山岩画、宁夏贺兰山岩画同宗，都是古代游牧民族的杰作，图像多为马、牛、羊、人头等。

虽然骆驼性情温顺，步伐稳健，骑上它漫游沙海是安全的。但也应注意以下几点：

骆驼站起时先起后腿，身驱前倾。所以，客人应乎抓其前峰，身体顺势后仰，与与骆驼身躯有一定角度，以保持平衡。骆驼下时先卧前腿，驱身前倾，所以客人应手撑其前峰，身体顺势后仰，与骆驼身躯保持一定的角度，以保持平衡。总之，骆驼或起或卧，都是身躯前倾，客人都是手抓其前峰，身体后仰。

骆驼行走步伐较大，所以摇摆幅度也较大，且前仰后合。有的客人骑在上面不久就觉得屁股有点痛。这时可以双脚撑蹬，双手撑驼峰，作站立状稍加休整。但不可两脚轮流踩蹬。如果骑乘时间长了，习惯了，也可以抓紧驼峰，缓缓抬起前腿，将身体侧转，换成侧骑姿式。此时的要领是抓紧驼峰，慢慢转身，初骑驼者不得要领，最好不要随便变换骑坐的姿势。

沙漠里骑驼只要不随便乱动就没有什么大的危险，但到了终点，千万不要觉得骆驼老实，又是松软的沙地，就从骆驼上跳下来，这样容易出事。一定要等骆驼停稳卧定，再下不迟。

夜宿沙漠，不可远离营地、帐篷。因沙海夜色，没有特殊标记，极易迷失方向。沙漠里昼夜气温变化悬殊，白天炎热，傍晚太阳西沉，沙子很快散热变凉，所以夜宿沙漠要注意盖好被巾，以免受凉。

远上大河黄沙畔
风光无限在其间

黑山峡里浊浪急
下河沿北清水缓
大坝横空出平湖
铁桥飞架锁两岸
游船平稳顺水行

中卫南长滩

浑脱颠簸逐浪翻

晨曦薄雾水面寒

余辉晚照落日圆

黄河流经沙坡头，波澜不惊，泽被两岸。千百年来，人们在这里生活繁衍，劳动耕作，形成了许多独特的风俗习惯。如今，随着全国各地乃至全世界游客的蜂拥而至，一些饱含着中卫泥土芳香的生活场景已经转变为集人文历史与体育运动为一体的旅游体验项目。

羊皮筏子

羊皮筏子自古以来就是黄河上游重要的、几乎是唯一的水上交通工具。远的历史朝代不说，就从光绪年间至今，羊皮筏子连续不断承载了几代人的劳动、生活、交通运输的历史使命，这是它的历史价值；羊皮筏子造型美观、独特，很具观赏性，已被制作成雕塑、工艺品等，这是它的艺术价值。它是黄河文化的重要组成部分，是古代劳动人民智慧的结晶，是研究地区文化发展的重要项目，这是它的文化价值；它是食品的衍生制品，不消耗资源能源，制作容易，操作简单，无噪音、无污染，所以它还具有经济实用价值。

先说羊皮筏子的制作。

制作羊皮筏子，需要很高的宰剥技巧，从羊颈部开口，慢慢地将整张皮囫囵个儿褪下来，不能划破一点毛皮。将羊皮脱毛后，用食盐鞣制。吹气使皮胎膨胀，再灌入少量清油、食盐和水，然后把皮胎的头尾和四肢扎紧，经过晾晒的皮胎颜色黄褐透明，看上去像个鼓鼓的圆筒。对于制作工艺，民间有“杀它一只羊，剥它一张皮，吹它一口气，晒它一个月，抹它一身油”的说法。

用麻绳将坚硬的水曲柳木条捆一个方形的木框子，大约与4根较粗的柳木和60跟较小的柳木进行捆扎，再将皮囊（及单只皮筏）以4，5，4的排列形式扎在上面，羊皮筏子就制成了。羊皮筏子体积小而轻，吃水浅，十分适宜在黄河航行，而且所有的部件都能拆开，重量很轻，便于携带。

必须说明，除去用羊皮制作筏子外，还可用牛皮制作，其制作工艺大体和制作羊皮筏子一样，一般采用小牛的皮制作，单个的皮囊俗称“牛娃皮胎”。

1935年，当时著名的进步新闻人士，范长江以《大公报》的记者身份遍访西北数省，当年4月24日，他从兰州出发，搭牛皮筏子，顺黄河以赴宁夏。对于此次旅行有相当细致的叙述。他首先不厌其烦向读者介绍“筏子”，他写道：

西北水上交通，皮筏较木船为普遍。皮筏有牛羊皮两种，其组成方法，系将牛羊皮袋经过相当油浸工作之后，紧束头尾四肢，内胀以空气，然后以数个、十数个或多至数十百个，编成平面长方形，上再施以木架，架上可以载货搭客。……

又如运载羊毛水烟等数最较多之货物，则大体皆用牛皮筏，因其载量较大，一筏可以载重数万斤。更有将羊毛装人皮袋中者，如此可以省却筏上堆毛的高度。

筏上如张设帐幕，则立即可以布置成宽敞的水上行宫，空气与光线皆十足的美好，而且随河水的流动，终日有千变万化的风景，可以供旋行者的观赏。兼以兰州至宁夏省之中卫县一段，为黄河流域峡谷区，水急而险，较黄河之流于平沙地者，有特殊的奇象。

记者所乘之皮筏，乃由一百二十个牛皮袋所组成，平稳宽舒，坐卧读书，皆甚相宜。范长江还继续详尽纪实羊皮筏子的驾驶操作和运行。他写道：

筏上共有水手六人，分掌前后各桨，水手名把式，中有一人为首领，名为拿事。前三桨关系大，故以头等把式司之，拿事对各把式不但有指挥之全权，而且有保护之责任，因一个筏上水手，大半与其首领有宗族及乡里等关系，离家时所带出之人，必须于返家时交还其原来之家。首领对于筏上之安全亦负完全责任，必须能领导大家免去水上一切的危险，故为首领者必须久走黄河，深习水性，而且为机警果断之人，始能胜任。……

羊皮筏子的驾驭根据筏子大小不同，由1名至8名筏工组成，由谙熟水性经验老到的“峡把式”掌桨领航，其他筏工统一听从号令。过去黄河水道既无水文资料,又无导航设备,运送过程十分凶险,所以形成了很多禁忌,如每次开筏前,筏客们都要沐浴净身,选好“黄道吉日”,然后杀鸡宰羊,祭祀河神或龙王,他们十分忌讳讲“破、沉、撞、没”等字眼,只许乘客称呼他们为“掌柜的”或“把式”,不许称呼“筏子客”或“航家”。路过一些“事故多发地点”时,禁止乘客询问地名,漂流途中每见河神庙或龙王庙,都要停下来进庙烧香磕头,祈求一路平安。……

划羊皮筏子的水手被称为“筏子客”,他们都是有多年经验、深谙水性的老“把式”。“筏子客”扛着筏子走到河边小码头,将羊皮胎朝下放进水中,在木架子上铺几块垫子,等乘客盘腿坐好了,他也坐下来开始划桨,筏子便离开码头,顺水漂流。过去做“筏子客”非常危险,是在刀口浪尖上讨营生,因此有很多讲究,比如不能说“破”“沉”“碰”“没”“断”等不吉利的字,首次出行还要挂红、放炮、焚香、祭奠河神。会划羊皮筏子的人越来越少了。……

兰州以下黄河,在离城六七十里以后,有长六十里的大峡,险水最多,故普通水手不易通过,于是应运而产生一种专门驾驭大峡一段险水为职业的水手,名峡把式。峡把式皆系特别精通水性,熟悉水文的老手,他们能领导皮筏,安然通过几个非常危险的地方。过了危险地带以后,他们又离开皮筏,回到兰州,做下一批皮筏的保险者。

范长江是进步记者,他有着明敏锐的眼光,非凡的观察力,超常的写实笔力,以上这些记述了快要被湮没了的历史信息,是真实的,是权威的,是珍贵的历史资料。

黄河漂流

沙坡头,黄河漂流的故乡。

不知从哪个年代开始,传说一个童姓的家族为躲避战乱,将一千多只羊皮捆绑在一起形成一个水上行宫,家族中的所有人、畜乘坐羊皮筏子顺黄河漂流而下,最后,在沙坡头的黄河之北扎下了根,在此繁衍生息。女人在黄河边上种植枣、杏、桃、梨等果木,男人则到河对面去挖煤。羊皮筏子自然而然就成为童家在黄河上往返最好的运输工具。随着时代的进步,童家这一独有的羊皮筏子曾一度被淘汰。现在，宁夏沙坡头旅游业的兴旺又把羊皮筏子给带了回来。故事无从考究，但看得见摸得到的羊皮筏子却真真确确。黄河弄筏也成为了中卫具有文化传承的景观之一。

黄河从黑山峡入境宁夏沙坡头60多千米流程中，是宁夏沙坡头旅游黄金漂流线路之一。既有峭立崖削的山峰，波诡浪谲的河道，又有惊心动魄的急流险滩，赏心悦目的平流幽谷，更有花翻百浪的稻山麦海。移步换景，使人目不暇接，在这条黄河黄金源流线上，众多的传说故事，如《洋人招手》《七姐妹》《阎王匾》《龙王炕》《一窝猪》等成了沙坡头的风物之魄，历史文化和自然景观众多，有“黄河小三峡”之称。

不坐羊皮筏，等于没有到宁夏，没到过黄河边。

乘羊皮筏子在黄河上顺波漂流的时候，一路欢歌，黄河水就在皮筏下翻滚，虽然险象环生，却有惊无险。环顾黄河两岸的美景，目睹长河落日的壮丽景现，在黄河的波山浪谷间奋勇前进。

羊皮筏子缓慢，沉稳、坚韧，有厚实的底气，持久的力，没有它越不过的沟坎，没有它到达不了的彼岸。明代著名文学家李开先在《塞上曲》中写到：“不用轻帆短棹，浑脱飞渡只须臾”。表达的就是这种感受。

黄河上的羊皮筏子，起源于那个历史时代，多年来，众说纷纭。追源朔本，沙坡头黄河漂流可能已有4000多年历史。

一部春秋战国时期的官方档案汇编——《尚书·禹贡》，揭开了黄河羊皮筏子的历史起源。里面记载：大禹“浮于积石，至于龙门”，这里所说的浮，就是人乘浑脱或皮筏、木筏在黄河上漂流。所以大禹是可以说是黄河漂流第一人。大禹开创了华夏史上首次利用皮筏、木筏治理黄河水患工程。

《史记·始皇本纪》记载，秦始皇三三年“西北斥逐匈奴，自榆中河以东，属之阴山，以为三土四县，城河上为塞。”由此可知，秦始皇在西北斥逐匈奴，必过黄河，用什么工具渡黄河呢？一定是“乘马革渡河”，这马革也一定制做为囊才可有用。

唐代李荃的《太白阴经》中记载“浮囊以浑脱羊皮，吹气令满。紧缚其空，缚于肋下，可以流也。”

《宋史·苏辙传》记截：“河北道近岁为羊皮浑脱，动以千计”。

宋代王延德在其《高昌行记》中写到“初自夏州，历玉学镇。…次历第女埚子族。族临黄河，以羊皮为囊，吹气实之，浮于水，或以橐驼牵木而渡。”

李心衡《金川锁记》“甘肃邻近黄河一带多浑脱，盖去羊皮，去骨肉制成，轻浮水面。”元世祖开革囊渡江，之后均沿其制。

1226年，铁木真以大将忽都铁木耳为先锋，率10万铁骑，攻克克夷门以后，乘胜沿着腾格里沙漠南缘东进，穿越沙坡头，至黄河九渡，切断了西夏兴庆府和河西诸州的补给线。随即沿着黄河东进，与西夏军进行了几天的激烈的战斗，又经几个月的鏖战，攻克兴庆府，立国近200年的西夏灭亡。黄河运输为蒙古人攻伐西夏的胜利，起到重要的作用。

自宋夏以来皮筏一直是宁夏水上重要运输的工具，且经久不衰。到了近代，黄河上游皮筏运输曾经相当繁荣，进入黄金时代。20世纪60年代以后，由于黄

黄河漂流

河上游陆续筑起拦河大坝，长途运货的皮筏才逐渐在黄河上消失，但摆渡用的皮筏却一直在使用。

浑脱作为简易的渡水工具，似乎比较多见于黄河流域，但是越到后来，就越普及。以至除了黄河流域外，云南等地也曾见到它。

明代的陈士元在其《诸史夷语解义》中说道：“浮脱者，华言囊橐也”有说法，陈士元是知其义相当于汉语中的“囊”，“浑脱”一词，最初绝非是汉语词汇，而是百分之百的外来语。笔者认为，并非如此，“浑脱”，“浑”者，完整，亦即囫囵之意，脱，即蜕也。就是羊只宰杀后，象蛇蜕皮那样，完整的把皮从头至尾，剥扒下来。当时北方的游牧民族或部落，音译“浑脱”为我所用，倒有很大可能。同属明代的叶子奇在其《草本子》中，将“浑脱”解释得更为具体：“北人杀小牛，自脊上开孔，逐旋取去内头骨肉，外皮皆完，揉软，用以盛奶酪，谓之浑脱。”由此可知“浑脱”是用以盛装乳路等液体饮料的牛皮囊。而这里所说的“北人”当是指“中国以北之人”，亦即是历史上的北方游牧民族。清代余庆远在《维西见闻录》中说，云南的西北部多见用以渡河的革囊，而其名为“馄饨”或“皮馄饨”。同是清代的李心衡在他的《金川锁记》中说：“甘肃邻近黄河一带多浑脱，盖去羊皮，去骨肉制成，轻浮水面。”

近代著名记者范长江，在《中国的西北角》一书中，描述了他在20世纪30年代乘坐羊皮

水车

筏，途经中卫沙坡头，其中还提到闯荡急浪峡谷时，专请水性好、熟识水性的“峡把式”指点过关的情景。险象环生，化险为夷，充满对羊皮筏子和“筏子客“的赞扬。他的记叙最为精彩翔实，可以把我们带到20世纪初，穿越时空，玩味体验黄河之漂流。这里摘引几段文字：

春末夏初，正是兰州梨花开放时节。黄河南岸自兰州城起二十里之遥，仍可以望见成林的初放梨花，绿中吐白，河上清风，时常带来岸上花香，顿时感觉一种恬静清逸的安舒。惟黄河北岸则寸草不生，一望黄土山崖，殊少兴味。筏入阳峡中，峡长四十里，两岸虽有峡形，而水势平稳，无可引人紧张之处。……峡尽，地名泥湾，入大峡，峡把式之身手，将于大峡展之。黄河的大峡，正同长江三峡一样，峡里航行，须有专门的领江。大峡两岸，向阳蛱陡峻得多，河面有时非常窄逼，而常有巨滩，与近乎直角的转道。首先经过险地为“大肠拐子”数曲折于紧狭的石壁中，稍有不慎，即触。其次为“乱石头窝子”，为一乱石峥嵘之险滩，滩浪起伏如小屋，滩中有一大水易发生危险。最险者最险者为“焦牛把子”，河水直冲一石崖尖上，皮筏必须对石崖放去，同时又须于未接触之一刹那，转筏下流，生死存亡之际，其间不能容发。筏子上水手与搭客屏息肃静，以待命运之降临！筏首领则立上高处，全力注视水纹，一面发出各种非内行不易听懂之令，指挥前后之水手，同时不断有“扶达”“扶达”的祷告声。因回人称“天”为“扶达”，扶达当系阿拉伯语，在危急之时，只好于竭尽心力之外，再求天之保佑也。…… 险峡既过，“峡把式”登岸而去，一般“筏客”，莫不喜形于色，盖从此到包头，已再无什么难过的地段也。他们于桨声哗啦、哗啦之际，常引颈高唱他们本地山歌，歌声高朗，震彻山谷，内容则多述边人男女爱情之思。如“阿哥的肉呀！阿哥来时你没有，手里提的肥羊肉。”这是说一个男子，提了肥羊肉去看他心爱的女人，而女入又不在家，男子于失望之余，唱出来的情调……六十里出大峡，更行二十里平川冲积地至条城，条城岸上风景不减于泥湾，绿柳随风飞舞，与笔立冲天的白杨相间成趣。李后主曾拿枯落的杨柳来比色衰了的女人，他有这样的诗“风情渐老见春羞，到处芳魂感旧游，多见长条似相识，强垂烟穗拂人头”。但是，正在“得意春风”的杨柳，它却不是如此心情，它有充盈的青春娇柔和美丽，可以吸引青年游人流连而忘。

1949年，解放军攻克西北重要城市兰州后，即挥师北上，开始了解放宁夏的战役。其中63军188师564团，奉命从景泰沿黄河而下到沙坡头进军中卫。动员当地船工改造和新制作了70余只筏子，战士戏称“战船“。564团经过一昼夜的黄河漂流行军，胜利到达中卫城下。

进入20世纪80年代，黄河上的羊皮筏子漂流，正式成为沙坡头旅游项目，中卫作为黄河的上游，是名副其实的黄河漂流故乡。

漂流的故事

黄河千百年的漂流，流传着诸多的故事，这就是文化，反映着黄河上游两岸人民的愿望，感受喜怒哀乐。在黄河上漂流最大的危险来自激流中的礁石，特别是暗礁。沙坡头民间传说中有许多是以黄河暗礁为对象和题材的。最著名的故事叫“洋人招手”。

话说清朝末年，西欧有个国家的传教士在甘肃兰州一带进行传教活动。因为他们长着黄黄的头发、深蓝的眼睛、高高的鼻子、浓长的眉毛，当地老百姓把这些传教士叫洋人。

有一个洋人，据说是德国人，完成了在兰州的传教任务后，要准备到内蒙古包头去。那时从兰州到包头非但没有铁路，就连直达的公路也没有。运输工具是个大问题，步行得一两个月，这位身高体胖红发碧眼的传教士如何吃得消。他想来想去，终于决定搭乘“土船”羊皮筏子，顺黄河漂流而下。这虽然有点风险，但比步行要快，要省力得多。免了一身汗、一身土的。

黄河从兰州到中卫沙波头，急流险滩太多啦！什么“七妹姊”，“一窝猪”，“老俩口”，不是凸在河面的大石，就是藏在水下的暗礁，来往木船，皮筏若驾驭技术不高，一撞到上面，非见老龙王不可。

这位教士为了安全，掏了好些钱，雇了个高明的老水手，选了一个吉日良辰，从兰州乘皮筏出发。路上老筏子客一面划浆，一面逍遥自若地唱起了民歌。歌声是那样的流高亢动听，但这位而洋教士却无心思去听，两只眼睛老盯着汹涌湃澎的黄河激浪，生怕黄河大浪一发怒会把自己吃掉。

俗话说怕什么就来什么。激流把筏子颠起来，一下又落到浪底，又被一个大浪颠起，黄河的激流当中，有一块很大很大的青石块，高耸突立，这可把洋人吓坏了，两眼发直，全身发抖，连划十字都顾不上，喊着："上帝保佑！"

老水筏子客见到此情况，心里虽然好笑，但他也替洋人着急，于是就提高嗓门喊道："传教士先生，你不要害怕，沉住气，过了这段，水就稳些了。"传教士高度紧张，根本没听清老筏子客说的什么。

说时迟，那时快，还没转眼，皮筏子霎时冲到大石块跟前，洋教士两眼发黑，也不见上帝来救，于是来了个百米冲刺，本能使足了劲，两只长腿一蹬，便跃到了大石头上，长吁一口气庆幸自己躲过一劫。还没等洋教士反应过来，老皮筏客瞬时间木桨一指，皮筏子急转了一下，便避开了石头，快速顺流而下了。老筏客回头看到很快消失在视线里的大石块和洋传教士的身影，无限遗憾，无限悲伤。

洋教士站在激流中的石头上，看着奔腾的河流上疾驰而过的皮筏，频频招手，大声喊叫，间或向上帝祈祷，于胸前画十字，但都无济于事，筏客只能投去万分同情的眼光，爱莫能助。他就这样天天招手，月月招手，年年招手……风吹日晒，发黄了，变黑了，竟然和石头一色一体了。

还有一组叫"七姊妹"，就是形状像七个姐妹的石礁。它们也有一段动人的传说。

很久很久以前，黄河边上的小山村，有一对老夫妻，生有三男七女。三个儿子，个个健壮，生龙活虎；七个女儿个个心灵手巧，美若天仙。

有一天，皇上昭示天下，要为太子选妃。有一地方官听到到这一消息，心中大喜，心想：我管辖的地方这么大，漂亮的姑娘这么多，何不挑选几个送进宫去，为自己升官发财找一条出路！

地方官主意一定，便派人四处察访，挑选美女。他领着差役来到黄河边上老两口的家，打听到老两口去农田里干活，三兄弟去山上砍柴，七姊妹去河边洗衣服，便乘机强拉硬拽地把七姊妹抢上了官船。

姑娘们的惊叫声惊动了爹娘，他们急忙赶到河边，见官船已经到了河心，便往前跑了一截路，纵身跳入黄河，变成两块礁石，拦住了官船。

官船在已变成“老两口”的礁石前，来了个急转弯，又向前驶去。

此时在山上砍柴的三兄弟，总觉得心慌意乱，莫不是家里出了什么事？他们放下手里的活儿急在回赶。走在半路上，就听到了爹娘和姊妹的哭喊声，赶到河边一看，看见七姊妹被绑在船上动弹不得，得知爹娘已经跳河，于是决定舍命也要救出妹妹，他们先后跳入激流，顿时，又化作三块暗礁，阻挡在激流中心。那官船又一个急转弯，从化作礁石的“三兄弟”身边又绕了过去。

黄河水车

七姊妹眼见爹娘二老和三个兄弟为她们舍命跳河，又伤心又恨官府，互相递了个眼色，便手拉手，一齐从船上跳入了黄河，顿时河心里又出现了七个暗礁。官船无论左转右绕怎么也绕不出这七个暗礁，最后只听得“咔嚓”一声，船毁人亡。

另外，还有“一窝猪的传说”。

据说清康熙年间，中卫地区有一户姓朱的人家，其妻一胎生了五个儿子，一时传为佳话。这年，恰逢康熙大帝因平定蒙古族噶尔丹部叛乱，顺便私访宁夏。朱氏听说康熙到了中卫，心想：一胎生了五子乃是稀罕事，说不定皇上知道了还会讨个封诰、赏赐什么的，于是，设法找到了康熙皇帝，说了一胎生五子的事，康熙听了后，问妇人家姓什么？妇人回答姓朱，康熙心想，我的年号是康熙，康、

“糠”的谐音，而这家姓朱和“猪”谐音，这“猪”吃“糠”，岂不犯了大忌，于是龙颜大怒，顺口回道“那不成了一窝猪吗?”之后，拂袖而去。妇人见状，失望之极，携带五个儿子一起投入了黄河，变成了一堆暗礁，这便是现在黄河中“一窝猪”地名的来历。

虽然这是个传说，但“一窝猪”的水势确实很险，当河水涨时，那一堆堆暗礁全隐没在水中，不识黄河水路或者技术不高的船工、筏工，往往在此触礁，落得个船毁人亡的结果!

沙坡头段的黄河表面看起来特别平缓，但是也有一些暗礁和水坑让人防不胜防。当地老百姓也给它们起了很多贴切形象的名字。比如“红毛牛”。在沙坡头西南小湾村附近的河道里，有一块大石头横卧在黄河当中。河水小的时候，可以看到靠上游的一块礁石状如牛头，在下游有一块长条巨石，好像牛背牛尾。由于这组牛头礁石是红色的，所以人们给它起了个“红毛牛”的名字。这里也是一处险要。河水大时，整个暗礁没在水里，不识水性的舵工一不小心，便会被它撞上，轻则船体撞坏，重则船毁人亡。

再如“阎王匾”。在沙坡头西边大湾村对面的黄河北岸有一个巨大的山头插入黄河。山体平滑如匾，人、兽难以攀援。由于它正处在黄河拐弯处，从上游下来的船只、皮筏如不及早防备，就可能碰在上面。同时，山头的上面是沙坡，不长植物，没有遮拦，在沙坡上行走的人稍不留意，就会从沙坡滑到平滑的匾石上坠入黄河。因它容易出事故，所以过往的船工筏工都叫它“阎王匾”。

现在沙坡头景区已开辟的漂流线路。第一条线路，从沙坡头乘车到大柳树，然后乘坐皮筏或者快艇顺黄河漂流而下，直到沙坡头渡口。沿途可以观赏峡谷风光，领略皮筏漂流乐趣。

第二条线路，从长滩的“洋人招手”出发，乘坐大羊皮筏子或快艇，顺黄河漂流而下直到下河沿吴家码头。途中会经过“老两口”“三兄弟”“七姊妹”“红毛牛”“阎王匾”等礁石或险滩，最后止于沙坡头美利渠口。在漂流途中，可以看到长滩的古老水车，观赏峡谷风光，领略塞上江南的田园风光，观赏到双狮山、二龙山、明长城、黄河古渡口等美景。

第三条线路，从沙坡头出发乘坐大羊皮筏子，穿过中卫黄河大桥、中宁黄河大桥，最后抵达青铜峡旅游区。这条路线较长，经历了几乎整个宁卫平原，可以领略到鱼米之乡，塞上江南之大美。沿途有诸多景观，如黄河古渡口、塞上江南田园风光、民居农舍、引水上山工程（南山台）、清真寺（沙滩）、河心岛（马滩）、枸杞园（中宁）等。

羊皮筏子浮力很强，五六个人坐上去绝对不会沉底。但是由于它很轻很小，稍不平衡就会颠簸，所以游客坐在上面，尽量不要随便移动，以免皮筏失衡。即使遇到水浪险情也要紧抓皮筏外沿的木杆，就无溺水之虞，充其量从皮筏上掉进水里"免费游次泳"而已。因为穿着救生衣，又用手抓着永不沉水的皮筏，所以不会沉底，排子工也会很快救助游客脱险。

上下羊皮筏子除必须穿救生衣外，还须注意上筏子时举步轻踏筏杆，下脚太重，可能把皮筏蹬远。待前脚踏稳后，再慢慢转移身体重心，轻挪后脚上筏。双脚站稳以后再按排子工指点，坐到适当位置。

悠悠水车

从沙坡头下的黄河乘舟顺流而下五六千米，就可以看到一处充满浓郁的塞上风情的名胜古迹——"张家水车"。

水车又称孔明车，是我国最古老的农业灌溉工具，是先人们在征服世界的过程中创造出来的高超劳动技艺，是珍贵的历史文化遗产。相传为汉灵帝时毕岚造出雏形，经三国时孔明改造完善后在蜀国推广使用，隋唐时广泛用于农业灌溉，至今已有1700余年历史。

中国民间最早的汲水用具大概是"桔槔"。据《庄子》载，子贡南游，返家途中路过汉阴，看到一个老丈人辛苦的抱瓮汲水灌溉，事倍而工半，于是告诉老翁一种省力的器具，叫做"槔"。它的制作方式是"凿木为机，后重前轻，挈水若抽，数如沃汤。"也就是用一条横木支在木架上，一端挂着汲水的木桶，一端挂着重物，像杠杆似的，可以节省汲水的力量。从抱瓮灌地到桔槔汲水初步利用器械，可以说是水车发明的先驱。

中国正式文字记载中的水车，大约到东汉时才产生。东汉末年灵帝时，命毕岚造“翻车”，已有轮轴槽板等基本装置。又有一说三国时魏人马均也有翻车的制造。不论翻车究竟首创于何人之手，总之，从东汉到三国翻车正式的产生，可以视为中国水车成立的第一阶段。

到了元明时代，轮轴的发展更进步。一架水车不仅有一组齿轮，有多至三组，而有“水转翻车”“牛转翻车”或“驴转翻车”，可以依风土地势交互为用。这项发展，使翻车的利用更有效益。翻车自东汉三国时代发明以来，一直停滞在人力的运转。至此，利用水力和兽力以为驱动，使人力终于从翻车脚踏板上解放。同时，也因转轴、竖轮、卧轮等的发展，使原先只用水力驱动的筒车，即使在水量较不丰沛的地方，也能利用兽力，而有所贡献。

另外，则有“高转筒车”的出现。地势较陡峻而无法别开水塘的地方，也能低水高送，有所开发。这是中国水车发展的第三阶段。

沙坡头的“张家水车”，装有高车2架，直径12.6米。低车2架，直径12米。每车有轮辐24根，叶板和水斗各42个，比普通的三层楼房还要高。

关于张家水车，还有一段感人的传说。

在中卫境内，自黑山峡至沙坡头区常乐镇的黄河沿岸，在上滩、下滩、榆树台、河湾等处共建有十余架水车，其中，尤以常乐镇河湾水车规模最大、最为出名。河湾水车位于常乐镇水车村张家营子，临黄河建有水车六架，其中四架叫张家水车，两架叫李家水车。据史料记载，这些水车建造于清初，距今已有三百余年的历史。

据说当年甘肃榆中县人稠地狭，可耕土地不多，人民生活十分困难，当地有名的木匠张和中有两个儿子，随他学艺，均技艺精湛，无论修寺盖庙、建房造桥，都有一手好绝活。因当地经济落后，无法施展技能，无用武之地，便到宁夏贩卖木材。

他们乘木材筏子顺黄河而下，不料在黑山峡“一窝猪”河段遇险，回不了老家，只好在常乐堡一带找零活干，以维持生计。一天下午，张家兄弟来到黄河边解闷，路过一大片杂草丛生、地势平坦的地方，仔细一看，这里土质肥沃，紧靠黄河。两人一合计，决定在这里开荒，把这块荒地变成良田。他俩的决定得到当地几户殷实人家的支持，愿意合股开发。经过两年的辛勤劳动，开垦荒地400多亩，挖了支渠、毛渠，但因地势高，黄河水引不到地里，木匠兄弟又商议备木料打造水车，提水灌溉。

这里是黄河出黑山峡过沙坡头经下河沿后的一个河湾处，河水比较平缓，利于筑车提水。两木匠手艺好，又能吃苦，两个月后便将水车打造好了。第二年，这400亩地种上麦子，获得丰收，入股者得到了好处。第三年又造水车两架，开垦荒地扩大到600余亩。用水有保障，这里成了中卫地区粮食产量最高的地方。

几年后，木匠兄弟有了些积蓄，回到榆中县城，踌躇满志，大有衣锦还乡之慨。张氏族中好些人看到中卫有发展前途，也随着来到中卫。张姓人家多了，形成了一个庄子，叫张家庄子。再后来，为了防止土匪抢劫，又筑起了营寨，取名张家营子。再后来，榆中县城又迁来几户李姓人家，打了水车，也发展起来，建了营寨，叫李家营子。一处河湾地竟能建起两座营寨，可见收入是丰厚的。在张李两家水车的带动下黄河黑山峡中的南长滩、北长滩等地也都打造了水车，大小计12架之多，可浇灌土地近两千亩，极大地促进了沿河两岸农业生产的发展。

河湾水车见证了黄河岸边农业的发展变化。不过，过去它是属于有钱人家的生产工具，一般农民要想浇田，先得向人家交钱，不知有多少贫苦庄户人为灌水受尽了欺凌和剥削。解放后，水车归集体所有，农民不再为灌水而发愁。有一首《水车谣》写道："车轮滚滚，车水淙淙……过去，你流出的是泪，饱含着庄稼人的艰辛；如今，你流出的是乳汁，哺育着美丽的新农村。"

1958年，张家营子改名为水车大队，随着人口的增加，土地的进一步开发，水车提灌已远远满足不了大片土地对黄河水的需求。有的水车被现代化的抽水机替代。改革开放后，农村经济迅速发展。农民灌水不再用水车，代之而起的是现代化的抽水机。水车浇地已成为一种历史遗迹。

现代水上项目

近些年，玻璃栈道受到无数人的追捧。世界闻名的有张家界的玻璃桥，重庆空中玻璃走廊和狼牙山玻璃观景台。在沙坡头也有这样一座让人站着上去、跪着下来的酷炫天堑。

玻璃栈道

这座2017年开放的国内首座横跨黄河3D玻璃钢缆索桥总长328米，玻璃桥面长210米。从南向北依次为：75米3D效果玻璃栈道；60米超白通透玻璃栈道；75米3D效果玻璃栈道；60米超白通透玻璃栈道，宽度为2.6米，桥面距河面的垂直高度为10米。宽度为2.6米，桥面距河面的垂直高度为10米，透明玻璃现有61块，3D画面的玻璃有77块，玻璃面总共由138块组合而成。每块玻璃的承重可达3吨。走在透明玻璃上，俯览脚下的滚滚黄河水，有种达摩祖师一苇渡江的飘逸感觉。

鸽子鱼鲜美可口
蒿子面味美汤浓

“来到沙坡头，吃遍中卫滩”。沙坡头景区特色小吃街有100家本地展铺和60余家外地展铺，集中了中卫和宁夏各地的特产美食一百余种。有宁夏平原的珍珠米、固原城的生汆面、黄河里的大鲤鱼、回民街的盖碗茶、吴忠铺的羊杂碎、同心人的羊羔肉等等，五颜六色、五彩缤纷、美不胜收，游客在欣赏美景之余，还可以大饱口福。其中最能代表中卫地方小吃特色的是鸽子鱼和蒿籽面。

中卫鸽子鱼

鸽子鱼又名铜鱼，以宁夏中卫至石嘴山河湾为多，它体形似鲤鱼，但体窄嘴尖。用粘网捕捉，当其被粘在网上，乍看，形态酷似落在树枝上的鸽子，因此被命名为鸽子鱼。

鸽子鱼通常体长25~30厘米，腹部肥大，眼睛小，全身淡红、鲜亮，泛出银白色光泽。其鳞甲不多，肉质细嫩少骨刺，清蒸后醇香扑鼻，鲜美可口。在封建社会里，皇宫王府举办盛筵，每当有人酒酣意醉，即食鸽子鱼醒酒，效果甚佳。

鸽子鱼

清蒸鸽子鱼

历代朝廷曾在宁夏中卫设立“官渔”，按期贡鱼进京，供帝王将相食用。由于这个原因，民间又称其为宫廷鱼，并流传一句赞美鸽子鱼的俗话“天上的鹅肉，山里的鸡，比不过黄河的鸽子鱼”。关于鸽子鱼，民间有一段有趣的传说。

在很久很久以前，中卫的峭壁岩洞里栖集着无数羽毛美丽、性情善良的鸽子，鸽妖统治着它们，每逢稻谷成熟时，便驱赶它们将地里的粮食衔到山洞里贮藏起来，供其享用。

有一年夏收，黄河发大水，庄稼被淹没，颗粒无收。第二年开春，农民无种下地，眼看绝了生机，男女老幼呼天哭地，悲声响彻九霄。

这时，一对美丽的鸽子，一只纯白色，一只粉红色，双双飞临上空，要拯救人们的苦难。在它们的带动下，其他鸽子也纷纷把岩洞里的粮食衔出来，撒到了田地上。

人们得救了，却惹怒了鸽妖，决定对领头的这对美丽的鸽子予以惩罚。于是，鸽妖率众无情地追啄他们，当被追赶到黄河边时，已是伤痕累累，精疲力竭。但是，这对鸽子宁死不屈，双双投入了滔滔黄水中。

这对鸽子的坚贞不屈，感动了龙王，遂把它俩变成了鱼，其后代，就是我们见到的鸽子鱼。鸽子鱼很感激这里的龙王，无论被洪水冲得多远，清醒后也要长途涉水，逆水洄游，返回故里。

据说，鸽子鱼因栖息在黄河水流湍急的峡谷中，很不容易捕捞。寒冬，它沉河底冬眠，初春苏醒，3、4月间产卵，夏季黄河汛期水流混浊时，浮出水面换气，是为捕捞他们的良机。清蒸后的鸽子鱼，醇香扑鼻，营养丰富，味道鲜美，富含蛋白质、脂肪和多种维生素，被视为珍馐佳品，而且鸽子鱼还具有醒酒的作用。吃起来鲜嫩可口，还有祛寒保暖之功效。

中宁蒿籽面

“长脖子雁，扯红线，一扯扯到中卫县，中卫的丫头会擀面，擀的面薄扇扇，切的面细线线，下到锅里嘟噜噜转，舀到碗里一根线……”这是流传于中卫市的一首民歌，歌中描述的就是被列入宁夏回族自治区非物质文化遗产名录的中卫蒿籽面。

“沙蒿”是黑沙蒿和白沙蒿的泛称，为菊科蒿属植物种，多分布于海拔1500米以下的荒漠与半荒漠地区的沙丘上，是我国沙区比较常见的一种乡土植物种。“蒿籽”，也就是沙蒿的种子，沙蒿籽胶是一种功能性高吸水植物树脂胶，可在水溶液中极限溶涨近千倍，形成强韧的结缔状凝体，是面粉食品的天然增筋粘结剂，且能耐强碱、强酸和高温。

“蒿籽”入食的历史悠久。宋代曾巩在其《隆平集·西夏传》中这样记载“其民春食鼓子蔓、碱蓬子；夏食苁蓉苗、小芜(荑)；秋食地黄叶、登厢草；冬则蓄沙葱、野韭、拒霜、灰条子、白蒿、碱松子以为岁计。”由此可见，蒿籽大约在宋代和西夏时代就已作为“食品添加剂”进入了人们的生活。起初，也许只是为了度荒，随着时间的推移，人们发现了蒿籽的诸多优点，便作为一种传统的地方风味沿袭了下来。

蒿籽面是一种民间特色小吃，距今已有近400年的历史了，曾广泛流传于宁夏中卫、中宁一带。它的主要原料是面粉、沙蒿籽、精盐和香油等，面粉里掺入少许当地野生植物蒿草籽研磨成的粉，和面的水中加一点当地发酵面粉时使用的

沙蒿

碱精粉，将面和好后反复醒揉多次，擀成直径一米左右的极薄的面张，待煮面时按折扇式叠好，用刀切得细如粉丝一般后放入开水锅里煮熟捞出，将豆腐、黄花菜等多种蔬菜切丁制作出的汤菜调入面碗里即可食用，口感爽滑劲道，汤料香气扑鼻，深受当地老百姓的喜爱。关于蒿籽面，也有一段掌故：

明朝时，朱元璋的十六子朱㮵被封为庆王到宁夏上任，他的家丁也随之迁往宁夏，后定居在中宁恩和镇一带，迁移来的官兵则驻扎在今新堡镇以南的山上。

当时，由于粮食供给不够，火头军看到山上放羊的羊倌把山上长的蒿子籽用石礓窝子捣成细粉，然后做成面鱼鱼吃。受此启发，火头军就发动兵丁采集蒿子籽，磨成细粉，然后和面粉活在一起，擀成面条，没想到又劲道又好吃。

这些火头军都是从皇宫中退役的御厨，在饮食上都很讲究，他们把蒿子面做了很多改进。和面时加进了碱水、鸡蛋，擀面擀得薄如纸，切面切得细如线，肉臊子有羊肉、猪肉、牛肉。炒臊子也很讲究，肉丁、菜丁都不超过半厘米。下蒿子面，要先晾一盆过面水，下出的面先用凉开水过一下，再配上臊子，浇上酸汤，这样面就会更有劲道，味道也会更好。后来，他们将蒿子面的制作技艺传给了当地人，从此，蒿子面在中宁一直流传至今，成了招待贵宾的美食，已有400多年的历史。

文化遗存可循迹
景观几多堪回首

沙山碧空春雁归
五带一体显翠微
远眺水车悠悠转
近听驼铃声声催
仰望缆索穿空过
俯看快艇贴水飞
百园千树梨花开
南长滩头风景美

“水不在深，有龙则灵；山不在高，有仙则名。”沙坡头的景观之所以魅力无穷，还在于文化赋予她的精神与气质。可以说，没有史迹，没有传说，就没有沙坡头既坚韧又幽默的人文情怀。

寻迹番王园

这里曾是一处历史悠久的古代园林，林木苍翠，果香四溢，俗称“番王园”。据《乾隆中卫县志》载：

在沙坡下近河，泉三眼，自沙中涌出，合为池，流不竭，浇蔬畦百余亩，相传旧为番王园。

清乾隆五十五年(1700年)，中卫知县已漠曾在此建“沙坡底公馆”一所，有

“官厅一间，东西房各一间，后厅三间、东房各一间，西厨一间，素茶坊一间”。时过境迁，已无遗迹可觅。有传此处早年为明朝庆王朱栴的行宫兼马场，不无道理。

访幽童家园

此地原是一处小小村落，居住着七八户人家，叫童家园子，住着童姓人家，据说是明朝洪武年间从山西迁来。算起来已五百年的历史了。据说羊皮筏子就是童姓人家带到沙坡头的。

这座古老的园林是童家数十代人，历时几个世纪，辛勤劳作的结晶。园内种植着桑、榆、杨、柳和桃、梨、枣，核桃、沙果，花椒等树木。阳春三月。春风吹拂，落英缤纷，鸟语花香，风景诱人。当初可谓："方宅十余亩，草屋八九间"，"霭霭远人村，依依墟里烟"。

新中国成立初，第一批铁路治沙科技工作者进入了这座沙漠中的“世外桃园”。童家园子成为向沙漠进军的第一个据点，许多中外著名的治沙专家曾在这里吃、住、生活和进行科学观测、科学试验等一系列科学研究工作。这里留下他们辛勤工作的汗水和足迹。

现在，与村相临的是中卫固沙林场的工作区，一座现代化的三级扬水泵站坐落在大沙坡上，再往东便是世界著名的中国兰州沙漠科学研究站。

别看这个村子小，它可是沙坡头历史的见证，这个村的百姓可也是见过大世面的。他们为沙坡头的发展做过贡献。现在这个村已发展成专业旅游村，他们笑迎天下客，情达四海外。

坡下探三泉

来到宁夏沙坡头脚下，仿佛进入另一个世界，极清澈的几眼甘泉，出尘埃而不染，且水量充沛，晶莹别透，不含一丝一毫的红尘污垢，入口清醇回甜，流泉底部修了一汪泉池，池水清澈可透，如珠帘垂吊，如明镜悬挂，流泉飞溅，珠帘壁美。水顺着新凿的“小渠”流泻下来，常年不枯，自成小溪，流入黄河。掬捧两口水喝下，旅途的劳顿与暑热顿消。据《道光续修中卫县志》载：

艾泉，在沙坡下，近河。泉三眼，自沙中涌出，合为池，流不竭……其中一泉水畔，产艾颇佳，人称九叶艾，因以名之。称之为艾泉。

这就是有名的“艾泉”。另有两泉分别为沙泉、泪泉。包括艾泉在内的这三眼泉子，过去泉水很大。使人惊奇的是，三泉之水，都是从下向上翻腾跳跃，并发出“咕咚、咕咚”的响声。当地群众模拟泉水发出的声响，把其中之一泉子起名叫“咕咕咚”。

翠绿的青草和漫漫黄沙在这里分界，一边是江南，一边是塞上，若不是亲眼所见，真难想象人间还有这样的景致。在这片沙山脚下的具有江南气息的园林中，回廊甬路交错，绿草泉水环绕，高高的杨树和扑鼻香气的紫花随处可见，漫步其间，还真有几分苏州园林般的感觉。

沙坡头泉水每天流量4000多立方米。据宁夏技术监督局监测，该泉水含有对人体有益的16种微量元素，其中以钙、镁为主，是不可多得的优质饮用型泉水。

梨花南长滩

南长滩位于宁夏中卫市沙坡头区迎水桥镇，地处宁夏、甘肃两省交界处，在沙坡头景区的西南，距离中卫市区70多千米，是黄河进入宁夏流经的第一个村庄。

南长滩黄河在这里转了一个大弯，在河南岸形成了一个月牙形的长滩，人们因此叫南长滩。该地四面靠山，一河环流，形成了弧形半岛，像一块翡翠镶嵌在黑色的石头和黄色的河水之间。

从中卫出发，沿着奇崎岖的山间公路，一个小时的车程便来到滩的北边黄河臂弯处码头，看到黄河南岸的一片绿洲，那就是南长滩。通过老式的轮渡摆渡，才能过河到达。因为大山阻隔，出入十分不便，所以外面的人进去得很少，十分幽静。可谓现代的世外桃源。是黄河进入宁夏的第一个行政村，素有“宁夏黄河第一村、宁夏黄河第一渡、宁夏黄河第一漂”之称。

南长滩村有262户，1260口人，大多数村民姓拓，是西夏党项贵族后裔，并保存有完整的族谱。据考证是蒙元军队灭了西夏国后，西夏党项贵族拓跋一支逃难至此，隐姓埋名生存下来。20世纪80年代，西夏学专家李范文先生考察，认定这村里的拓性家族是西夏人的后裔。这是党项族作为一个民族实体消失以后，迄今发现这个古代少数民族最鲜活载体。黄河流不尽沧桑，这个村庄的名字已写进《西夏通史》。

2008年12月，南长滩村被确定为宁夏首个“全国历史文化名村”。村庄人家依山而居古老朴实的宅院错落有致，石砌小道布绕其中。村落脚下便是大片的临河绿洲。

绿洲中有百亩的古老梨园，生长着上千棵百年以上的老梨树，有的树龄长达三、五百年。春天，“千树万树梨花开”这里是花的海洋花梨花竞相吐蕊、花香袭人。

21世纪初，中央电视台拍专题片，向世人介绍了南长滩梨花，此后每到春季，会有不少游客来此赏花。四月五日，“南长滩梨花节”已成为沙坡头范围内的著名景区，也是宁夏最具吸引力的旅游品牌之一。

秋天，枣子红了，香水梨软了，在果园现摘鲜果又成为游客们时尚的旅游项目。这里的香水梨，存放到来年，颜色变为古铜色，香甜多水，十分解渴。枣子，红艳嫩脆，尤为可口。

拓跋小镇

中卫市文物管理所曾对南长滩村进行文化资源初步调查过程中，在该村东北侧的断崖地层，发现一处秦汉时期人类居住过的遗址，从而将人类生活在南长滩的历史提前到2000年之前。

经实地调查，裸露的秦汉文化层长10多米，厚度15厘米左右，地层内留有人工铺垫的红色石片基座，还有当时人们在此居住时长期使用过的生活用陶器残片及建筑用瓦数件。陶器均为泥质灰陶，器壁较厚，形体较大，主要有罐、盆等，纹饰除个别为素面外，以粗绳纹为主，细斜绳纹者次之。

另在秦汉遗址地层之上南约70米处的村民院落外侧崖壁处，还发现元、明时期的文化层。在其裸露的文化层中，发现了较丰富的粗瓷片。从瓷片的口沿、腹、底辨析，主要有缸、罐、盆等，外壁分别施黑色釉、酱色釉和黄褐色釉，部分器底露胎，无施釉。

秦汉遗迹遗物在该村落的首次发现，进一步揭示了秦汉文化在中卫市的分布范围，并为今后的研究提供了很有价值的实物资料。

南长滩村支书拓守卿希望：在自治区建设沿黄城市群（带）和打造"黄河金岸"的过程中，进出南长滩村的水路、公路都能变得通达。让南长滩能成为宁夏黄河旅游的一个亮丽的起点，更多的游客到村子里旅游休闲，旅游业能变成农民增收主要产业。

风情北长滩

北长滩位于国家AAAAA级旅游景区沙坡头的上游30千米处，因历史悠久、北方土木结构的传统建筑、军事防御和原始古朴生态于一体而被评为宁夏首批"全国历史文化名村"，又是中卫旅游优先发展战略中"一核两带"中滨河旅游带的重要节点之一。

沿201省道一路向西，途径沙坡头景区，行驶至孟家湾高速路口，下省道向南，沿黄河北岸进入，行驶29千米即可到达北长滩。

黄河、黄沙、村落、梨花、枣树、小桥、枯树和水车，是这里的风情特点。每到一个自然村，就像到了民俗博物馆，古老的塞上农耕文化，在这里有集中的体现。

北长滩分为黄石漩、榆树台、下滩村和上滩村4个自然村，全村57户人家种田养殖，放羊砍柴，怡然自得。黄河两岸馒头似的连绵山包长期阻隔了它与外界的交流，自从通了路，村里的年轻人陆陆续续外出，或打工或做生意或上学，剩下的都是故土难离的60岁以上的留守老人，现在不足30户。

走进北长滩，你会感觉到时间在瞬间放慢了脚步，世界突然变得清净。日子就像这黄河水，从白天流到夜晚，从春夏流到秋冬，曾经的北长滩人祖祖辈辈生活在这大山里，耐不住寂寞的毛驴仰头"昂昂昂"的长叫几声，甘于寂寞的老牛围着磨盘转了一圈又一圈，而这些老人习惯了日出而作，日落而息，不知外面的世界风云变化。

北长滩古村落群山环绕，遥伴烽燧城堡、茂密园林和滔滔黄河，古朴自然自成一景。村里巷道相通，水车相伴，鸡犬之声相闻，人们和睦相处，夜不闭户，民风纯朴，安详、稳定、文明、和谐。

直到2006年年底,北长滩才结束了点煤油灯的历史。虽然现在修了路,通了电,家家户户有了电视机,但是移动信号依然没有进入,所以手机到了这里是完全没有信号的,大家可以抛开手机响不停的烦恼,暂时玩一下“消失”。

黄河北岸长约四十里,宽约三四十米的狭长地带是村民们世代赖以生存的土地。尽管有许多人搬离了这片故土,但是每年在农耕季节,他们依然会回来耕种、灌溉、收割。

北长滩古村落集中坐落在北山,依山而建,因势不同,房屋高低错落,富有立体感。每户院落布局和房屋结构,仍保留了明清时代当地传统的建筑风格——“四梁八柱式”土木结构建筑,而院墙则是用石块堆砌而成。这里的传统民居建筑群,是目前宁夏境内具有地方特色、保存最为完整、最为集中的房屋。

民国时期,中卫香山地区的“山大王”冯建忠,曾带领一批人马驻扎北长滩,利用黄河天险打劫过往商贸筏子,接济长滩山民,后被国民军围剿。解放前夕,驻守宁夏的马鸿逵部队为了加强防御,曾在北长滩派兵防守。现在榆树台子的山峦之上,还留有一座民国时期石块垒砌的半弧形炮台。

曾经的“大跃进”和“文化大革命”运动给这个平静的小山村留下了深刻的烙印,现在走进村子,依然可以看到许多墙体、门窗、木柜上清晰的毛主席语录、图像以及文革时期的各类标语等。在这里你可以实实在在,看到已消失时代的痕迹,体味中国北方农村的历史。

这里已建立了功能齐全的“北长滩自驾营地”,营地毗邻黄河,对岸是崇山峻岭,黄河在这里流淌缓慢,失去昔时的黄色,近乎碧绿。岸边矗立着高大的水车。脚下弯腰即可采到五色的黄河石。营地内,客房古色古香和优雅的环境和谐统一。可听到哗哗的河水流动的声音外,显得十分静谧。

在南长滩返回到北长滩途中,可以先看到大名鼎鼎的大柳树水利枢纽工程选址,在这里的河滩上立一块石碑题了“大柳树”三个字。

高瓴瞰河山

如果说沙坡头以自然天成的“大漠奇观”著称,那么同为中卫两大景观之一的高庙,则以巧夺天工的“人文古建”取胜。

高庙位于中卫市区城北。以地处城墙高台而得名。始建年代不详，据说是在明代永乐年间（1403—1424年），经历代增建重修，至清代已成为一处规模较大的佛教建筑群落。

康熙四十八年（1709年）九月，宁夏发生强烈地震，上层建筑全部倾圮。地震后重修，四年内修缮完工，起名“新庙”。清乾隆三年十一月二十四日（1739年1月3日），宁夏再次发生强烈地震，寺庙内的大部分建筑倒塌。之后，又逐年重修。清咸丰八年（1858年）增建了门前广场上的法戒楼和寺院内的砖砌牌坊、东西转楼、东西天池，改称“玉皇阁”。1942年农历二月十五日，在此举行庙会，因香火不慎，造成重大火灾，使南天门以上建筑一时间全部焚毁，荡然无存。翌年再度兴工重建，并扩大殿宇，增加高度，历时4年，于1946年竣工，起名“高庙”。现存的中卫高庙，即为清咸丰年间和20世纪40年代重修、增建后的定型。其建筑风格依然以清代古建筑为主体。

高庙坐北朝南，在南北中轴线上，从南向北的主要建筑有保安寺的山门，山门之上是魁星楼，内塑魁星造像。进山门迎面是一座双层的砖雕牌坊，婷婷玉

中卫高庙

立，结构独特。由于上塑天宫弥勒佛，故称“弥勒阁”。由此上踏15级台阶，至大雄宝殿，内塑释迦牟尼坐像。大雄宝殿的东侧为地藏宫，西侧为三霄宫。东西两边的配殿里，塑十方佛及二十四诸天。穿过34级台阶，直抵南天门。台阶的前一半，建成天桥状，天桥两侧被环绕一周的楼宇围成两个天井，东边的称“东天池”，西边的称“西天池”。两个天池由天桥下的圆形隧洞相互联通，隧洞被称为“地狱轮回洞”。高庙是一座三教合一的寺庙，很奇特。庙的砖雕牌坊上有一副对联：“儒释道之度我度他皆从这里”“天地人之自造自化尽在此间”。横批是：“无上法桥”。庙里供奉不仅有佛、菩萨，还有玉皇、圣母、文昌、关公。佛、道、儒三教的偶像，济济一堂。

高庙前有保安寺，山门朝南，两侧建有厢房，正面为单檐歇山顶的大雄宝殿。殿后为高庙，有24级台阶，拾级而上，经牌坊、南天门、中楼，最后是高达三层的五岳、玉皇、圣母殿。这些主要建筑，都在一条中轴线上，它们层层相因，逐步增高，气势雄伟。在高庙主体建筑的两侧，还有钟楼、鼓楼、文楼、武楼、灵官殿，地藏殿等配殿。在仅2000余平方米的高台上，建造了近百间九脊歇山、四角攒尖、十字歇山、将军盔顶等各种类型的殿宇。整个建筑群重楼叠阁，亭廊相连，翼角高翘，构成了迂回曲折的内外空间，从一个侧面反映出宁夏古建筑的精湛的艺术风貌，给人留下深刻的印象。登上高庙的最高层，又是一番景象。古人咏颂此景：“芦花飞雪涨晴漪，烟雨冥檬望益奇。点点白鸥深处浴，扁舟遥动五湖思。”那简直是一幅壮丽而又清淡的巨幅国画。极目云天，泼黛浮蓝；大漠绿洲、黄河、长城尽收眼底。近处，云蒸霞蔚，似乎赤城霞、峨嵋雪、巫山云、潇湘雨、钱塘潮。庐山瀑布均生于此，催人遐思，感慨万千。这时，从远处飘来的瀚海驼铃又那么深沉悦耳，游人犹如沉浸在诗中画内。

高庙以高取胜。在仅4000余平方米的高台上，筑有260多间重楼叠阁。整个建筑群分两部分，前低后高，层层叠起，形如凤凰展翅。前院为保安寺及其山门，上为南天门大雄宝殿、中楼，最上层是五岳庙、玉皇阁、圣母宫，有木梯与中楼通。主体两翼分别是钟鼓楼、文楼、武楼等陪殿。南北向中轴线上，建筑物层层紧扣，步步增高，左右对称，上下呼应，亭廊相连，迂回曲折，檐牙相啄，翼角高翘，加上九脊歇山，四角攒尖，十字歇山，将军盔顶等造型别致的屋顶，构成一座气势雄伟、风格迥异的建筑群体。在高庙的砖雕牌楼上有一幅著名对联："儒释道之度我度他皆从这里；天地人之自造自化尽在此间。"横批是："无上法桥"。可见当年这里是儒、释、道三教合一的宗教场所。

暮鼓对晨钟

20世纪60年代初，中卫县城(中卫市)还有新旧两座鼓楼。旧鼓楼，地处鼓楼南北街与东西街的交汇处，为双层楼阁，下设东西通开的大门。20世纪60年代被拆除。现在的鼓楼即是新鼓楼，位于原中卫县县城中央，它沿袭旧鼓楼的外观和结构重新建造。

旧鼓楼始建于明崇祯四年(1631年)，清嘉庆二十二年(1817年)农历五月十四日失火被焚，仅剩基址。清道光十二年(1832年)捐资重建。

楼高22米，7米高的底座呈长方形，砖砌而成，拱门四四开，连通东西南北。底座上面是高达15米的三层木质楼阁，青瓦覆顶，通亮木格墙扇，飞檐翘角，玲珑珑剔透，稳健中透出俊美灵秀。

楼的上层供祀奎宿，中层供祀文昌，下层供祀观音、火神、雷神、财神。顶楼四面均装饰以龙头向上的蟠龙，与楼顶尖上全起的五颗黑陶彩球，形成群龙吸珠的画面。从下仰看，又是二龙吸珠图景，匠心独具。在主楼四旁的底座旷地上，建有四个砖体瓦顶的小券屋，平稳教厚又不失小巧，烘托出主楼的气派宏伟。

登楼四望，天高地远，东有阡陌沃野，水田如镜；南有香山如屏，黄河如带；西面、北面沙海波涛，金光闪闪，这是腾格里沙漠的宽广胸怀。

鼓楼底座的四个拱门顶上均有砖制横额，楷书砖雕，各有含意。这四个门额以县治所在地的不同方位十分精当地写出了中卫的地理形胜，边界形势。

东书"锁扼青铜"。历来宁夏要地青铜峡在中卫东北方，与中卫一衣带水，与中卫县城以东30千米的胜金关南北呼应，向为水陆要隘。旧《中卫县志》有"其东青铜牛首锁钥河门"之说。"锁钥河门"就是中县东西黄河水道地理形胜的最好概括。

南书"香岩对峙"。"香岩对峙"，是说县城以南的地形。中南部的香山，古称香岩山，巍峨挺拔，横亘天际，是县城南面的天然屏障。香山主峰有气势雄伟的香岩古寺，与鼓楼凌空对时，南北呼应。

西书“爽挹沙山”表现了古代人们移沙避害的愿望。中卫县城以西20千米处为浩瀚的腾格里大沙漠东南缘——沙坡头。每有西北风吹来，高大起伏的沙丘飞沙走石，天昏地暗，农田屋舍常被压址，黄沙进逼，严重成胁着县城的安全。人们登楼西望，沙海茫茫，侵重，岌岌可危，不禁发出“接天之力，移开沙漠，还我田园，保我平安”的感叹。“爽挹沙山”当是人们这种移沙避害愿望的写照。

新中国成立后，中卫县人民在中医共产党的领导下，大力植树造林，改造沙漠，一改“沙进人退”的被动局面，向沙漠要良田，向沙漠要家园，早已使昔日被黄沙压埋的农田村舍重见天日，包兰铁路两侧的大面积防风固沙林带成为世界治沙成功的范例。中卫县人民实现了“爽挹沙山”的愿望北书“控制边夷”（1984年改“夷”为“陲”）这副面北的门额，无疑是针对边墙（即长城）内外民族纠纷，袭扰争战的政治形势而言，表现了当时人们居高北望、企盼平安的心境。

访古胜金关

胜金关，位于宁夏胜金关系贺兰山的余脉，是贺兰山南端的主要道口，是明代长城宁夏镇的重要关隘，与打硙口、三关口和镇远关合称为宁夏“城防四隘”。这里北面是起伏的山峦，南面是滔滔的黄河。山河阻隔，路通一线，自古是兵家扼守的雄关要隘，是著名的古战场。

关设在形似犀牛扑水的高大山头，锁守着中卫的东大门，古时曾是扼守广武、青铜峡一带的重要屏障，这便是历史上有名的“胜金关”。

包兰铁路穿行在山河之间，关城下面有一座隧道，洞口陡峭的石壁上镌刻着“胜金关”三个道劲、端正的大字。

胜金关城堡，在中卫市区东约25千米与中宁县分界处，属镇罗镇。城堡为中卫东部屏障，约60米见方，城墙残高1～4米不等

明弘治元年（1488）始建该关，明朝弘治六年（1493年），西路中卫参将韩玉在关西修筑城池。谓其过于“金徙潼关”。明万历四十一年（1613年）重修。

《中卫县志》曰：“黑山之南支，如怒犀奔饮于河，即胜金关也。石峰横峙，隔

河与南岸泉眼山相对，拱抱县城为一关键云"，古诗云："银川到此启管键，襟山带水不可越"，关城依山傍水，雄踞在腾格里沙漠东南沿。扼银川至中卫的咽喉之地，有"一夫当关万夫莫开"之势。

1226年，一代天骄的成吉思汗率领着浩浩荡荡的蒙古铁骑，经此关隘，南沙黄河九渡。成吉斯汗死后蒙古军秘不发丧，又北上攻下兴庆府灭了西夏。元代在胜金关以西设应理州；明清两代均以重兵扼守。

《中卫县志》日："黑山之南支，如怒犀奔饮于河，即胜金关也。石峰横峙，隔河与南岸泉眼山相对，拱抱县城为一关键云。"古诗云："银川到此启管键，襟山带水不可越。"是宁夏西路要隘。明代修筑，清代置分守参将率兵防守，并设公馆。至清同治四年(1865)提督梁生岳全军覆没于此而废。

明朝当局与蒙古族的矛盾比较突出，胜金关是北方蒙古游骑人侵宁夏的四条主要道路之一。

弘治年间，西路中卫参将韩玉修筑胜金关，正是用来防御贺兰山西部蒙古骑兵的人侵。

弘治以前，蒙古部族骑兵时常窥伺南侵，人塞劫掠，少则出动五六千，多则一二万。至嘉靖年间，一次竟出动十几万人。就胜金关一带地形而言，由青铜峡大坝至中卫城以北的卫宁北山，沟宽岭秃，高不过百米左右，对入侵的蒙古骑兵阻碍不大。特别是自镇关墩至胜金关近50千米，蒙古游骑不时出没袭扰，甚至抢掠中卫城郊。那时，百姓耕牧必须成群结伙，手持兵器，这对人民的经济和生活造成很大的危害。

成化年间修筑了一条由甘肃靖远，经中卫、中宁，北上接贺兰山边墙，长约240千米，用以对付蒙古游骑的威胁。现在，胜金关一带的长城就是明代边墙的遗迹。

除了边墙、堡寨之外，在各口隘要点矗立的烽火台，是当年遇有敌情，白天举烟，夜间点火，在千里边防线上，依次传递，迅速报警的设施。中卫是宁夏西路的军事重镇，胜金关周围的堡寨、关隘则是西路驻军的重要据点。据《嘉靖宁夏新志》载，明代西路中卫驻参将，辖步骑兵多达7641名。

胜金关是清代平定新疆、青海的军运枢纽。

清初平定青海罗布丹津和天山北路厄鲁特部之乱；乾隆年间平定准格尔等反清武装集团。在历次战役中，胜金关均为清军重要的进军路线和军械粮草的运输线。

清康熙五十七年（1718年）十一月，皇太子民镇（即后来的雍正皇帝），曾亲率大军由北京出发，分三路进兵青海。翌年农历二月十九，大军到达今中宁县枣园堡，随后由胜金关经沙坡头古道至甘肃的永登，开赴安西。

同治年间，西北地区燃起了回民反清斗争的熊熊烈火。胜金关、石空堡一带是清军和回军反复争夺之地。回军曾奇袭胜金关，数次攻占这座关城。据民国《朔方道志》载："胜金关为县北雄关，然其地三面受敌，一面临河，无险可待，似属绝地。"

同治四年（1865年）正月，金积堡回军分路进袭石空寺、胜金关等处。战阵上斩杀了清军守备鲁刚泰。清军曹克忠部闻讯后决定弃中卫不援，乘回军不备，突袭罗山。接着退兵宁安堡（今中宁县城），威胁石空、胜金关等处回军的侧翼。

同年秋，回军击破胜金关，全歼守军后，主力进驻关西的雷家沙窝，准备相机攻占中卫城。雷家沙窝距中卫县城只有22千米，中卫县城东关已被国军先头部队夺取并放火烧毁。可惜的是回军不明虚实，中了清军统领的"空城计"，放弃中卫东关，自行撤退。

同治五年（1866年）闰五月，陕西回军首领白彦虎所属的马正和、俞彦禄、毕得材等部，以轻骑兵日夜兼程奔袭定运营（今阿拉善左旗巴音浩特）。蒙古阿拉善王根据当地沙漠大、水源少的地理特点，以重兵扼守沿途水道，并堵塞沿途水井。回军大队人马苦于无水，困在茫茫的沙漠之中。因干渴不得已扭沙漠中艰难撤出。这支沿贺兰山西麓南下绕出沙漠的回军，乘清军不备，突袭胜金关，全歼守军。清军守将提督梁生岳仅以身免，只身一人狼狈逃回广武。胜金关清军尸骸累累，两年之后才由清军统领黄鼎掩埋。

仅一河之隔的清军提督曹克忠收容胜金关的败兵，由四百户（恩和堡）退至宁安堡。继而退人茶盐厅（今海原县城），旋又退甘肃靖远。

金沙岛景色

这次战役后，清军闻风丧胆。战报传到京城，清朝皇帝十分震恐，命令曹克忠整编收容数营残兵败将，立即进驻胜金关，卡住通往甘肃、青海之路的咽喉要隘。随后又调川军黄鼎部到中卫增援。

美丽金沙岛

金沙岛休闲别墅度假区位于腾格里湖，沙漠湿地西北部。腾格里湖位于中国第四大沙漠——腾格里沙漠东南缘，距中卫市区6千米，距国家AAAAA级旅游景区沙坡头5千米。这是一个生态景区，占地面积2.8平方千米，形成水域面积1万亩，是集沙漠、湿地、湖泊、长城等景观于一体，融入边塞文化、大漠文化、军屯文化的旅游度假景区。休闲别墅度假区又被誉为中国的普罗旺斯。

一望无际的漫漫黄沙中，经过开发建设，现在已经水相通、路相连、树成林、鸟成群。除金沙岛旅游休闲度假区外，还建有湖畔别墅度假区、金沙岛世界拓展项目区、非洲部落风情区和休闲度假服务中心。

游客可以在游玩一天之后住在富有欧式风情的高档木屋别墅，屋前花草满地，屋后碧波荡漾，还可以品尝到生态养殖的各种鲜美野味。尽情尽意“吃喝玩乐”。

这里有原生态的美食环境、美食佳肴，可以吃到当地最有名、最地道的风味名菜。

沙岛以沙漠、湖泊、湿地为主要资源，到了那里，可以体验水陆两栖全地形车。

水上摩托艇最值得青年人尝试、体验。驾驶摩托艇，劈波斩浪，很是惊险刺激。摩托艇飞快驶入湖中，时而高速穿插、时而列队巡游，还可来个180度急转，将水花溅起四处，打湿周围一片游人，引来一阵阵尖叫。

驾驶技术高超的游人，可以尽情在湖中表演特技，360度急转、钻水、俯冲、喷水、翻筋斗……当然，游客在享受激情与速度。

这里也有垂钓者的恬静去处，中老年朋友或者体验完了驾驶摩托艇的惊险、刺激的年轻朋友，都可以来垂钓中心，安静的垂钓。

中卫明长城

金沙岛湖水无污染，鱼类品种繁多，是垂钓爱好者的好去处。离开喧嚣的都市，在宁静的湖上，泛舟垂钓，同时观赏美妙的风景，这也是一种美妙的享受。

别墅位于中卫腾格里沙漠湿地西北部，紧邻马场湖，周边有沙漠、湿地、湖泊、鱼塘等多种景观，环境优美。中卫金沙岛旅游度假区，已是金沙岛吸引外来游客的一张名片。

香山　明长城

在沙坡头旅游区，与北部沙山隔河相望的，是宛如游龙的黄河南岸的香山。

香山是中卫的南屏障，东西长80千米，南北宽约40千米，面积为2750.5平方千米。明朝时这里牧草丰盛盛，是朱元璋的第十六个儿子庆靖王朱栴的牧马场。

山上所产沙毛山羊，皮板坚韧，轻薄如纸，毛色雪白，毛穗弯曲，俗有“九道弯”之说。沙毛山羊皮俗称沙毛裘皮，外观与宁夏“五宝”中的白宝滩羊二毛皮极为相似用它制成的披肩、围脖和皮褥、床单，轻薄、暖和、美观，是中外游客首选的购物佳品。

香山在沙坡头地区叫夜明山，峰峦叠障，形似游龙。中产烟煤，因有浮层煤自燃，白天霏烟缕缕，山岚盈盈，气蒸凝结，可以制矾；夜间，自燃煤处似有灯火点点，星罗棋布。香山煤自燃已达数百年之久，哪年始燃已不得考证。“炭山夜照”自古就是中卫八景之一。20世纪30年代，著名记者乘羊皮筏子从兰州到宁夏时，到中卫还看到“尚有未熄之火山，夜可见光，日科见烟，闻烟火中有奇味，近之则能立刻使人昏倒。”

夜明山山上有明代长城，筑于明隆庆五年(1571年)。这段长城利用黄河之阻峻山之险，顺山势分段修筑。山势陡峻之处劈山削石，形成峭壁；山沟峡谷用山石砌筑；平缓山坡上，就地取材，石垒土夯。山顶长城是沙坡头旅游区的又一景点。傍晚，长城宛如巨龙游海，蜿蜒起伏，十分壮观。

夜明山峡谷的冰沟出口在黄河南岸，是一个极富历史文化内涵的地方。这里的地理环境是：南有香山，北有沙山，黄河中贯，是历史上重要的军事要道，也是与蜀道并称的沙山畏途。唐朝时这里是丝绸之路的一段；元朝时成吉思汗率兵从河西走廊东进攻打西夏必经这里；清代朝廷用兵新疆责令宁夏府支援粮草经过这里；国民革命车冯玉祥部由银川、中卫进入甘肃也经过这里。

为了回避“浮沙没胫，人马惮行”的沙山畏途，东进西出的人马车辆必须在冰沟渡口弃陆涉水，靠皮筏、船只在黄河里绕沙山而行。因此冰沟的沙坡头古渡在历史上是一个十分著名的渡口，绕沙山的两地码头相距十数公里，堪称天下第一内河长渡。